suhrkamp taschenbuch 3216

Jahrestage. Aus dem Leben von Gesine Cresspahl ist das Meisterwerk unter Uwe Johnsons Romanen. Von 365 Tagen, zwischen dem 20. August 1967 und dem 20. August 1968, erzählt der Autor. Gesine Cresspahl und ihre Tochter Marie leben in diesem Zeitraum in New York. Doch nicht nur ihre Erfahrungen in New York werden berichtet, sondern Gesine erzählt ihrer Tochter die Geschichte ihrer Familie in Mecklenburg, beginnend in der Zeit der Weimarer Republik, endend in den fünfziger Jahren, den Gründungsjahren der DDR. So entsteht ein Panorama des Lebens der Menschen in Deutschland unter drei verschiedenen Gesellschaftssystemen, wird exemplarisch gezeigt, was deutsche Geschichte den Menschen zumutet.

Es ist inzwischen ins allgemeine Bewußtsein gerückt, daß Uwe Johnson, der Autor der *Jahrestage*, »neben, wenn nicht vor Grass und Böll als umfassender, hellsichtiger, unbestechlicher Chronist des gesamtdeutschen Schicksals begriffen werden muß. Als Schriftsteller von weltliterarischem Rang.« *(Joachim Kaiser)*

10 Jahre nach der deutschen Vereinigung hat die ARD die *Jahrestage* verfilmt, und zwar in vier Teilen à 90 Minuten, die ab Mitte November 2000 ausgestrahlt werden. Regie führt Margarethe von Trotta, Gesine Cresspahl wird gespielt von Suzanne von Borsody, Heinrich Cresspahl von Matthias Habich, Anita Gantlik von Nina Hoger, Albert Papenbrock von Peter Roggisch: insgesamt 120 Darsteller.

Martin Wiebel gibt in dem von ihm herausgegebenen Filmbuch einen Einblick, wie es zu dieser Verfilmung gekommen ist; die Regisseurin berichtet von ihrem Verständnis der *Jahrestage* und ihren Erfahrungen beim Drehen des Films. Es kommen die Verfasser des Drehbuchs zu Wort, die ihre Konzeption des Films deutlich machen. Anhand eines Vergleichs zwischen entscheidenden Passagen aus dem Buch und den entsprechenden Szenen aus dem Drehbuch werden die Unterschiede zwischen den Medien Literatur und Film beleuchtet. Zusammen mit den Standfotos bietet das Buch ausführliche Einblicke in die Verfilmung der *Jahrestage* – und einen neuen Blick auf den großen Autor und dieses bedeutende Buch.

Mutmassungen über Gesine

Uwe Johnsons ›Jahrestage‹ in der Verfilmung von Margarethe von Trotta

Herausgegeben von
Martin Wiebel

Suhrkamp

Umschlagfoto: Jan Betke

suhrkamp taschenbuch 3216
Erste Auflage 2000
Originalausgabe

Satz: pagina GmbH, Tübingen
Druck: Nomos Verlagsgesellschaft, Baden-Baden
Printed in Germany
Umschlag nach Entwürfen von
Willy Fleckhaus und Rolf Staudt

1 2 3 4 5 6 – 05 04 03 02 01 00

Inhalt

Martin Wiebel

Jerichow und anderswo

> »Wozu also taugt der Roman? Er ist ein Angebot. Sie bekommen eine Version der Wirklichkeit. Es ist nicht eine Gesellschaft in der Miniatur, es ist kein maßstäbliches Modell. Es ist auch nicht ein Spiegel der Welt und weiterhin nicht ihre Widerspiegelung; es ist eine Welt, gegen die Welt zu halten. Sie sind eingeladen, diese Version der Wirklichkeit zu vergleichen, mit jener, die sie unterhalten und pflegen. Vielleicht paßt der andere, der unterschiedliche Blick in die Ihre hinein.«
>
> Uwe Johnson,
> *Vorschläge zur Prüfung eines Romans*

Ich vermute, daß Max Frisch recht behalten wird, der in seinem *Tagebuch 1966–1971* über Uwe Johnson, seinen Freund, schrieb: »Ein homerisches Gedächtnis hat dieser Mann. Mecklenburg wird sich darauf verlassen dürfen.« Meine Vermutung stützt sich darauf, daß Uwe Johnsons erzählerische Technik mit dem eleganten Trick funktioniert, das Gefundene und das Erfundene in eine besondere Symbiose zu bringen, beide Ergebnisse intensiver Gedächtnisarbeit nachgerade zu verzwirnen. Der literarische Ort Jerichow ist eine solche Montage aus Geographie und Erfindung. Er hat manche journalistische und lokalpatriotische Spurensucher auf fleißige Touren gebracht. Klar ist nur, daß dieser literarische Ort anzusiedeln ist in der Region »einwärts der Ostsee«. Auffindbar ist er nur in der Vorstellung und in der Phantasie. Denn der Ort, an dem er zu vermessen ist, nämlich Klütz, hat mit dem Jerichow der *Jahrestage* nur wenig zu tun. (Auch wenn Uwe Johnson es sich nicht nehmen ließ, die Telegrafistin von Jerichow auf den Namen Frieda Klütz zu taufen.) Johnsons Jerichow ist ein Erzählgebiet, in dem er die kleine familiale Welt der Cresspahls entfaltet und sie raffiniert kontrastiert durch den erzählerischen Gegenpol im großen New York.

Für einen Film nach Uwe Johnsons *Jahrestagen* war diese literarische Besonderheit weniger Bedrängnis als Befreiung. Der Mikrokosmos dieses Jerichow in einer deutschen östlichen Provinz mußte erfunden werden. Mit filmischen Mitteln mußte dieses »Lebensgebiet«, wie Johnson es nannte, glaubhaft gemacht werden, eben kein maßstäbliches Modell, kein Spiegel der Welt, eher eine Welt, die gegen die Welt zu halten wäre. Nichts taugt dazu besser als der Film, der immer eine Version der Wirklichkeit zeigt, die noch dazu künstlich hergestellt ist, gestaltete Menschenerzählung in gebauten Wirkungsräumen arrangiert und all das zu einem neuen filmerzählerischen Kontinuum montiert, wenn die Autoren und die Regisseurin sich dem Gestus des Werkes, seiner spezifischen Aura verpflichtet fühlen.

Johnsons Jerichow ist vielleicht die berühmteste Hauptstadt der Erinnerung, auf jeden Fall eine Metropole der Erfindung. In ihr kann sich Gedächtnis entfalten. Diesen hohen Anspruch hat auch der vierteilige Fernsehfilm von Margarethe von Trotta nach dem Roman *Jahrestage. Aus dem Leben von Gesine Cresspahl*.

Ich hoffe, daß dieser Film dazu führt, daß nicht nur die Mecklenburger Mecklenburg entdecken, sondern die Leser unter den Fernsehzuschauern auch den Autor Uwe Johnson. Sein Roman über Deutschland, später die beiden deutschen Staaten, zwischen 1931 und 1968 läßt uns 50 Jahre im 20. Jahrhundert durch Menschen erleben, durch die jeder erfahren kann, warum Menschen wurden, was und wie sie waren.

Johnson hat den beispielhaften Versuch unternommen, mit Geschichten aus dem Leben der Gesine Cresspahl Geschichte zu erzählen. Dazu hat er seine Technik, literarische Mutmaßungen anzustellen, die er schon für Jakob Abs entwickelt hat, perfektioniert und die traditionelle Erzählweise verlassen. Literarisch war das eine Sensation, für die Verfilmung eher ein Problem. Die gänzlich unterschiedliche Rezeptionsweise des Lesers und des Zuschauers, noch dazu des Fernsehzuschauers, der mit einer Fernbedienung in einem Land mit einem Fernseh-Überangebot sitzt, erzwang eine Vereinfachung. Die facettenreich-raffinierte Verschachtelung ganz verschiedener Erzähl-, Erlebnis- und Erinnerungsebenen in Johnsons literarischem Werk mußte in eine Filmerzählung transformiert werden, die Johnsons Pakt mit seiner Hauptfigur Gesine Cresspahl ihrerseits standhielt: »Hier bei den ›Jahrestagen‹ habe ich von einer zugegebenermaßen erfundenen Person quasi den Auftrag oder ich habe mit ihr den Vertrag, ihr Leben wiederzufinden und aufzuschreiben, in einer Form, die sie billigen würde«, schreibt er.

Einen solchen Vertrag mußten auch Christoph Busch und Peter Steinbach, die Autoren, und ihre Regisseurin Margarethe von Trotta mit Gesine Cresspahl eingehen, zusätzlich allerdings auch noch mit Uwe Johnson. Ihr gemeinsames Ziel war, aus dem Leben von Gesine Cresspahl das und vor allem so zu erzählen, was die innere Geschichte des vielschichtigen *Jahrestage*-Werks ist. Ein Film taugt für Zuschauer letztlich nur dann, wenn er die innere Wahrheit des Stoffs in Johnsons Sinne zum Vorschein bringt, als ein Angebot, eine Version der Wirklichkeit.

Jeder Fernsehfilm schafft einen engen Bezug zum Leben der Menschen, die ihn betrachten. Er ist weniger überwältigend als ein Kinofilm, eher voller optischer Beziehungsfelder zu eigenen Erinnerungen und Erlebnissen, gerade wenn er aus Zeiten erzählt, die das Leben vieler Menschen geprägt haben. *Jahrestage*, als der wichtigste Roman zwischen Kriegsende und Wiedervereinigung, geschrieben vom bedeutendsten aus der DDR stammenden Schriftsteller, der dort nie als ein solcher angesehen wurde und von dem in der DDR keine Zeile gedruckt worden war, drängte sich nach 1989 geradezu auf.

Uwe Johnsons *Jahrestage* erzählen gerade nicht von der bedrängenden Gegenwart, sondern von drei extrem verschiedenen Perioden deutscher Geschichte, die für jedermann Erinnerungsfähigkeit haben. Zehn Jahre nach der Aufhebung der Teilung in zwei deutsche Staaten erschien es außerordentlich verlockend, durch eine filmische Erzählung von Johnsons wichtigstem Buch, durchaus mit identitätsstiftender Absicht unsere Herkunft und unsere Geschichte in diesem neuen Deutschland zu verdeutlichen.

Man weiß, »daß die alten Dinge nicht einfach überlebt und tot sind, daß der Mensch, der einzelne wie der volkszugehörige, nicht einfach nur von heute ist«, wie Botho Strauß es formuliert. Unsere Geschichte, auch die unserer persönlichen Biographie, bestimmt unser Verhalten. Ohne eine Klärung unserer Herkunft werden wir wahrscheinlich nicht wissen, wer wir sind oder wo wir hin wollen. Schriftsteller sorgen dafür, daß Erinnerung nicht verlorengeht, indem sie dem unmittelbar Erlebten durch die Verarbeitung in einen weiteren Kontext Bedeutung geben. Uwe Johnson ist wie James Joyce in diesem Sinne vielleicht der herausragendste Autor des 20. Jahrhunderts. Beide Autoren haben zeitlebens Erinnerungsarbeit in ihren größten Werken geleistet, ohne falsche Versöhnlichkeit gegenüber Neigungen, die Vergangenheit zu verdrängen und Spuren zu tilgen. Johnsons *Jahrestage* scheinen mir besonders gekennzeichnet von der Dialektik des Gedächtnisses, die in der Gleichzeitigkeit von Erinnerung und Gegenwart liegt. Wenn mit genügend Abstand zum grausamen 20. Jahrhundert Historiker und Soziologen, vielleicht auch Psychologen analysieren werden, was den Menschen dieses Jahrhundert angetan hat und vor allem von welchen Bewegungen sie bestimmt wurden, dann werden die Kriege, vor allem der Holocaust, im Zentrum stehen. Verbunden mit ihnen aber werden der Verlust von Heimat und innerer Sicherheit und die Zunahme von

Fremdbestimmung und innerer Abhängigkeit als prägende emotionale Erlebnisse herausgestellt werden.

Besser als Uwe Johnson in *Jahrestage* kann kein Autor dieses Zeitgefühl sichtbar machen: Verlieren, woher man kommt, fremd sein, wo man es nicht sein will, tun müssen, was man nicht will, zerbrechen an der Schuld, für die man nichts kann, ausgeliefert den Systemen, die zu bekämpfen man nicht stark genug war, verloren zu erkennen, daß man nicht so lebt, wie man will, sondern wie man muß.

Der vorliegende Band beschreibt in Versuchen und Mutmaßungen, wie sich die Beteiligten dem ehrgeizigen Versuch, Johnsons Gesine in ihrer großformatigen Prosa und Stilvielfalt für eine Filmerzählung umzusetzen, angenähert haben. Die Materialien und die Beiträge beschreiben den Prozeß der Annäherung im Interesse der Zuschauer, die von einem öffentlich-rechtlichen Sender zumal erwarten dürfen, wie die Leser großer Literatur, auf intelligente Weise unterhalten zu werden.

Uwe Johnson

Wie es zu den »Jahrestagen« gekommen ist

Die ehrlichste Antwort ist: zu diesem Buch sollte es gar nicht kommen. Ich hatte dreieinhalb Bücher geschrieben, hatte meist in Deutschland gelebt und hatte Gründe, einen Abschied, eine Pause, zu wünschen. So ging ich also umher und fragte, ob sie Arbeitsplätze zu vergeben hätten in Amerika, und ob sie mir einen ablassen würden. Das hing damit zusammen: ich hatte durch die USA zwei Reisen gemacht, solche wie diese. Man tritt auf ein Podium, die Leute sind interessiert an deutscher Literatur, und dann lesen Sie ihnen etwas vor, wobei wir uns im Ausland immer damit herausreden konnten, daß nur der Verfasser genau weiß, was für rhythmische, für akustische Dimensionen er beim Schreiben des Textes mitgedacht hat. Es waren zwei Reisen, und dann hatte ich von diesem Land Amerika einiges gesehen, nämlich genau das, was vor dem Fenster des Busses vom Flughafen, vor dem Hotelzimmer oder was überhaupt passiert zwischen Sehenswürdigkeiten und Flugplatz. Durch das viele Vorenthalten wurde ich neugierig auf das Land und hatte wohl auch eine etwas dumme Theorie, nämlich daß das Amerika von heute in sehr vielen Hinsichten unsere Zukunft sein kann. Das wollte ich nachprüfen. Aber man glaubte mir nicht, daß ich hier arbeiten wollte. Die Leute sagten zu mir, ja gern, kommen Sie zu uns auf die Universität und bringen Sie den Leuten das Schreiben bei, insbesondere das schöpferische Schreiben. Da ich aber nun aus meiner Vergangenheit weiß, wie man das lernt, glaube ich nicht, daß man das irgend jemandem beibringen kann. Es wurden mir noch mehrere solcher Sachen angeboten; aber schließlich glaubte mir jemand und sagte, ich könne als Lektor in einem Schulbuchverlag arbeiten. Ich vergewisserte mich, daß das kein Geschenk war und keine eigens für mich geschaffene Stelle. Für den Anfang bekam ich ziemlich genau das, was ich wollte: ich mußte nämlich allein eine Wohnung suchen, ich mußte mich mit dem Gedanken vertraut machen, daß auch dort Steuerformulare auszufüllen sind und daß man da etwas über die Mentalität der Leute lernt, nicht die der Leute auf der Straße, aber die der Leute im Büro.

Ich erfuhr allmählich von einer Lebensweise, auf die ich nicht hatte zusteuern wollen. Auch mein neuer Tagesablauf war sehr lehrreich: Das hieß, daß ich um acht Uhr das Haus verlassen und dann mit der U-Bahn umsteigen mußte, um um zehn vor neun an meinem Schreibtisch zu sitzen und einen ungeheuer loyalen Eindruck zu machen, denn ich hatte dem Unternehmen zehn Minuten Zeit geschenkt.

Und nun war es ein Neubau, und diese Neubaubürogiganten in der Stadtmitte von Manhattan sind sehr viel besser organisiert, als man das in Deutschland vermuten würde. Es sind gar keine Großraumbüros – es sind Zellen. In diesem Neubau sind die Türen zu den einzelnen Zellen nur ein einziges Mal bewegt worden, nämlich als sie eingehängt wurden, und dann wurden sie an die Wand geschlagen. Der Abteilungsleiter brauchte also nur vorbeizugehen und sah dann sofort, ob man etwa ein gutes Buch oder die Zeitung las, oder ob man auf eifrigste Weise vorgebeugt an der Schreibmaschine saß und erfreuliche Titel schuf. Ich arbeitete also bei dieser offenen Tür – und kam abends zurück, um die Füße lang auszustrecken und meine Hände an irgend etwas Nassem zu kühlen. Auch sah ich sonst gar nicht mehr viel von der Stadt, und erst nach einem dreiviertel Jahr wachte ich auf; und das kam von der Erkenntnis, daß ich nun einiges wüßte, was ich gar nicht hatte wissen wollen: die Lage der Angestellten in einer Stadt wie New York. Das war an und für sich unverwertbares Spezialwissen. Aber das konnte ich dennoch nicht liegenlassen. Und nun fiel mir auf, daß jemand, den ich kannte, auch in der Stadt wohnte: das war eine Person namens Gesine Cresspahl. Ich hatte einmal in einem Buch *Mutmassungen über Jakob* drei Wochen in ihrem Leben beschrieben, aber das ist sehr wenig von ihrem Leben. Eigentlich war sie bloß da und hatte keine Vergangenheit. Und wie das so ist, wenn man sich eine Person erfindet – denn man erfindet sie ja nicht nur für den Augenblick, den man erzählen will, sondern möchte sie schon etwas vollständiger haben, also nicht nur den Gesichtsschnitt (in diesem Fall ein etwas slawischer, denn sie ist aus Mecklenburg) –, wußte ich auch sonst einiges von ihr. Ich wußte das Geburtsjahr, das war 1933, ich wußte die Vorgeschichte der Familie und kannte einige Eigenarten von ihr, sich z.B. nicht an gewisse Konventionen zu halten wie die der Ehe, oder daß sie immerhin die Zeitung las, was ich für mich damit erkläre, daß sie bis 1953 in Mecklenburg lebte und daß sie da nicht geblieben ist, bloß weil das die Heimat war, die Freunde oder die Liebschaften dort saßen. Sie ist auch da geblieben wegen der besonderen Art von Sozialismus, der dort an den Leuten ausprobiert wurde, als aus der sowjetischen Besatzungszone die DDR geworden war. Das wußte ich. Ich wußte aber auch, daß sie den Sozialismus auf der Schule gehabt hat, und zwar als Bestandteil des Antifaschismus und als Theorie, und daß die Oberschüler von damals mit dem Abiturjahrgang 1952 auch in der DDR sich für eine Elite hielten und es nicht für nötig ansahen, auch nach dem »Sozialismus auf der Straße« zu sehen, wie er denn nun wirklich in einer Fabrik oder in einer landwirtschaftlichen Produktionsgenossenschaft funktioniert und was den Leuten dort passiert.

Es war also kein sehr fundierter Marxismus, d.h., theoretisch war er ganz ausgezeichnet, so wie man ihn in früheren Zeiten nur für 30 000 Goldmark sich hätte leisten können. Aber praktisch taugte er nichts, und als in diesem Staat die Arbeiter und Bauern sich entschlossen, gegen ihre Regierung wegen grober Mißhandlung vorzugehen, da brach ihr Sozialismusverständnis auseinander und sie war sozusagen persönlich gekränkt, daß der Sozialismus so etwas macht und mit

Jahrestage

Aus dem Leben von Gesine Cresspahl

Uwe Johnson

23. August, 1967
Mittwoch

Die Luftwaffe flog gestern 132 Angriffe auf Nordvietnam. Die Zeitung setzt unter ein Bild von den Trümmern eines Flugzeugs in Hanoi, daß die Kommunisten dies für ein abgeschossenes Flugzeug erklären. Das Foto war wichtig genug für die erste Seite, aber erst auf der sechsten, verstellt von Neuigkeiten aus Jerusalem, finden wir die amtlichen Todeserklärungen für vierzig Soldaten, nur die Toten aus New York und Umgebung namentlich genannt, fünfzehn Zeilen Lokales.

In der Nacht in New Haven gingen fünfhundert Polizisten Patrouille in den Negervierteln, durchsuchten Autos, hielten Scheinwerfer gegen die Fenster, verhafteten hundert Leute. Und wäre sie gestern nachmittag am Foley Square gewesen, hätte sie einen Führer der radikalen Afrikaner rufen hören können, daß Krieg sei mit den Weißen und Gewehre vonnöten, als sie die 95. Straße West hinunterging, entgegen dem immer noch feucht verwischten Parkbild mit dem Fluß inmitten. Sie stellt sich vor, daß sie die Gesichter der Polizisten beobachtet hätte, deren eines zu sehen ist unter der erhobenen schwarzen Faust in der Zeitung, mit einem ungläubigen Ausdruck fast altersweiser Art, noch im Nachgeschmack der vorangegangenen Prügelei.

Im August 1931 saß Cresspahl in einem schattigen Garten an der Travemündung, mit dem Rücken zur Ostsee, und las in einer englischen Zeitung, die fünf Tage alt war.

Er war damals in seinen Vierzigen, mit schweren Knochen und einem festen Bauch über dem Gürtel, breit in den Schultern. In seinem graugrünen Manchesteranzug mit Knickerbockers sah er ländlicher aus als die Badegäste um ihn. er betrug sich vorsichtig und seine Hände waren klobig, aber der Kellner sah es, wenn er die Hand hob, und setzte ihm das Bier bald neben die Hand, nicht ohne Redensarten. Darauf antwortete Cressphal mit leisem, vergeßlichem Knurren. Er sah an seiner zerknitterten Zeitung vorbei auf einen Tisch in der sonnigen Mitte des Gartens, an dem eine Familie aus Mecklenburg saß, jedoch in einer zerstreuten Art, als habe er seine veralteten Nachrichten satt. Er war damals füllig im Gesicht, mit trockener schon harter Haut. In der Stirn war sein langer Kopf schmaler. Sein Haar war noch hell, kurz in kleinen wirbligen Knäueln. Er hatte einen aufmerksamen, nicht deutbaren Blick, und die Lippen waren leicht vorgeschoben, wie auf dem Bild in seinem Reisepaß, den ich ihm zwanzig Jahre später gestohlen habe.

Er war vor fünf Tagen aus England abgefahren. Er hatte in Mecklenburg seine Schwester verheiratet an einen Vorarbeiter beim Wasserstraßenamt, Martin Niebuhr. Er hatte das Essen im Ratskeller von Waren gestiftet. Er hatte sich Niebuhr zwei Tage lang angesehen, ehe er ihm tausend Mark gab, als Darlehen. Er hatte das Grab seines Vaters auf dem Friedhof von Malchow auf zwanzig Jahre im voraus bezahlt. Er hatte seiner Mutter eine Rente hinterlassen. Hatte er sich nicht losgekauft? Er hatte einen Vetter im Holsteinischen besucht und ihm einen Tag Korn einfahren helfen. Er hatte seinen Paß um fünf Jahre verlängern lassen, nach den Vorschriften für die Einbürgerung. Er hatte noch fünfundzwanzig Pfund in der Tasche und wollte nur wenig davon ausgeben, bis er zurück war in Richmond, in seiner Werkstatt voll teuren Werkzeugs, bei verläßlicher Kundschaft, in seinen zwei Zimmern am Manor Grove, in dem Haus, auf das er ein Gebot gemacht hatte. Er hatte auf der Reise noch einmal gesehen, wo er ein Kind gewesen war, wo er das Handwerk gelernt hatte, wo er zum Krieg eingezogen

Suhrkamp

1970: Der erste Band der »Jahrestage« erscheint

Panzern auf die eigenen Leute zurückschießt – sie war zwanzig. Sie machte das Dümmste, was sie tun konnte, sie beging eine Panikhandlung und ging an die Stelle der Welt, für die sie überhaupt nicht geeignet war – sie ging in den Westen, wo sie die zurückgebliebenen Fundamente des Faschismus nicht gerade angezogen haben können – in eine Gegend, von der sie gelernt hatte, daß es zyklische Krisen und Notwendigkeit dieser Krisen und Untergang dieser Gesellschaft gibt – und da blieb sie. Denn wer vom Sozialismus weggeht, der geht nicht zurück, jedenfalls nicht als der, der er ist.

Das alles wußte ich. Sie machte ein kleines Fremdsprachendiplom, denn in der DDR hätte sie studieren dürfen, im Westen hatte sie kein Geld. Dann hat sie ein wenig in einem Büro gearbeitet, dann bekam sie ein Kind. Da erschien ihr die Welt so unsicher, und sie ging in einer Bank arbeiten, schickte also fremdsprachige Briefe an andere Banken und lernte ein bißchen die Terminologie und wurde dann wirklich 1961 von ihrer »dankbaren« Bank in die USA geschickt. Da sollte sie die feineren Tricks bei der Vervielfachung und dem Erwerb und der Verschönerung des Geldes lernen, worin sie sich auch ein wenig Mühe gab, bis sie dann mit einem Male desertierte. Da wurde ihr gekündigt. Sie fand nach einer Pause wieder eine Bank, die keine deutsche Verwandtschaft hatte, lernte auch etwas Nationalökonomie auf der Columbia Universität und war schließlich wieder da, wo sie angefangen hatte: sie war wieder Fremdsprachensekretärin bei einer Bank. Dies alles fiel mir wieder ein. Sie ist zwar eine ziemlich erfundene Person, sie ist nicht polizeilich gemeldet, ich habe sie mir ausgedacht.

Wir hatten jetzt also 1966/67. Ich fragte mich, wo die Gesine wohl leben wird in New York. Denn ich wohnte in einer ganz merkwürdigen Gegend dieser Stadt, die es eigentlich nicht geben darf: In einer Wohnung am Riverside Drive, und die hatte fünf Fenster, die blickten alle hinaus auf den Riverside Park, und im Herbst blickte man auf den Hudson. Da es genau 100 Meter bis zum Ufer waren, war gar nicht so genau festzustellen, daß die blaue Farbe des Hudson in Wirklichkeit Gift bedeutete. Aber immerhin, woher kam Gesine Cresspahl? Von der Ostsee. Sie kam von einer Gegend mit wenigen Bäumen, denn der Adel hatte in diesem Teil Mecklenburgs seit 1500 den Wald abgeholzt.

Mir war ziemlich klar, sie wohnte auch irgendwo an der Riverside, auch in den neunziger Straßen, nicht genau da, wo ich wohnte, aber ungefähr da.

Jetzt hatte ich den Wohnsitz und mußte noch herausfinden, wohin sie ihr Kind brachte. In den Kindergarten? Was kostet das? Die Leute im Park wunderten sich sehr, wenn ich fragte: »Was zahlen Sie denn so für ein Kind?« Marie, das Kind, war ja nun inzwischen zehn Jahre alt und war nicht mehr im Kindergarten, sondern sie war in einer hochangesehenen Schule, und zwar in einer bekenntnisfreien. Die Zahlen waren »rund 900 $ im Jahr«, und jetzt mußte ich herausfinden: Kann eine Sekretärin von einer Bank sich denn das leisten? Das bekam ich auch noch heraus. Aber die Leute, die ich kannte, wunderten sich inzwischen sehr über mich. Sie hatten mich für einen ganz diskreten Menschen gehalten, und jetzt ging ich in der Stadt umher und fragte nach Preisen, z.B. in einer Bank, was kriegt man denn so.

Oder ich fragte, wenn jemand an der Park Avenue wohnt, was zahlt er dann so für vier Zimmer. Wenn Sie das jemandem in der Park Avenue sagen und sind noch dazu eingeladen ... Ich schreckte also vor nichts zurück, ich brauchte das, aber ich konnte niemandem sagen, wozu ich das brauchte. Dann interessierte mich auch noch – wegen der Materialsammlung bezüglich Park Avenue – ein Mittagessen mit einem Millionär. Und ich habe dann mit einem Sproß aus aristokratischem finanziellen Adel gegessen und hatte eine Frage. »Sagen Sie einmal, halten Sie es für möglich, daß Ihr Bankinstitut – 2 000 Angestellte – am Krieg in Vietnam verdient, und halten Sie es überhaupt für grundsätzlich möglich, daß Kapital jeweils an den Verbrauchsorgien des Krieges sich gesundstößt?« Und da er ein sehr würdiger Herr war, zuckte er nicht zusammen, sagte nur ganz verwundert, daran habe er nie gedacht. Nun wußte ich auch einiges über die Bank und das Verständnis der Bankiers und hatte den Mut, mit meinem Buch anzufangen.

Der Anfang war natürlich falsch. Im August 1967 war ich an der See, am Abend eines Tages sagte ich mir, warum denn nicht jetzt anfangen, und das war der 20. August 1967. Und ich hatte auch schon den Titel: *Jahrestage*. 365 Jahrestage. Ich fing damals mit der Beschreibung jener See an, die ich in New Jersey gesehen hatte, und bekam tatsächlich das erste Kapitel fertig, diesen Montag nach dem Sonntag. Ich dachte mir: am Dienstag schreibst du ein Kapitel über den Montag, am Mittwoch eines über den Dienstag ... und dann ist ein Jahr vergangen und dann hast du deine 365 Kapitel und dann bist du fertig. Als das 365. Kapitel an der Reihe gewesen wäre, hatte ich bestenfalls 20 geschrieben. Außerdem hatte die Wirklichkeit in ihrer freundlichen Art mich mit einem Schluß versehen, den ich nicht wollte: mit den auffälligen Todesereignissen von J.F. Kennedy bis M.L. King – das hatte ich nicht geplant.

Sie hatte mich versehen mit einer fortlaufenden Demokratisierung des Sozialismus in der ČSSR und einem Interesse der Bank, in der Gesine Cresspahl arbeitete, an der ČSSR als einem Kreditempfänger. Gesine Cresspahl wird als Sachbearbeiterin eingesetzt zur Vorbereitung dieser Anleihe, bis dann für die Bank mit dem Einmarsch der sowjetischen Truppen nichts kaputt ging. Aber für die Tschechoslowakei ging einiges kaputt, denn sie hätten mit einer Milliardenanleihe aus dem kapitalistischen Ausland sehr viel in Ordnung bringen können in ihrer Leichtmetallindustrie, in ihrem Verkehrswesen – sie hatte also etwas verloren. Und diese Gesine Cresspahl, die nun noch einmal eine Arbeit gern getan hätte, weil sie zwar für die Bank war, aber auch für die Verbesserung ihres Sozialismus, an dem sie seit Kindeszeiten hing, sie hatte nun auch etwas verloren, in dem Moment, in dem die Sowjets einmarschierten, woran sie bis zuletzt nicht hatte glauben wollen.

Was ich da als erstes Kapitel schrieb, als erstes für notwendig hielt, das war, wie Mrs. Cresspahl heute in New York mit ihrer Vergangenheit, mit ihrer mecklenburgischen, ostdeutschen, sozialistischen, westdeutschen, kapitalistischen Vergangenheit, lebt.

Es kommt mir darauf an, daß solche Tagesabläufe absurd ausfallen, daß ein Mensch absurd leben muß, wenn er den Tag durchstehen will und dafür Schulgeld bezahlt. Ich bin nicht frei in meiner Entscheidung meiner erfundenen Person gegenüber, denn offenbar habe ich irgendwann den Fehler gemacht, dieser Person eine Bekanntschaft mit einem Herrn Karsch zuzuleiten – anzudichten möchte ich nicht sagen, denn auch dieser Herr Karsch, so gut er erfunden ist, ich kenne ihn. Das ist dieser Kerl, der 1960 aus Deutschland abhaute und jetzt eine Eigentumswohnung hat. Wir haben ihn generalüberholt, so daß er jetzt gleichfalls Professor ist. Außerdem hat er ein Buch über die Mafia geschrieben und ist mit Gesine Cresspahl seit ungefähr 1960 bekannt, und deswegen muß sein Geburtstag in diesem Buch vorkommen. Anders würde mir diese erfundende Gesine sagen, ja entweder kenn ich den, entweder bin ich die liebe Freundin, oder aber du hast da nur etwas beschrieben. Sie drängte mich in diese Geburtstagsfeier herein mitsamt dem Kind, und Sie sehen ja, das Kind wird auch vorkommen, das nimmt sich auch sein Recht. Jetzt könnten Sie sagen, aber das Kind ist doch gar keine Deutsche, hat die das nötig, die sogenannte Ausbeutung in so vollkommen verschönerter Form zu erdulden? Oder: Warum schicken Sie die zwei nicht zurück nach Hause? Ich kann Ihnen eines sagen, das haben mir schon andere wohlmeinend geraten, z.B. Martin Walser. Als er sah, wann das Buch aufhören mußte und womit, da hat er mir gesagt: »Uwe, hol die Gesine nach Hause. Steck sie irgendwo nach Schwäbisch Gmünd in eine Bausparkasse.« Da sagte ich: »Lieber Martin, daran habe ich auch schon gedacht. Aber den schwäbischen Dialekt versteht sie nicht. Sie mag vielleicht italienisch akzentfrei sprechen, englisch oder amerikanisch nur mit einem englischen Akzent, aber weißt du, mit mecklenburgisch dann schwäbisch? Ne!«

»Ach«, sagte Walser, »das gibt es nicht. Es sind dort so viele Flüchtlinge.«

»Ja, Martin, das mit den Flüchtlingen wollen wir mal lassen, aber sie hat dort in der Columbia Universität so viel Volkswirtschaft und bei ihrer Bank in New York so viel Tricks gelernt und den Jargon, das wäre alles etwas vergeudet in Schwäbisch Gmünd. Und du hast doch selber die Sache mit der Akkumulation des Wertes der Arbeitskraft gelernt, nicht wahr? Du willst doch nicht, daß sie das verschwenden soll.«

»Doch, mein lieber Johnson, es muß ja nicht Schwäbisch Gmünd sein, tue sie nach Lübeck.«

»Ja«, sag ich, »das stimmt. Mit dem Dialekt würde es gehen. Aber siehst du, diese Dame hat 1953 ihre Heimat verlassen, das ist noch gar nicht so lange her.

Sie wäre da zu dicht an der Grenze und sie wäre zu dicht in einer sehr, sehr verwandten Sprache. Es käme da eine Art Heimweh hoch. Sie wäre verrückt, wenn sie sich in diesen Taumel der gefährlichen Erinnerungen hineinbegäbe, zu dicht heran ginge an das, was sie da verloren hat, und das ist nicht wenig.«

Daraufhin wurde ich als ein hoffnungsloser Fall aufgegeben, nicht nur von Herrn Martin Walser.

Und ich ließ sie weiterhin in New York. Außerdem hätte sie mir gesagt, »sieh mal, du hast mich zwar erfunden, wie man als Schriftsteller eben eine erfindet, aber als du mir das Kind gabst, spätestens im August 1955, da mußte ich mich zu dem Kind verhalten, so erfunden ich war, das mußte ganz von mir kommen, denn ich bin eine weibliche Person. Da kannst du mich nicht auf männliche Weise herumstoßen. Und wenn du mich dann nach New York versetzt und dafür sorgst, daß dieses Kind Marie die Stadt New York und überhaupt Amerika als einzige und wohlerworbene Heimat betrachtet, dann kannst du von mir nicht verlangen, ich solle zurückgehen nach

Düsseldorf und mich dort mit Bankgeschäften befassen, denn du würdest das Kind kaputtmachen. Also mach weiter in New York!«

Also müssen wir in New York bleiben. Ich bin nicht mehr frei.

Martin Wiebel

Produktionsnummer 823 682

Der Prozeß der Entwicklung der Drehbücher »Jahrestage«

Erschienen sind Uwe Johnsons *Jahrestage*, als ich meinen Heimatort Berlin Richtung Westdeutschland verließ, gerade eben 28 Jahre alt, für eine Zeit von wiederum 28 Jahren, für die der Westdeutsche Rundfunk in Köln sich mir als »Mutter« anbot. In ihrem Schutz war es möglich, Fernsehen als Aufgabe zu verstehen, soziale Phantasie zu entfalten, politisches Handeln zu befördern, dem Gesetz über den WDR zum Leben zu verhelfen, d. h., ihn als Animations-Anstalt für kulturelles, politisches und geistiges Leben zu verstehen und zu nutzen. Die Produktionsgeschichte des Senders liest sich wie gelenkt von einer Agentur des radikal-demokratischen Zeitgeistes: von Ionesco bis Tankred Dorst, von Thomas Bernhard bis Max von der Grün, von Erika Runge bis Rainer Werner Fassbinder war alles vertreten, was den Geist der Zeit bestimmte. In einem solchen Klima zu arbeiten und durch Fernsehspiele wirken zu wollen zeugt von einem stolzen Selbstbewußtsein der Macher und einem hohen Anspruch des Publikums an die gesellschaftliche Funktion des Fernsehens, an die zu Beginn unseres, des 21. Jahrhunderts, eher wehmütig erinnert werden muß.

In einer solchen historischen Kontinuität entsteht Anfang der neunziger Jahre, unmittelbar nach dem Mauerfall und dem beginnenden Prozeß des Zusammenwachsens der zwei deutschen Staaten, die Denk- und Sucharbeit nach einer Möglichkeit, Uwe Johnsons *Jahrestage. Aus dem Leben von Gesine Cresspahl*, den letzten großen deutschen Roman, in dem

Individuum und Gesellschaft systematisch gespiegelt werden und in dem die Literatur den Atem hat, ein Panorama der Zeitläufe in eine ästhetische Form zu bringen und zum Schlüsselroman werden zu lassen, für einen großteiligen Fernsehfilm zu adaptieren.

Der deutsche Riß als neues Thema

Mit dem Jahr 1989 bekam Johnsons Jahrhundertwerk durch die sich anbahnende Vereinigung der beiden deutschen Staaten eine neue Dynamik, denn die Welt Johnsons hat ihre Struktur durch die Zerrissenheit Deutschlands erhalten. Der »deutsche Riß« ist nicht nur das Thema, sondern bestimmt auch Stil und Ästhetik dieses Werkes, das dadurch zum Symbol wurde, wie aus der Erinnerung und dem Gedächtnis Heimat zu gewinnen ist.

Schon ein halbes Jahr nach dem Mauerfall bemühte sich Johnsons Verleger, Dr. Siegfried Unseld, bei den größten Fernsehanstalten Interesse an einer Verfilmung zu gewinnen unter Hinweis darauf, daß Johnsons »Fischland« – die Gegend an der mecklenburgischen Ostsee, die für Gesine »das schönste Land in der Welt« ist – nunmehr erreichbar sei. Nicht etwa, weil eine Verfilmung des Werkes undenkbar oder das Werk und das Image des Werkes sich gegen eine Adaption für den Zuschauer des Fernsehens zu stemmen schien, auch nicht, weil Filmleute in der Wieder-Erfindung einer Welt ganz unabhängig von ihren Original-Orten sehr talentiert sind, sondern weil das Werk gegen den Sog der Zeit stand, erhielt Siegfried Unseld Absagen. Die ARD zumal hatte gerade in einem Kraftakt über die Hürde der Behauptungs-Auseinandersetzung mit dem kommerziellen Fernsehen in langen Jahren Edgar Reitz' *Zweite Heimat* hergestellt und sah sich nun bei der Plazierung ihrer teuren und ambitionierten Filmreihe größten Schwierigkeiten gegenüber. (Sie hat sie denn auch nicht glücklich gelöst, indem sie eine wochenlange Plazierung auf dem aussichtslosen Freitagabend-Termin in Kauf genommen hat, so daß die Beteuerungen der Programmverantwortlichen in immer größere Diskrepanz zu ihrer internen Verzweiflung über niedrige Reichweiten des Programms gerieten.)

1991 erfuhr Siegfried Unseld schließlich, daß es dem WDR auch in der ARD nicht gelungen war, Partner zu finden, und man teilte ihm mit, man könne «... dieses schwierige, anspruchsvolle und auch ökonomisch aufwendige Projekt vorerst nicht angehen, da zumindest bis 1993 alle Kraft in Edgar Reitz' ›Zweite Heimat‹, eine 13teilige Nachfolgereihe seiner ›Heimat‹, gehen würde«. Ein Brief aus dem WDR endet auch perspektivisch deprimierend: »Auf dem Gebiet des anspruchsvollen Fernsehspiels wird die ›Zweite Heimat‹ unser repräsentatives Projekt der nächsten Jahre sein.«

Ich entdeckte diesen Brief, dessen Urheber ich selbst war, als ältestes Dokument in meiner Produktionsakte »Jahrestage« ganz unten nach Jahren wieder und erinnerte mich lebhaft, mit welcher Wut ich ihn schreiben mußte, und daß ich gleichzeitig beschlossen hatte, ihn eines Tages zu widerlegen. Der Brief trug das Datum 15. 2. 1991, und wenn Margarethe von Trottas Verfilmung nun zu sehen sein wird, werden 10 Jahre vergangen sein, in denen es dennoch gelungen ist, eine Programmidee zu verwirklichen:

»Jahrestage. Aus dem Leben von Gesine Cresspahl«
Produktionsnummer 823 682

Eine Fernsehproduktion hat im Regelfall eine lange konzeptionelle Vorphase, bis sie eine Vertragsform annehmen kann, und bis zu diesem Zeitpunkt ist es eine unverbindliche, künstlerische, intellektuelle Auseinandersetzung mit deren Möglichkeiten der Bewältigung eines Stoffes. Erst wenn durch die Erteilung einer Produktionsnummer sämtliche Bereiche eines

Fernsehsenders durch Unterschrift akzeptiert und genehmigt haben, daß eine Produktion auch finanziell möglich wird, existiert sie in Wirklichkeit. Um eine solche Nummer zu erlangen, ist eine sogenannte »Bewilligung einer Fernsehproduktion« zu erreichen. Sie datiert erst auf den 26. 2. 1998. Um zu dieser Initial-Verabredung zu kommen, fanden seit Dezember 1994 zahlreiche konzeptionelle Gespräche mit wechselnden Partnern statt, um die Möglichkeiten, Schwierigkeiten und Lösungen für eine Verwirklichung der Vision, *Jahrestage* für das Fernsehen zu adaptieren, zu prüfen. Worum ging es?

Zu klären waren das Erzählinteresse und die verschobene Aktualität des Stoffes. Warum sollte ein Buch verfilmt werden, dessen Renommee erdrückend und das gleichzeitig nur von einem Bruchteil der ARD-Zuschauer gelesen sein konnte? Ist der in der ehemaligen DDR, den nun sogenannten neuen Bundesländern, unterdrückte Autor Johnson gerade für diese Zuschauer (und damit für die anderen in den sogenannten alten Bundesländern gerade nicht) so anziehend, daß man seine Geschichte jetzt erst recht erzählen muß? Liegt der Reiz einer Verfilmung darin, eine Landschaft und deren Bewohner zu entdecken, die nach der Wende zur Entdeckung einluden? Worin liegt das Besondere der Familiengeschichte der Cresspahls? Ist nicht gerade die Fortführung der Geschichte über die Ära der Weimarer Republik und des Nationalsozialismus und des Krieges hinaus in die Kindertage der sowjetisch besetzten Zone, die sich erst zur DDR mausert, das bisher Unerzählte? Ist der Übergang von einer Diktatur in eine andere erzählbar? Ist gerade Johnsons Brechung des Rückblicks durch die Erzählerin Gesine geeignet, etwas im historischen Abstand zu erzählen. Vor allem aber, welche Position der Verfilmung soll eingenommen werden, eine, die am Ende der neunziger Jahre die Geschichte einer Frau aus den sechziger Jahren nachempfindet, die wiederum ihrer Familienchronologie von den dreißiger bis zu den fünfziger Jahren nachspürt?

Dazu gesellte sich eine eher literaturwissenschaftliche Problematik, die den Johnson-Kennern unter uns bewußt war: Der Autor erzählt in den *Jahrestagen* auch von Figuren, die in früheren Büchern von ihm schon vorgekommen waren, allen voran in seiner offiziellen Erstveröffentlichung *Mutmassungen über Jakob* und vor allem in dem posthum erschienenen eigentlichen Erstlingswerk *Ingrid Babendererde*. Da Johnson sich nicht selbst zitieren wollte und konnte, ergab sich die Notwendigkeit, diese Bücher mit völlig anderen Erzählperspektiven als ergänzendes Material zum Verständnis des Figuren-Arsenals der *Jahrestage* heranzuziehen und aus all dem das Drehbuch für einen Film zu entwickeln, der sich nicht gegen die Intention des Autors wendet, sondern ihm neue Bewunderer und Leser verschaffen sollte.

Doch zunächst waren gemeinsam mit den Autoren Christoph Busch und Peter Steinbach und dem Produzenten Wolfgang Tumler grundlegende Fragen der Adaption der *Jahrestage* zu klären und mit einer film-ökonomischen und fernsehästhetischen Grundverabredung zu synchronisieren.

Ursprünglich hatte ich die Vision, der enormen Stoff- und Erzählmenge des Werkes entsprechend, einen Fernseh-Sechsteiler (à 90 Minuten) zu planen, mußte aber schnell realisieren, daß die Koordination Fernsehspiel in der ARD mit ihrer programmplanerischen Grundhaltung eine derart großflächige Produktion weder plazieren noch finanzieren wollte. Daraus ergab sich die Verabredung, die *Jahrestage* in 4 x 90 Minuten langen Filmen zu erzählen. Für diese »Willkür« sind vorrangig finanzielle und programmplanerische Gründe ausschlaggebend gewesen, nicht die erst daraus folgende Zweckrationalisierung, daß der Roman auch in vier Jahreszeiten zwischen Sommer 1967 und Sommer 1968 spielt. Die Zuordnung der von uns ausgewählten Teile der Chronik der Familie Cresspahl widersetzte sich – wie sich später zeigte – ohnehin immer wieder unserer Grobeinteilung.

Narrative Ordnung und filmerzählerische Absicht

Die ersten Gespräche drehten sich um die narrative Ordnung, deren Intention und um die Abweichungen vom Original. Die einfachste Übereinkunft haben wir früh gefunden und bis zum Schluß durchgehalten: den Verzicht auf die tertiäre Ebene der *Jahrestage*, die eine ihrer Besonderheiten ausmacht. Gemeint ist das Konglomerat unterschiedlichster Wahrnehmungen, die sich zum präzisen Bild sowohl des Schauplatzes als auch der erzählten Zeit addieren und deren Spannbreite von der gründlichen Lektüre der *New York Times* bis zum Einkaufszettel reicht. Auf diesen nicht-narrativen Teil wollten wir zugunsten der Erzählzeit aber auch deshalb verzichten, weil eine selbständige Filmsprache dafür hätte erfunden werden müssen, die man von den anderen erzählenden Partien zu Lasten der Filmerzählung insgesamt abziehen müßte.

Anders war die Grundverabredung zur Verzahnung der Zeitebenen. Hier haben wir der Montage-Technik des Films zunächst mutig-experimentellen Raum gelassen und sind erst im weiteren Verlauf der Arbeit zu einer deutlichen Verlangsamung des Tempo- und Rhythmuswechsels gekommen.

Diese zwei fundamentalen Entscheidungen ermöglichten es den Autoren und dem Produzenten gemeinsam mit mir, zwischen Frühjahr 1994 und Winter 1996/97 zunächst einen Bauplan, dann Entwürfe und Skizzen, schließlich erste Konstruktionsversuche zu unternehmen. Christoph Busch und Peter Haubold (dramaturgischer Mitarbeiter der EIKON-Filmgesellschaft) oblag es zunächst, eine akribische Dekonstruktion von Johnsons *Jahrestagen* sowie den *Mutmassungen über Jakob* zu unternehmen, um daraus Vorlagen für eine Entscheidung darüber aufzubereiten, welche Teile der Familiengeschichte auf welche Weise erzählbar sein könnten, vor allem aber, welche Teile man um welchen Preis und auf welche Weise nicht erzählen muß. (Christoph Busch hat in seinem Beitrag (siehe S. 46 ff.) an einem Beispiel dargestellt, mit welcher Orientierungstechnik in dieser Vorphase gearbeitet worden ist.) Die Verzettelung des Johnsonschen Kosmos, das von ihm in anderen Werken beschriebene Personal der Familiensaga, das Kalendarium der Ereignisse in New York, vor allem aber die Adaptionsfähigkeit der in den *Jahrestagen* ausgeblendeten Passagen der *Mutmassungen über Jakob* bildeten das Schwergewicht der Vorarbeiten, nach deren Abschluß erst an die Konstruktion einer Filmerzählung gedacht werden konnte.

Mit welchen Absichten und Vorstellungen wir uns an die Arbeit machten, mag ein Auszug aus meinem Brief an Peter Steinbach belegen: »Im WDR-Fernsehspiel ist gerade wegen der verrückten Tendenzen der ARD, sich immer weiter nach unten anzupassen, schon vor einiger Zeit mit einer Gegenbewegung in Richtung auf erhebliche Stoffe begonnen worden. Dabei ist für mich der wichtigste Roman aus der Nachkriegszeit immer das Sehnsucht-Beispiel gewesen, mit dessen Verfilmung ich der ARD mit allem Nachdruck auch nochmals ihre noch immer uneingeschränkten Möglichkeiten zeigen möchte. Das Unternehmen ist selbstverständlich hochgradig kompliziert und schwierig, der Roman fast unverfilmbar, jedenfalls braucht er die Imaginationskraft, die Erzählkraft und die Plot-Strukturkraft eines erfahrenen Drehbuch-Teams, und es hätte gar nicht der Kenntnisse der Vorgeschichte dieses Projektes bedurft, auf Sie dabei zuzugehen.«

Erste Schritte

Im Januar 1997 lag ein erstes Buch des ersten Teils in erster Fassung vor und bestätigte die hohen Erwartungen an das Drehbuch-Team Busch und Steinbach. Auswahl und Verknüpfung der Bruchstücke aus dem Roman schienen allen intelligent und einleuchtend gelöst. Vor allem die Dialoge schienen den Tonfall dicht am Original gefunden zu haben, wirkten aber sprechbarer als viele verschraubte Sätze, die von Johnson nicht zu übernehmen gewesen wären. Das Timing des Wechsels zwischen der New Yorker Gegenwart und der Vergangenheit wirkte auf alle harmonisch abgestimmt, löste dennoch die Überlegung aus, ob man dem epischen Erzählen in den Mecklenburg-Partien nicht eine dynamischere Erzählweise für New York entgegensetzen müßte.

Auszüge aus einem Protokoll der Diskussion der ersten Drehbuchfassung geben wieder, in welcher Richtung sich das Projekt weiterentwickeln sollte:

»Martin Wiebel faßt eingangs seine positiven Eindrücke der ersten Drehbuchfassung des ersten Teils der vierteiligen ›Jahrestage‹ nach Uwe Johnson zusammen. Auf dieser Grundlage ließen sich nicht nur die weiteren Teile gestalten, den Autoren sei es gelungen, eine eigenständige Filmsprache zu entwickeln, die dem hohen Anspruch der Vorlage gerecht werde. Bemerkenswert sei die Verknüpfung der sogenannten Vergangenheits- und Gegenwartsebene, die sich gegenüber der konventionellen Rückblende deutlich abhebe. Das nahtlose Ineinandergreifen der erzählten Vergangenheit in Mecklenburg und der in New York spielenden Passagen beweise, daß das von den Autoren vorgeschlagene Erzählprinzip bestens funktioniere.

Auch der ökonomische Umgang mit Johnsons gewaltiger Textmasse sei eindrucksvoll bewältigt worden. Tatsächlich hätten die Autoren, ohne den Zusammenhang zu zerstören, jene Passagen aus dem Gesamtwerk herausgelöst, die als Kernstücke des Romans bezeichnet werden können.

Als problematisch erwiesen sich jedoch die Auftritte des toten Jakob, der als sehr ›geisterhaft‹ empfunden wird. ...

Frank Beyer hält das Buch ebenfalls für gelungen, fügt aber, abgesehen von Jakob, einige kritische Bemerkungen hinzu. Das ›Generalthema‹ der ›Jahrestage‹ sei Heimatlosigkeit, dieser Aspekt müsse noch stärker hervorgehoben werden. Die Tatsache, daß Gesine und Marie 1968 in New York lebten, sei unmittelbare Folge dieser Heimatlosigkeit, die sich aus den Wirren der deutschen Geschichte ableite.

Obwohl auch er den Wechsel der Zeitebenen für geglückt hält, werde die Spannung dadurch häufig unterbrochen. Während die mecklenburgische Familiensaga den Leser (bzw. den Zuschauer) emotional anspreche, fehle diese Emotionalität meist noch in den New York-Passagen. ...

Wolfgang Tumler weist darauf hin, daß die Verwendung der Begriffe Gegenwart und Vergangenheit problematisch sei, da das Jahr 68 längst auch zur Vergangenheit zähle. Dies beeinflusse nicht nur die optische Umsetzung der New York-Teile, sondern auch das Bewußtsein des Erzählens. Unsere Perspektive der späten neunziger Jahre wisse inzwischen, wie Geschichte sich entwickelt habe, Gesines politische Hoffnungen auf einen menschlichen Sozialismus seien aus heutiger Sicht selbst Ausdruck eines historischen Bewußtseins. Die heutige Perspektive, so Tumler, wäre übrigens die der erwachsenen Marie, Heimatlosigkeit bedeute für sie als Kind vor allem Vaterlosigkeit. Deshalb sei es wichtig, daß Marie neugierig auf die Geschichte ihres Vaters sei, stärker und häufiger nachfrage.

Frank Beyer betont in diesem Zusammenhang, daß die New York-Ebene, auch wenn 68 angesiedelt, dennoch als Gegenwart wahrgenommen werde, da die ›Zeichen‹ dieser Epoche sich nur gering von heutigen unterscheiden. ...

Die anschließende gemeinsame Diskussion kreiste vor allem um Jakob. Christoph Busch und Peter Steinbach äußern dazu, daß der Geist Jakobs auch als Experiment zu verstehen sei, dessen Tauglichkeit sich mit den weiteren Teilen erweisen müsse. Steinbach betont, daß die Jakob-Szenen so konzipiert seien, daß sie auch später relativ einfach aus dem Drehbuch entfernt werden könnten.

Nach Meinung der Autoren solle jedoch der abwesende Jakob stärkeres Gewicht bekommen. Jakobs Figur wäre noch viel stärker über die Kinderphantasie Maries zu motivieren.

Über Photos und Details, die an Jakob erinnern, werde die Geschichte allmählich zusammenwachsen. Eine stärkere inhaltliche Präsenz Jakobs könne schließlich dazu führen, daß der ›Geist‹ schließlich doch akzeptiert wird, Gesines Fähigkeit zum Dialog mit den Toten sei immerhin von Johnson vorgegeben.«

Erste Ergebnisse

Im ersten Halbjahr 1997 nimmt die Dramaturgie des Fernsehfilms *Jahrestage. Aus dem Leben von Gesine Cresspahl* langsam Form an. Erstmals liegen die Erstfassungen der Drehbücher für vier Teile vor, denen einerseits anzumerken ist, daß die Gewichte der erzählten Zeit noch ungleich sind, was sich vor allem durch die Schwierigkeit erklärt, den Teil aus Gesines Biographie zu erzählen, den Johnson genauer in den *Mutmassungen über Jakob* entfaltet hat. Es war zwischen dem Verlag, dem WDR und den Produzenten von Anfang an klar, daß die *Mutmassungen* herangezogen werden müßten, um die in den *Jahrestagen* fehlenden Teile, vor allem die Liebesgeschichte zwischen Gesine und Jakob, erzählen zu können. Im ersten Anlauf aber war es wegen der völlig verschiedenen Erzählperspektiven noch nicht gelungen, Gesines Biographie auch nach 1956 sinnvoll zu entfalten. Die im Juni vorliegende Drehbuchfassung beschränkte sich auf die Chronologie der *Jahrestage* und erzählte die Geschichte etwa bis 1952 einschließlich des Verhörs von Gesine durch die Staatssicherheit und der Andeutung einer zukünftigen Liebe.

In einem Arbeitspapier von Peter Haubold befindet sich die Bemerkung:

»Genau diese Liebe aber wird im vierten Teil des Drehbuchs noch unterschlagen. Dadurch wird nicht nur die Erwartungshaltung des Zuschauers enttäuscht, vor allem auch die Figur Maries, deren fragendes Interesse immer wieder ihrem Vater gilt, ist davon betroffen. Ohne die Ereignisse des Jahres 1956 – Gesine in Jerichow, Verwicklung mit der Staatssicherheit, Rückkehr in den Westen, Besuch Jakobs und Schwangerschaft, anschließend Jakobs mysteriöser Tod – bleibt die Geschichte fragmentarisch und ohne überzeugenden Abschluß.«

Es zeichnete sich ab, daß die dramaturgische Konsequenz eine starke Reduktion der beiden ersten Teile und den Verzicht auf viele gelungene Szenen bedeuten mußte, um im dritten und vierten Teil Raum zu schaffen für die Fortsetzung der Erzählung bis zu und über Jakobs Tod hinaus. Im Vorgriff auf die noch ausstehende ausführliche Drehbuchbesprechung unter allen Beteiligten wies Haubold auch auf etwas anderes hin:

»Der Zeitraum der ›Jahrestage‹ beginnt in der Weimarer Republik, führt von der nationalsozialistischen Terrorherrschaft in einen kaum minder totalitären Sozialismus und endet mit der Konfrontation der Systeme im Kalten Krieg. Gesines Heimatlosigkeit, zuletzt auch in der kapitalistischen Welt, ist nicht nur ein zentrales Thema der Vorlage, sondern zweifellos auch eine wichtige Motivation für die Verfilmung. Der Verzicht des Drehbuchs auf die Zeit nach 1952 bringt diese Entwicklung aber ins Wanken. Johnsons ›Jahrestage‹ erzählen epochenübergreifend. Gesines Biographie wird dadurch zu exemplarischer deutscher Geschichte im Spannungsfeld zwischen Faschismus, Sozialismus und Kapitalismus. Die Verfilmung der ›Jahrestage‹ gewinnt an Konturen, je mehr sie auf Momentaufnahmen der einzelnen Epochen verzichtet, sondern statt dessen deren Kontinuitäten sichtbar macht. Vieles davon ist freilich bereits in dieser ersten Fassung verwirklicht, wird aber nicht konsequent bis zum Ende verfolgt. Etwa ab 1949 beschleunigt sich Gesines Entwicklung, auch Johnsons Romanvorlage gewinnt spürbar an Intensität. Bestes Beispiel ist die sogenannte AG, also die Schülergemeinschaft um Gesine, Pius und Lockenvitz, die in der Adaption leider noch sehr fragmentarisch auftritt. Gerade aber in der Desillusionierung der Menschen um Gesine zeigt sich die Krux des Sozialismus, der seine fähigsten Kritiker zum Verstummen bringt. Pius wählt das innere Exil, Lockenvitz wird zu langjähriger Haft verurteilt, Gesine verläßt das Land, nur Jakob wählt bewußt die DDR als Heimat. Diese Entwicklungsprozesse zu beobachten sollte wichtiger Bestandteil auch der Verfilmung sein. Der aktuelle Verzicht auf Lockenvitz, die reduzierte Figur des Pius Pagenkopf und vor allem die noch unerzählte Liebesgeschichte zwischen Gesine und Jakob bleiben unbefriedigend.«

Neue Verabredungen

Im Ergebnis der Ende Juni folgenden Diskussion und in den beschlossenen Konsequenzen für die weitere Arbeit, vor allem an den Teilen III und IV, werden diese kritischen Bemerkungen geteilt, aufgegriffen und überführt in Verabredungen für die weitere Entwicklung der Drehbücher. Im Protokoll der Besprechung vom 24. Juni 1997 heißt es dazu:

»Es wurde daher eine Grobeinteilung der vier Teile verabredet, die wie folgt aussieht:

Teil 1: Vorkriegszeit bis Tod Lisbeth
Teil 2: Kriegs- und Nachkriegszeit bis Verhaftung Cresspahl
Teil 3: Aufbaujahre
Teil 4: 50er Jahre mit Schwergewicht ›Mutmassungen‹.

Daraus ergibt sich die Konsequenz, in den ersten Teilen entsprechend zu kürzen, um die Zeit für das Finale zu gewinnen.

Figuren Mecklenburg

Grundsätzlich wird angestrebt, den Figurenkosmos zu reduzieren. Die Vielzahl der auftretenden Personen soll auf die Möglichkeit hin untersucht werden, einzelne Figuren zu

verschmelzen (die Vorschläge lauteten u. a.: Alexandra-Hanna; Hanna-Anita; Wulff-Schlegel; Pius-Lockenvitz; Entscheidungen wurden nicht getroffen). Gleichzeitig müßten jene Figuren, die über lange Zeiträume aus dem Blickfeld geraten – dies betrifft vor allem die Familie Papenbrock und Cresspahls Umfeld –, kontinuierlicher auftreten.
Für Kürzungen wurden folgende Themenkomplexe vorgeschlagen:

Familie Paepcke
Hanna Ohlerich
Schlegel und Umfeld
Schumann und Umfeld

Zumindest im Fall der Paepckes ergab sich eine kontroverse Diskussion. Über einzelne Bilder, die gekürzt oder gestrichen werden können, wird während der Arbeit an der zweiten Fassung entschieden. Den Autoren stehen hierbei die Notizen von Regie und Dramaturgie zur freien Verfügung.«

Die Bemerkungen über den Personenreichtum des Kleinstadt-Kosmos Jerichows erweisen sich später als folgenreicher, als man es zu diesem Zeitpunkt erwarten konnte. Die Fülle von Figuren, die die Geschichte dieses Ortes repräsentieren, und ihr sporadisches Auftreten im Roman erzwingen ein genaueres Nachdenken über den Unterschied zwischen der Rezeption des Romanlesers und des Fernsehfilmzuschauers. Für diesen besteht die Gefahr, durch immer neue Figuren verwirrt zu werden und/oder ihre Entwicklung, Herkunft und Verbleib nicht einordnen zu können, weil bei der Vierteiligkeit des Fernsehfilmprojektes nicht zwingend davon ausgegangen werden kann, daß jeder Zuschauer alle Folgen sehen wird.

Die erste durchgehende Erstfassung erzwang aber auch ein Revirement der New York-Ebene zwischen Gesine, Marie und DE: Zwar hatte die New York-Ebene gegenüber der Romanvorlage schon erheblich an Dynamik gewonnen, aber wir konstatierten einen Mangel an Dramatik. Im Protokoll der Diskussion steht dazu:

»*Figuren New York*
Für die New York-Ebene wird ein Mangel an Dramatik konstatiert. Die Figuren aus dem Umfeld Gesines und Maries sollten schärfere Profile erhalten. Dies betrifft vor allem auch das Verhältnis zwischen Gesine und DE, das als zu statisch empfunden wird. Auch die Rolle der Francine kann noch bedeutend ausgebaut werden, ebenso die der anderen Freundinnen Maries. Auch Anitas Position, bisher nur per Telefon im Off, vertrüge eine Aufwertung. Grundsätzlich wurde gefordert, mehr ›Alltagsdramatik‹ zu entwickeln und alle Möglichkeiten zu nutzen, um den New York-Komplex dynamischer zu gestalten. In diesem Zusammenhang wurde auch über die Verwendung von dokumentarischem Material nachgedacht, das beispielsweise über das Fernsehen vermittelt werden könnte.«

Annäherung durch Entfernung

Frank Beyer, mit dem der WDR seit langer Zeit eine enge Zusammenarbeit pflegte, hatte sich als der designierte Regisseur der Verfilmung der *Jahrestage* aktiv an der Diskussion der Entwicklung der Drehbücher beteiligt. Nach dem Juni-Treffen, dem so richtungsweisende Bedeutung zukam und an dem Peter Steinbach wegen der Arbeiten an seinen *Klemperer*-Drehbüchern nicht teilnehmen konnte, hat Beyer seine Überlegungen in ausführlichen Notizen dargelegt, mit der interessanten Schlußbemerkung:

»Auffällig an der augenblicklichen Fassung ist der pietätvolle Umgang mit der Vorlage. Das ist ganz verständlich, führt allerdings dazu, daß mitunter große Umwege gegangen werden, um zu einer markanten Szene zu kommen. Als Beispiel führe ich nochmal den Schlegel-Komplex an mit der Badewannen-Szene bei der Rückkehr von Cresspahl, man könnte aber auch den Schumann-Komplex nennen oder andere Dinge. Ich glaube, wir müssen jetzt die Autoren ermutigen zu einem radikaleren Umgang mit der Vorlage. Die Treue zu Johnson kann nicht darin bestehen, daß maximal Szenen und Texte übernommen werden. Zumal ja Johnson über ganze Strecken nicht szenisch erzählt. Also müssen da mitunter Neuerfindungen her, um lapidarer zu erzählen, in größeren Sprüngen zu erzählen. Das müßte man für die nächste Fassung auf jeden Fall erreichen, sonst verheddern und verfransen wir uns in diesem Johnsonschen Romangeflecht und kommen nicht zu einfachen, überschaubaren und emotional eindrucksvollen Handlungen.«

Konkret ergaben seine Ermahnungen, daß ausführlich über Reduktionswünsche für das Personengeflecht diskutiert wurde. Erstmals wurde erwogen, die gesamte Familie Paepcke aus dem Kosmos herauszuschneiden. Genauso erging es der gesamten Schlegel-Geschichte und dem sogenannten Schumann-Komplex. In der Diskussion überzeugte Beyer mit seiner Sachkenntnis, daß es uns kaum gelingen könnte, dem Zuschauer eine frühe Phase der Landwirtschaftspolitk der SED verständlich zu machen, die ein früheres LPG-Experiment unterband. Die Komplexität dieses politischen und ideologischen Spezialfalls sei weder darstellbar noch für heutige Zuschauer verstehbar.

Im Dezember 1997 werden die zweiten Drehbuchfassungen der *Jahrestage* diskutiert. Zur Vorbereitung der Diskussion der zweiten Drehbuchfassung, die die Aufgabe hatte, Stilentwicklungen und Unebenheiten der ersten Fassung zu korrigieren, lag ein Positionspapier von Peter Haubold vor, in dem es über die Erzählmotivation hieß:

»Gesines Motivation, ihre Lebensgeschichte zu erzählen, ist in der neuen Drehbuchfassung anfangs stark durch den toten Jakob motiviert. Seine Aufforderung, sich zu erinnern, nimmt Gesine zum Anlaß, ihre Erinnerungen ›zu entrümpeln‹. Ziel der Erinnerungsarbeit ist es, Marie auf ein selbständiges emanzipiertes Leben vorzubereiten. Dabei ist Marie, weit stärker als in der ersten Fassung, kritisches Gegenüber, ihre Nachfragen, auch ihr Mißtrauen gegen einzelne Vergangenheitspartikel bis hin zur Verweigerung, weiter zuzuhören, stellen die Erzählung Gesines immer wieder in Frage.

Durch diese Erzähltechnik rückt Marie weit stärker ins Zentrum des Geschehens und wird, stellvertretend für den Zuschauer, der angesprochene Adressat der Erinnerungen. Dadurch bekommt Marie, die das Erzählte auf ihren unmittelbaren Erfahrungsbereich anwendet, eine entscheidende Schlüsselrolle innerhalb des gesamten Werkes.

Dieses Verfahren betont nicht nur den subjektiven Charakter der persönlichen Erinnerungen Gesines, sondern stellt gleichzeitig einen schmerzhaften Prozeß dar, den Gesine bis hin zur körperlichen Krankheit durchlebt. Angespielt wird dabei latent ein Erinnern und Verdrängen. Auch die Johnsonsche Vorlage mit der Metapher der ›Katze Erinnerung‹ schimmert in dieser Konstruktion mehrfach durch.«

Haubold hob auch hervor, welche Bedeutung die für den vierten Teil titelgebende Passage »Cydamonoe« hat (s. auch seinen Beitrag in diesem Band S. 73ff.). Er meint, daß diese eher unscheinbare Passage in der Vorlage Johnsons im Drehbuch enorm aufgewertet würde:

> »Zentraler Gedanke dabei ist, daß Cydamonoe als Ort der Fantasie die realen Verhältnisse konterkariert. Wenn Heimatlosigkeit in Ost und West ein zentrales Thema der ›Jahrestage‹ ist, dann wird Cydamonoe zur naiven Utopie und zum Fluchtpunkt vor der Wirklichkeit gleichermaßen. Gerade aus der Perspektive der noch kindlichen Marie kommt dieser fast märchenhaften Passage Bedeutung zu, insofern ist Cydamonoe auch ein Protest gegen die verkrustete Welt der Erwachsenen.«

Die Autoren werden für ihre Annäherung an Johnson durch ihre Entfernung vom Original gelobt. Probleme bereitet aber weiterhin der vierte Teil, der noch unverbunden wirkt, weil er nach wie vor eine den *Mutmassungen über Jakob* entlehnte, veränderte Erzählperspektive aufweist. Die Diskussion der zweiten Fassung bescherte dem Projekt aber auch die für die weiteren Drehbuchfassungen problematische Spannung zwischen den Wünschen des Regisseurs Frank Beyer nach großflächigem Erzählen und meinem Einwand, sich dadurch von dem Johnsonschen Konstruktionsprinzip zu weit zu entfernen. Seine Mosaik-Erzählweise müßte auch für den Fernsehzuschauer zumutbar sein. Das austarierte Verhältnis zwischen der New Yorker-Gegenwartsebene und der Jerichow-Vergangenheitsebene hat das Projekt über alle Drehbuchfassungen bis in die Drehzeit hinein begleitet und schließlich zu einer filmerzählerisch adäquaten, ausgewogenen Form geführt.

Die weiteren Entwicklungen der Drehbuchfassungen spiegeln die Diskrepanz der Interessenlage zwischen Regie und Dramaturgie wider: das Interesse an den historischen Teilen (die großen Laken der Erinnerung) übertraf das Interesse an der Gegenwartsebene (die rote Wäscheleine, an der die Laken hängen). Je mehr jedoch der New York-Teil ein eigendynamisches Leben entfaltete und szenischen Anforderungen genügte, desto spannungsreicher wurde die Suche nach einer Lösung.

Mit der zweiten Fassung verabschiedeten alle gemeinsam aus der Gegenwartsebene die gesamte Fleury-Geschichte (und damit auch das damit verbundene Vietnam-Motiv). Nach wie vor machten der dritte und vierte Teil Sorgen. Daß der Schwerpunkt der Vergangenheitshandlung in Gesines Gymnasialzeit mit den Ereignissen rund um die Arbeitsgemeinschaft liegt, blieb klar, aber die Fallhöhe der Konflikte war noch nicht erkennbar. Es wird noch über ein Jahr und drei weitere Fassungen des Drehbuches brauchen, bis wir erkennen, daß wir ohne die Einbeziehung von Johnsons ursprünglichem Erstlingswerk *Ingrid Babendererde* und dem dort ausführlich beschriebenen Konflikt um die Junge Gemeinde, der sich auf authentische Vorgänge in der frühen stalinistischen Phase in der DDR bezieht, nicht auskommen werden.

»Ingrid Babendererde« kam zu Hilfe

Der Arbeitsprozeß an den Drehbüchern für die Verfilmung zeigte immer wieder, daß wir mit den beiden letzten Teilen größere Probleme haben, weil Uwe Johnson in *Jahrestage* viele wichtige Informationen und Zusammenhänge ausspart, die er in anderen Büchern erzählt hatte. Besonders die Unzufriedenheit des Regisseurs mit der Fabelführung des Teil III (Jugendzeit von Gesine in der Jugendzeit der DDR vor Stalins Tod 1953) führten zu einem heftigen Gespräch über die nötige Verwendung von Motiven aus *Ingrid Babendererde*, in der der Schulkonflikt um die Junge Gemeinde exemplarisch vorgeführt wird. Schnell wurde aber deutlich, daß die Figuren in *Ingrid Babendererde* in großen Teilen identisch mit denen der *Jahrestage* sind, daß es allerdings gewichtige »Persönlichkeitsspaltungen« zu berücksichtigen galt. Christoph Busch unternahm den Versuch, die Personen und die Handlungen zu analysieren, auf ihre Verwendbarkeit und Verwertbarkeit zu überprüfen. In seinen Notizen steht karg:

»Gesine/Ingrid: Politisch gleich Klaus. Nicht die nach außen hin Aufbegehrende. Sondern die Frau in der Mitten. Die kritische, interne Mittlerin. Sie hat das Tarnen beim Vater im Krieg gelernt. In der Liebe identisch: Klaus = Pius, Jürgen = Lockenvitz.

Lockenvitz = Ingrid von der pol. Einstellung her (Rede). In der Liebe gleich Jürgen: Nicht so nah an Gesine wie Klaus/Pius, eher wie Jürgen mit Stirnkuß bedacht.

Pius = Jürgen, was die politische Funktion und Ordentlichkeit angeht. Gleich Klaus hinsichtlich Nähe zu Gesine. (Wohnt an der Schleuse?) Trägt Abzeichen?

Anita = Elisabeth Rehfelde, aber nicht so klein. Peter Beetz, der überzeugte Junge-Gem.-Mensch, kann mit ihr zusammengezogen werden. 142-143 sein Bekenntnis zur JG.

Manfras = Dieter Seevken, ein bißchen tumb. Er hält sich fest am soz. Glauben und den Feindbildern.«

Für die weitere Arbeit an den Figuren Gesine, Pius, Lockenvitz und Anita beschreibt er, welchen Weg wir nutzen könnten:

»GESINE Da ändert sich fast nichts: Sie bleibt die Ausgewogene, Mittlere. Läßt die Jungs nur ein bißchen ran. Pius (Klaus) steht ihr näher als Lockenvitz (Jürgen). Wir sollten ihr allerdings auch einen Moment geben, wo sie den soz. Jugendtraum träumt. Nach der Rückkehr des Vaters (Jakob meint...). Aber sie ist nicht ganz so enthusiastisch wie Lockenvitz.

PIUS Er ist wie Klaus, Gesine sehr nahe. Mit ihm kann man auch über Jakob reden. Was der bedeutet: Ein guter Mann und ein guter Sozialist. Kein Bürokrat, wie Pius es ein bißchen ist.

LOCKENVITZ Sein kluger Kopf und gesellschaftliche Analyse machen ihn zum radikalen Sozialisten. Doch die Bürokratie und Stalinismus (Vorgehen gegen Anita) enttäuschen ihn. Er hofft auf Unterstützung durch Gesine und Pius. Die drücken sich. Dann will er es auch den Freunden demonstrieren: So wird das kein Sozialismus, sondern eine neue Diktatur. Er läuft Amok. Oder anders gesagt: Ein die DDR entlarvender Selbstversuch.

ANITA Einzelgängerin – wäre schön, wir könnten ihren verrückten Hintergrund retten: Die von Russen Vergewaltigte will alles über die Russen wissen. Gleichzeitig nimmt sie begehrlich als Verbündeten, ruhiges Gelände, Hoffnung jenseits von Politik, den Glauben an Gott in sich auf. Anita ist die Hoffnung. Auf irgendeiner Ebene geht es immer voran. Gott ist Sozialismus. Und klappt auch nicht immer. Wenn du ein Kind bekommst, Gesine, möchte ich Patentante werden. Sie beginnt eine heimliche Liaison mit Lo(ckenvitz) – nicht mal Gesine und Pius bekommen das mit. (Lo muß früher gehen oder ein Zettelchen von ihm für Anita.)«

Die Operation der letzten Fassungen für den Teil III bestand darin, die letzte unstrittige Drehbuchfassung mit den Phasen der Erzählung in *Ingrid Babendererde* zu synchronisieren, in dem das Personal in seiner Charakterstruktur angeglichen werden mußte. Wir wollten zuerst die spielerische Phase der Arbeitsgemeinschaft zeigen, in der alle ihre Mitglieder auch daran glauben, daß der Sozialismus nach den Erfahrungen mit den Nazis auf dem richtigen Weg sei, unaufhaltsam und positiv. Ausgelöst von dem Konflikt um Anita sollten die Zweifel entfaltet werden, nicht an den Zielen, aber an dem Weg dahin. Am Beispiel des Direktors sollte der Modellcharakter des sozialistischen Pharisäers vorgeführt werden. Die dritte Phase sollte zeigen, was mit Zweiflern geschah in Zeiten des Stalinismus. Daraus entwickelt sich die vierte Phase, in der es um den harten Konflikt zwischen Hoffnung und Wirklichkeit geht, in der aber auch Gesine Anita als Freundin gewinnt.

Schon im Frühjahr 1998 legen die Autoren die dritte Fassung für alle vier Drehbücher der *Jahrestage* vor, mit der alle wesentlichen Entscheidungen verknüpft werden können. Der Umfang der Bücher ist erstmals angeglichen, allerdings fällt auf, daß eben der Teil III der dünnste ist (hier fehlte noch *Ingrid Babendererde*). In einem Protokoll läßt sich nachlesen:

> »Gesamteindruck: in der nun vorliegenden Fassung hinterlassen die Bücher einen geschlosseneren, vor allem filmischeren Eindruck. Viele Dialoge sind verknappt und pointierter, haben ihre elaborierte Romanherkunft abgelegt. Das unfilmische Voice-over-Verfahren, in der alten Fassung noch sehr dominant, tritt auffällig zurück, ohne daß der Leser die Szeneneinführungen, die Geschichts-Kommentare zwischen Mutter und Tochter missen würde. Peter Steinbachs Vorschlag, Gesine als Erzählerin in der Off-Stimme zu haben, erweist sich als dem Roman angemessen.«

Ungelöst blieb ein Thema, daß aus produktionsökonomischer Sicht ein großes Problem darstellte: der Aufenthalt von Heinrich und Lisbeth in Richmond in England. Die Autoren hatten auf allgemeinen Wunsch der Produktion und der Dramaturgie versucht, die gesamte England-Zeit »einzudampfen« auf eine Dampferfahrt. So sinnvoll und notwendig diese Verknappung auch schien – in der Plausibilität der Figur Cresspahls gehen wichtige Elemente verloren. Die tiefe Widersprüchlichkeit Lisbeths, ihr Wunsch auszubrechen und die Angst vor den Konsequenzen dieses Ausbruchs, kann nur noch über einen Dialog behauptet werden. Damit ist sie viele Facetten ärmer als im Roman, und es wird erwogen, ob es nicht möglich ist, die gesamte Englandreise anders, indirekt, zu gestalten. Uns bewegt in dem Gespräch hauptsächlich das Motiv für Cresspahls spätere Spionagetätigkeit für die Engländer.

Die Verabredungen für die weitere Arbeit an den Drehbüchern basieren aber auf der gemeinsamen Einsicht, daß die vier Bücher jetzt ein dem Roman angemessenes Erzähltempo gefunden haben, indem historische Schwerpunkte ausführlich behandelt werden, Hinleitungen und Entwicklungen jedoch ausgespart werden. Diese Technik der Straffung der Erzählung, der Konzentration auf den historisch wichtigen Bruch und die Reduzierung der Anzahl der handelnden Personen sind das Ergebnis von mehr als dreijähriger Arbeit. Natürlich diskutieren wir auch die Gefahr, daß einige Personen (wie das Flüchtlingsmädchen Ann-Dörte) eine Schattenexistenz führen, wir entdecken aber auch den Gewinn des Verfahrens, manches indirekt zu erzählen (wie den Abstecher der Lehrerin Riebschläger nach West-Berlin).

Langsam wurde es ernst

In den darauffolgenden Wochen wird einerseits die Produktion technisch vorbereitet – von der Motivsuche bis zur Besetzung – und andererseits an Details der Drehbücher weitergearbeitet. Dadurch entstehen zwar auch neue (vierte, fünfte und sechste) Drehbuchfassungen, die aber lediglich die Regievorstellungen mit den Autoren abgleichen, um produktionstechnische Lösungen zu ermöglichen.

In einer Notiz von Wolfgang Tumler über eine solche Drehbuchbesprechung findet sich z. B. eine Konkretion zu Lisbeths Tod in der Werkstatt:

»Es soll dabei bleiben, daß die tote Lisbeth nur leicht beschädigt wirkt und von Gesine im Sarg besichtigt wird. Dies ist als Gefühlsmoment für den Film und als Setzung für Gesines weiteres Leben enorm wichtig. Dafür soll der Vorgang, der zu ihrem Tod führt, aber vereinfacht werden: sie zündelt wie gehabt, fesselt sich aber in dem Raum des Feuers und verriegelt vorher das Haupttor von innen. Die Feuerwehr kommt ziemlich bald, schließt aus dem von innen verriegelten Tor, daß jemand im Gebäude ist, bricht das Tor auf. Die ganze komplizierte Geschichte mit der Kammer müssen wir weglassen. Lisbeth stirbt an Rauchvergiftung.«

An anderer Stelle in diesen Notizen wird eine schöne Nebenfigur aus den *Jahrestagen* geopfert:

»Die Kutschenszene nach dem Gespräch bei Semig soll wieder in das Drehbuch aufgenommen werden, allerdings schlagen wir vor, den Baron von Rammin durch den uns schon bekannten Arzt zu ersetzen. Dieser Adlige kommt sonst nirgendwo vor, und zu dem Arzt würde der Dialoginhalt sehr gut passen.«

Auch zum leidigen Thema Richmond – das in der Verfilmung des Romans überhaupt nicht mehr vorkommt – gab es damals noch Zwischenlösungen:

»Wir drehen zu Küche – Kirche – Küche ein paar Außenaufnahmen von Cresspahls Haus in Richmond und der Kirche, vielleicht sogar in England, eventuell findet man so etwas ja auch in New England während des USA-Drehs.«

Schließlich findet sich in den Notizen auch die Absprache, »sich zu einer ausführlichen Schlußbesprechung der Drehbücher Anfang Mai 1998 an einem noch zu wählenden Ort mit der nötigen Zeit (mindestens 4 Tage) zu treffen«.

Unerwartete Schwierigkeiten

Dennoch kam es zwischen den Autoren, der EIKON und dem WDR auf der einen Seite und Frank Beyer auf der anderen Seite zu erheblichen Friktionen in der Einschätzung der Resultate, die Peter Steinbach und Christoph Busch bei diesem Integrationsversuch erzielt hatten. Wie ernst und tiefgreifend die Auseinandersetzung war, mag ein Zitat aus einem Brief von mir an Frank Beyer vom 6. 7. 1998 klarmachen, in dem es heißt:

> »Der auftraggebende Sender, die ausführende Produktionsfirma und die vertraglich an uns gebundenen Autoren sind bereit, sich weiter konstruktiv mit Deiner Kritik, mit Deinen Wünschen auseinanderzusetzen und alles dafür zu tun, daß unser Dreh-Termin gehalten werden kann. Die Einlassung von Ulrich Plenzdorf, wonach es darum gehen muß, ›auch Uwe Johnsons Bild von der DDR als einem Tollhaus zu korrigieren‹, machen mich gegenüber den gewünschten Änderungen an den Personen Manfras, der Lehrerin und anderen Figuren mit dogmatischen Positionen sehr hellhörig. Im Gegensatz zu Ulrich Plenzdorf wollen wir keine ›andere Sicht auf die Sache haben‹. Eine politische Korrektur des Johnsonschen Bildes, wie es in seinem Gesamtwerk erscheint, war nie und soll auch nicht unser Ziel sein.«

Der Ernst der Auseinandersetzung und die alptraumähnliche Konfrontation waren nicht der einzige Grund für den Dissens zwischen der EIKON, dem WDR und Frank Beyer, mit dem zusammen alle Vorgespräche und alle Drehbuchentwicklungen stattgefunden hatten. Zu diesen gesellten sich schwer beschreibbare produktionsökonomische Spannungen, die schließlich dazu führten, daß die Dreharbeiten nicht – wie ursprünglich geplant im August 1998 – mit dem Regisseur Frank Beyer begonnen werden konnten.

Die Suche nach einer anderen Regielösung gestaltete sich

durch den Anspruch und die Größe des Projektes äußerst schwierig. Erst im Spätherbst 1998 war mit Margarethe von Trotta eine Regisseurin für das Projekt neu gewonnen, die noch einmal eine Veränderung, Überarbeitung und Korrektur der Drehbücher bewirkte. Die abschließende Drehfassung der Bücher ist das Ergebnis mehrmonatiger neuer Beschäftigung mit dem Roman und allen, auch den alten, Drehbuchfassungen sowie der notwendigen und üblichen Einrichtung eines Buches für die konkreten Bedingungen der Produktion (Drehorte, Motive, Besetzung).

Christoph Busch

Das Drehbuch-Werkstatt-Regal

Was niemand wissen muß. Aber jeder lesen sollte, der sich sorgt, daß die Drehbuchautoren leichtsinnig mit einem umgesprungen sind, der sich viele Gedanken für den Fall gemacht hat, daß einer tot ist und sich nicht mehr einmischen kann.

Die *Jahrestage* zu lesen und sich zu erfreuen an den ebenso schönen wie zahlreichen Details und an den verschachtelten Schachteln, die sich auftun, ist ein Fest. Einen Entwicklungsschritt, eine Charakterskizze oder irgendein möglicherweise sehr filmisches Detail wegen der Fülle und nichtchronologischer Behandlung bloß zu vergessen, statt sich bewußt dagegen zu entscheiden, ist Angst: die Angst des adaptierenden Drehbuchautors. Vor allem beim angemessenen Respekt vor einem Romanautor, der mit Worten Wunder wirkt und für den Bilder bisher Tabu waren. Das von Rolf Michaelis herausgegebene *Kleine Adreßbuch für Jerichow und New York* ist eine erste Orientierungshilfe im *Jahrestage*-Dschungel. Aber natürlich gedacht für Leserinnen und Leser, Germanistinnen und Germanisten. Nicht aber als Schraubenregal für Drehbuchautoren.

Daher die Idee zum ersten Arbeits-Schritt: Den Roman noch genauer in seine Einzelteile zerlegen. Die ersten Koordinaten gibt Johnson selber vor: eine Eintragung Tag für Tag, Teilung in Vergangenheit und Gegenwart. Doch gerade auf der Zeitachse bewegt sich Johnson literarisch ziemlich frei. Und wir wollten keine Rückblende zusätzlich zu der ganz großen von New York nach Mecklenburg. Also muß unser Schraubenregal auch da Ordnung ermöglichen. Außerdem haben die

Autoren am Ende einer solchen Sortier-Arbeit auch ohne Regal ziemlich gut im Kopf, was in dem Roman steht. Jedenfalls können sie mit weniger Angst darangehen, den Roman als Film neu zusammenzuschrauben.

Daher hier ein kurzer Blick in das Drehbuch-Werkstatt-Regal. Die Fächer des ersten Tages, X. 8. 67, bieten eine gute Gelegenheit, das Sortiersystem und ein paar seiner Codes zu erläutern. (Dabei wurde dieser Tag mit X gekennzeichnet, weil ihm im Buch kein genaues Datum zugeordnet ist.) Das »&« steht für Verknüpfungsmöglichkeiten und thematische Zusammenhänge: also hier Strand und Meer, Ostsee und Hudson, verbunden auch durch das Hackenspiel. Verknüpfungen auch mit und in der chronologisch sprunghaften Vergangenheit dieses ersten Tages in der zweiten Spalte: Juden, Ferien und Züge. Den Ja(kob) wollen wir selbstredend auf keinen Fall vergessen.

Die dritte Spalte ist die codierteste: Die 1 steht für die jeweiligen Themen der *New York Times*. Die 2 steht für Ortsbeschreibungen. Unterkategorien sind zum Beispiel Woh(nung), Ba wie Bank, Park wie Riverside Park. Unter 3 sollen sich Personen finden, die in den beiden anderen Spalten mangels Ausführlichkeit nicht genannt werden, aber an diesem Tag kurz erwähnt werden. Unter 4 werden die Beziehung zwischen zwei Menschen, oder zwischen Menschen, Objekten oder Orten genannt. Am Tag X also die Beziehung zwischen Ge(sine), Ma(rie), Ge(sine) und Ja(kob) mit 19.

Wenn ein Charakter für sich ausführlich beschrieben wird, ist das schon in den beiden ersten Spalten zu finden. Wie zum Beispiel im Gegenwartsfach des 21. 8. 1967: Hier ist offenbar viel zum Cha(rakter) Ge(sines) und des Zeitungshändlers zu finden. Vor allen Dingen zu letzterem. Denn das Zeichen > steht für Ausführlichkeit. Und natürlich kann man mit & überlegen, filmische Verknüpfungen über den Zeitungshändler laufen zu lassen.

Am 22. 8. 1967 lassen sich auch andere Codes erläutern:

WzA meint Gesines Weg zur Arbeit in der Bank, WvA ihren Heimweg. Die kursive Schreibweise in der Vergangenheitsspalte bedeutet, daß wir es nicht mit der mecklenburgischen Vergangenheit zu tun haben, sondern mit der in New York. Also lokaler background für unsere 67er-, 68er-Gegenwartsheldinnen. Natürlich kommt die Gründlichkeit nicht ohne weitere Kürzel aus: Tz in Spalte 3 drei steht für Viet-Nam-Totenzahlen in der NYT, womit eine immer wiederkehrende Tante als Zeitungsbegleiterin gemeint ist. UB ist die U-Bahn, Fl steht für Flugzeug und sonstiges Fliegen. SF für South Ferry, Dia für Dialoganregungen. Phopo ist kein humanistisches Kürzel für Volkspolizei, sondern steht für Phonopost, in diesem Falle Gesines Tonbandaufzeichnungen.

Wie hilfreich das Schraubenregal sein kann, sei am Beispiel einer für die *Jahrestage* zentralen Passage, der Regentonnen-Geschichte, erläutert:

Schon unter der Eintragung vom 8. 9. 1967 wird kurz beschrieben, wie Mutter Lisbeth Gesine beim Klettern nach der Katze ertrinken lassen wollte, indem sie den Deckel von der Regentonne genommen hatte – wenn ihr Vater Heinrich sie nicht gerettet hätte. Chronologisch »richtig« angeordnet ist dieses Unglück aber erst am 19. 1. 1968, wo es auch erneut und anders beschrieben wird. Von da an gibt es zwischen Marie und ihrer Mutter einen Code für schwer zu ertragende Geschichten aus der Vergangenheit: Das sind Wassertonnen-Geschichten. Am 26. 4. 1968 entpuppt sich eine mögliche Wassertonnen-Geschichte als »rape«. Am 12. 6. 1968 möchte Marie keine Details über Cresspahls Lagerleiden, obwohl Gesine das Lagerleben weniger schlimm als eine Wassertonnen-Geschichte einstuft. Am 27. 7. 1968 ist die Rache an der Lehrerin alles andere als eine Wassertonnen-Geschichte. Am 15. 8. 1968 dagegen will Marie trotz Gesines Warnung eine weitere Wassertonnen-Geschichte hören: Wie Johnny Schlegels treues Pferd geschlachtet wird.

Ich glaube, Uwe Johnson hätte unsere Pingeligkeit gefallen.

Gegenwart/New York	**Vergangenheit Mecklenburg New York kursiv**	**Times, Ortsangaben Namen, Beziehungen**
<u>X.8</u> FERIENENDE (10 Tage) am &Strand in New Jersey, IM SAND GEHEN WIE BEIM &HACKEN- SPIEL keine Neger, &Juden Reklame-Flugzeuge Dorfkino Ma in Ferienlager HEIMFAHRT MIT DEM &ZUG	<u>X.8</u> 33 – Anfrage wg &jüdischer Feri- engäste &HACKENSPIEL am Strand, Ja lernt &Eisenbahner, Fischland- dampfer 42 von Cr in »Ferien« geschickt 51 – Ge Fahrschülerin	<u>X.8</u> 1 Israel, schwarze Aufstände 2 Gneez, Ribnitz, Jerichow, Wen- disch Burg, NJ-Strand. 4 Klaus N – Ingrid B Ge – Ma – Ge – Ja (19)
<u>21.8.</u> Cha Ge WzA > Cha &Zeitung-Händler Lesen in Mittagspause	<u>21.8.</u> 64 *in dieser Bank angefangen* 62 PASSKONTROLLE IN PRAG	<u>21.8.</u> 1 PRAG-JOINT-LEICHE &Zeitungskauf 2 LexAV, RiDri 4 Ge – Zeitungsmann

Gegenwart/New York	Vergangenheit Mecklenburg New York kursiv	Times, Ortsangaben Namen, Beziehungen
<u>22.8.</u> WzA/WvA > Zeitungsstand/-mann grüßt heute nicht Cha Ma Ma bekommt heimlich gekaufte Comiczeitung kostenlos Ges Suche nach NYT Heißer, nächtlicher NYT-Kauf wg Pudding-Bomben-Attentat	<u>22.8.</u> – – –	<u>22.8.</u> 1 Tz, 284 Gefärbte verhaftet 2 Broadway 4 Ge – NYT Ma – Zeitungsmann
<u>23.8.</u> Gespräch über Chinesen bei Einladung in ital. Restaurant, 3. Av.	<u>23.8.</u> Cha Cr, Cha Li 31 August – Cr LIEST ENGLISCHE &ZEITUNG IM GASTHAUSGARTEN TRAVEMÜNDUNG. In Deutschland wg Heirat Gertruds mit Martin N. Er hat Vergangenheit besichtigt und alles erledigt, um nicht zurückkommen zu müssen.	<u>23.8.</u> 1 Abgesch. Flugzeuge, Tz, Schwarze verhaftet > &schwarze Faust und Pol.-Gesicht auf Foto 2 Travemündung 4 Cr – seine Familie Cr – Li – Papenbrock

	> SIEHT Li MIT DEN ELTERN (Alb. und der Kellner). BLEIBT IM LÜBECKER HOF IN JERICHOW.	
<u>08.9.</u> Ge mit Steuerfachmann Shuldiner in Sandwichstube. Er lobt ihr Gedächtnis wegen Waffenlieferungsgesetz, GE KLAUT APFEL IM SUPERMARKT > Ges Gedächtnis, &KATZE. Ma: Von Pete Seeger muß man Platte kaufen. UB: »Fickt die Juden«	<u>08.9</u> 37 – &KATZE AM KÜCHENFENSTER, GE FÄLLT IN REGENTONNE, Li SIEHT ZU, Cr RETTET GE: Li, ick schlå di dot.	<u>08.9.</u> 1 Mauerplan in Vietnam, Tz, Streiks bei Ford, von &30 Jahren Straßenkämpfe 2 Sandwichstube, UB 4 Cr – Li – Ge
<u>19.01.</u> Dia Ge – Ma ÜBER DIE REGENTONNEN-GESCHICHTE, DIE SHULDINER OFFENBAR SCHON KENNT. »DU WILLST SAGEN, SIE LIEBTE DICH.«	<u>19.01.</u> Nach dem Prozeß: Cr denkt, Vernunft ist wieder an der Reihe, verspricht Denunzianten aus dem Haus zu werfen. Li glaubt sich im Streit mit J, geht weniger raus als vorher, zu BESORGUNGEN 1. KLASSE NACH LÜBECK – MIT NICHT GEHEUEREM LÄCHELN IN DER POLSTERKLASSE. Aber J findet Li's Verhal-	<u>19.01.</u> 1 Diskussion im Weißen Haus über Straßenkriminalität. Präs.-Gattin blaß wg. Eartha Kitt: Die tun das wegen Viet Nam. 2 Regentonne 3 Pinnows 4 Cr – Li – Ge – Katze

Gegenwart/New York	Vergangenheit Mecklenburg New York kursiv	Times, Ortsangaben Namen, Beziehungen
	ten im Prozeß akkurat. SIE SOLLTE JA KRANK SEIN. 37 Sommer (schon vor Prozeß) WÄHREND DES UMBAUS MACHT DER IN DER FUTTERKAMMER BEI SEINEM WERKZEUG SCHLAFENDE (siehe dort) Cr BEKANNTSCHAFT DER KATZE. TONNENDECKEL FEHLT. Ge SIEHT AUS DEM RUNDEN TONNENSCHACHT DEN HIMMEL, DER Li's GESICHT ÜBERBLENDET. Cr SIEHT Li ZUSEHEN, RETTET Ge, LÄSST Li DAS ABTROCKNEN, VERHAUT Ge. DIE WILL IHREN VATER MITTAGS VERSÖHNEN VON UNTERM TISCH: VADDING DE KATT – DOR KANN SE RUICH SITTN GÅHN.	

<u>Freitag, 26.04.</u>

Ghetto-Feier ohne Cresspahls Dia
Ma – Ge: Ma hält Gottesdienst-Besuch Pontijs für PR-Aktion. Ma vermutet hinter Vergew. &Wassertonnengeschichte. Ge wundert sich, dass Ma über Rape Bescheid weiß. Dabei reden die Frauen in der Sauna immer davon. Warum Cr Pontij nicht verstanden hat. Cr likes crooks.

<u>Freitag, 26.04.</u>

Cha Pontij
Juli '45 – Zwei Wochen nach Übernahme durch Russen. Kliefoths Münzsammlung geplündert. Cr soll wegen Vergleich mit Nazis erschossen werden. Ge wird das '38 gefaßte Goldstück abgerissen. Sie bekommt es im Seidentuch zurück.
NACH ABLIEFERUNG DER KARABINER BESÄUFNIS MIT Pontij. Cr soll Telefon behalten, bekommt Dr. Berlings Superradio.
NACH MITTERNACHT BESUCH Pontijs Cr's BETT. Ge und Hanna WERDEN WACH VON BETRUNKENEN MÄNNERSTIMMEN. Ja's Schwarzhandel sorgt für Stoff.
PONTIJ BESUCHT GOTTESDIENST, DIRIGIERT ZWISCHEN DEN LEUTEN UND VERSPRICHT BRÜ GLOCKEN. Ge erwägt Freundschaft mit Pontij.

<u>Freitag, 26.04.</u>

3 Avenarius Kollmorgen, Wassergahn, Käthe Klupsch
4 Cr – Pontij
Ge – Pontij

Gegenwart/New York	Vergangenheit Mecklenburg New York kursiv	Times, Ortsangaben Namen, Beziehungen
	Leslie D muß Vergewaltigungen notieren. Einigung mit Pontij nach Beinahe-Erschießung. Off-Limits-SSchild an Cr's Haus. Gruß-Befehl	
<u>Mittwoch, 12.06.</u> Dia Ge – Ma: Wie Ma sich die Sowjets wünscht. Ma glaubt, daß Cr alles zufällig zustieß. Will keine Details aus Lager. Obwohl Ge es keine &Wassertonne nennt.	<u>Mittwoch, 12.06.</u> Cha Slata Cha Alma Witte '46 – Jerichower isolieren Ge, die Tochter des verhafteten Bürgermeisters. SLATA PODJERAIZKAS: '45 Slata geht gern von Papenbrocks weg. Dolmetscherin und Assistentin J.J.Jenudkidses, des Geneezer Kommandanten. Genannt »Engel von Gneez«, streng gegen die Geschäftswelt (Johannes Knoop). Sie wohnt mit Sohn Fedja (ehemals Fritz) in Alma Wittes	<u>Mittwoch, 12.06.</u> 1 Ehemals der SU zugetaner PRAGER Generalmajor soll Betrüger sein. Höhere DDR-Transitgebühren als Strafe für Notstandsgesetze 2 Hamburger Hof 3 Lou, Vick, Bolte 4 Ge – Cr Ge – Jerichower Slata – Papenbrocks Cr – Hilde Ge – Slata Ge – Alma

Privatwohnung im beschlagnahmten Hotel Stadt Hamburg. Bei einer Feier mit militärischen und KP-Funktionären versteht sie plötzlich das Deutsch des schwärmenden Gerd Schumann nicht. Auch Cr's Anträge gegen Pontij werden von Slata nicht bevorzugt behandelt. Erkennt auf der Straße Ge nicht gerne.
WIE JEDEN MORGEN FÄHRT JENUDKIDSE PFEIFEND VORM HOTEL VOR. DIESMAL LÄSST ER MIT PRÜGELN SLATA UND DEN FIEBERNDEN FEDJA HOLEN. ALS GE IN ERINNERUNG AN MITTAGSTISCHE ZU ALMA GEHT, ZEIGT DIE IHR EMPÖRT DIE TRÜMMER DER DURCHSUCHUNG. Alma hat »Enkel« verloren (Fedja stirbt im sowj. Lager.) Wegen Robert ist sie nicht geholt worden, und auch nicht, weil ihr Name in Cr's Akten stand.
Frühling '46 – GE HAT ZUG VERPASST UND NÄCHTIGT BEI

Gegenwart/New York	Vergangenheit Mecklenburg New York kursiv	Times, Ortsangaben Namen, Beziehungen
	ALMA. BETRUNKENER SOWJETSOLDAT FOLGT ZWEI JUNGLEHRERINNEN MIT DER PISTOLE BIS IN DEN WINDFANG DES HOTELS. AUCH BM SCHENK SCHAUT HILFLOS ZU, WÄHREND GE SICH AN DER WAND LANG VORSCHLEICHT UND DIE TÜR ZUSCHLIESST. DER ROTARMIST SCHLÄFT EIN.	
Samstag, 27.07.	Samstag, 27.07.	Samstag, 27.07.
Aufwachen mit Vogel-TRAUM. Das Frühstück ist aufgebaut mit NYT, aber ohne Ma. DIE KOMMT UND GESTEHT, DASS SIE GESTERN IN VORBEREITUNG KALTER EIER KASSEROLLE UND KÜCHE MIT KNALL VERSAUT HAT. Ge be-	Rips wird Kli's Nachfolgerin in Gegenwartskunde. FDJ-Hemd – einverständliches Necken Pius-Ge wg des Ehrenkleides. Liwo paßt sich an. Nach dem Schwimmen mit Pius' Schwimmzeug auf der Fensterbank. Rips denkt an Nacktheit beim Thema Stalin. Pius wird	1 2 Tote in VIET NAM, MAFIA-Mann wg Bestechung verurteilt, Tschechei-Flüchtling macht Selbstmord mit Schrot. 3 Robinson Adlerauge, DE, Sister Magdalena.

ginnt gelassen Deutschkurs zu »Pfanne« und amüsiert sich über den Blumenkohlirrtum. Brunch statt SF. Dia Ge – Ma zu Quittenmarmelade, Schule, Wassertonne	durch Ge vom Zuschlagen abgehalten. Ge geht auf ängstliche Rips zu und streckt ihr die Zungenspitze raus. Ge besorgt sich Papier für Anzeige, versteckt sich im Kartenzimmer, damit's nach Weggelaufen aussieht. Gerücht, Rips habe Ge zahnarztreif geohrfeigt. Nach Ge's Abgang Unruhe in der Klasse, die Rips unter Zurschaustellung ihrer Waden vom Pultturm aus abstellen will. R habe Ge ausgezogen. Ge wird mit Eiern in der Milch belohnt. R fällt über Mülltonne, Jakob und Jöche sorgen dafür, daß R auf der Bahn besonders kontrolliert wird. R hat was mit Sieboldt. Lulatsch ist Verbündeter. Ge-Gedenkstätte auf der Leine des Hausmeisters. R kämmt sich krankhaft.

Gegenwart/New York	**Vergangenheit Mecklenburg New York kursiv**	**Times, Ortsangaben Namen, Beziehungen**
Donnerstag, 15.08.	Donnerstag, 15.08.	Donnerstag, 15.08.
Abfertiger findet Ge und Ma verdächtig, weil sie ohne Gepäck nach SAN FRANCISCO fliegen, für einen Tag. An Bord werden die beiden als »Schwestern« begrüßt. Ma sieht eine Vorbereitung auf den Abschied in diesem Flug. Sie bestellen Champagner und Steak. Ma fragt, ob sie studieren solle. Ge: Lügen ist immer schlimm. Ge WILL AUF DEM ALTEN FRIEDHOF IN Ja's GRAB BEIGESETZT WERDEN. Ma: ABER WIR STÜRZEN DOCH ZUSAMMEN AB. Ge: MIT GLÜCK. Dia in die Vergangenheit – Hallenser Zeit: Kampftüchtige Amphibie. Der Spitzel verdient keinen Namen. Ma: Ge sei doch wegen des ARBEITER- UND BAUERNAUFSTAN-	'52 – Studium: Abschied von Cr. Ja hat Zimmer in Halle besorgt. Kostüm, Englischbücher, Bibel, Konto statt Stipendium. Seminar für Englische Philologie. Mitklatschen im Takt – Rettungsschwimmen und Schießen als gesellsch. Betätigung. Wohnt bei Chefsekretärin. Deren vernachlässigter Mann klopft bei Ge. Umzug. Der Spitzel – beim Warten ertappt, will mit ihr ins Bett. Versucht Ge betrunken zu machen. Die läßt sich von ihm was spendieren. (SYLVESTER mit Ja und Mütze des Rotarmisten). Ge soll in kritischen Sartre-Zirkel eingeschleust werden. Ge holt Ja zur Hilfe. Zug durch Kneipen – den Spitzel treffen, Ja flüstert: Körperverletzung. Der ausgereiste Profes-	3 Dr. Josephberg

DES AUSGEREIST. Das 20-Marks-Angebot der LKW-Fahrer findet Ma »schäbig«. ALS GE VON JOHNNY SCHLEGELS KOMMUNE ERZÄHLT, BALLT SIE DIE FAUST. Ma: Du hast den alten Herrn erschreckt. Ma will die Wassertonnen-Geschichte vom getöteten Pferd hören: Ich muß mir die Feigheit abgewöhnen.

IN SAN FRANCISCO STAUNEN DIE CHINESEN, WIE SICHER SICH Ge EINEN WECKER SCHIESST.

sor, der als Jude nicht mehr gegrüßt wird. Ge kündigt Ausreise im Lokal an. Sie soll sich's ein Vierteljahr lang überlegen.

Arbeiter: Mai '53 zudringliche LKW-Piloten beim Anhalten. Olle Pingel findet Ge wegen Studierendürfen begünstigt. Bauern: Bis '50 war Ja unterwegs, dann wieder Cr. JOHNNY SCHLEGELS Ende: als Mittelbauer veranlagt.

Aber '52 noch Faust möglich. Tiefenprüfung. Bücher zu genau: privater Devisenverkehr. Haftbefehl 2/53. Der Tod von Jungtieren vorgesehen. 15 Jahre. Inge Schlegel kann den Hof nicht halten. Als Ge im Mai '53 zu Besuch ist, wird Ja's Voss erschossen. Elise Bocks Möbel werden versteigert. Ge sieht das, redet eine Nacht durch mit Ja und seiner Mutter – Rückfahrschein.

Peter Steinbach

Beim Gehen an der See

Ich saß über Millionen von Wörtern
Wein doch nicht, Gesine, wein nicht.
Es ging darum, Gewalt zu vermeiden.
Wer erzählt, muß an alles denken.

Mein Freund Wiebel bat mich, etwas zu schreiben über die *Jahrestage*, den Uwe Johnson, die Arbeit an dem Film und über mich. Lust dazu verspürte ich keineswegs, aber an Wiebel habe ich etwas gutzumachen, und so beiße ich in den sauren Apfel.

Ich habe auch keine Lust am »theoretischen Gedanken« in diesen Zusammenhängen. Der verführt immer dazu, die Gefühle aus dem Auge zu verlieren, die schönen und die verletzten, die dem o.a. Gedanken dann nicht mehr gehorchen. Also bleibe ich simpel und polemisiere lieber gleich, das kann ich eh am besten.

Bei den Russen groß geworden, kannte ich Gorki, Majakowski und Puschkin. Hinzu kamen noch Heinrich Mann und Arnold Zweig und Andersen Nexø. Also eine vortreffliche Gesellschaft, um lesen zu lernen.

Als ich mit vierzehn in den Westen kam, fand ich in der Lagerbücherei, einer ehemalige SS-Kaserne in Hamburg-Wentorf, Fritz Reuters *Ut mine Stromtied* neben Hemingways *Über den Fluß und in die Wälder*. Ich versank in diesen literarischen Gewässern und bin noch heute nicht wieder richtig aufgetaucht.

Die – für mich – deutschen Langweiler, Grass und Böll, legte ich schnell aus der Hand – und als Uwe Johnson Ende der Fünfziger im Westen auftauchte, aus meiner Heimat kommend, ein Abgehauener und so untypisch für den Normalsowjetzonenflüchtling jener Zeit, habe ich den allenfalls in die Kategorie des Komischen eingereiht.

So ein Literat, der scheinbar schnell zu den Abgehobenen der hiesigen Gruppenszene paßte, so merkwürdig formulierte wie die, da hielt sich unsereiner lieber an Norman Mailer und Henry Miller. Was war bei denen für ein Leben zu spüren, und ich war doch so süchtig nach Leben damals. Und außerdem protzten die nicht ständig in allen Zeitungen und im Fernsehen so zudringlich vor denen, die sie mögen sollten. Die waren, außer jeder Frage, einfach gut, auch ohne Verständigungshilfen von irgendwelchen Feuilletonisten.

Ich ignorierte einfach diesen Uwe Johnson zugunsten von Saul Bellow und Salinger, Vonnegut und Sinclair Lewis.

Nach Jahren tauchte irgend so eine Perücke von Filmproduzent auf, bot mir die *Jahrestage* zum Bearbeiten an.

Ich hatte gerade wieder mal kein Geld und fing an, mich zu interessieren, las notgedrungen Johnson zum ersten Mal in meinem Leben. Der armselige Geist, der mir die vier Suhrkamp-Bände im Hamburger Hotel »Vierjahreszeiten« – da residieren diese Haarteile mit Vorliebe, wenn sie Lohnschreiber zu sich bitten – in die Hand drückte, mir sogleich vorgab, ich hätte mit seiner tätigen Mitarbeit zu rechnen, weil Perücke mal an irgendeiner Filmhochschule mit amerikanischer Drehbuchtechnik indoktriniert wurde, hatte keine Freude an mir.

Es waren gesegnete Wochen, in denen ich Uwe Johnson kennenlernte. Was hatte ich mir angetan mit meiner kleinbürgerlichen Ignoranz? Da ist ein Dichter unter all den Literaturvergiftern und postmodernen Schwätzern, dachte ich. Hingeeilt wäre ich zu ihm, der bereits beim großen Inspizienten angekommen war. Wie ich einmal hineilte in großer Verehrung an Nikolaus Lenaus Grab in Klosterneuburg, um ein wenig Erde davon zu nehmen. Hineilen würde ich zu Johnson, vor allem, um ihn um Verzeihung zu bitten, daß wir Film aus ihm gemacht haben, es zu erklären versuchen, wahrscheinlich sogar vergeblich.

Das falsche Haar bekam als erstes zu hören, daß ich keine Lust hätte, *das* nun auch noch auszuschlachten fürs Familienprogramm, der Quote auszuliefern für ein verblödetes Publikum, das diese Quote bestimmt und darüber abstimmt, was Qualität ist, wer beachtet wird und weitermachen darf in der Gunst irgendwelcher Medienmollusken. Außerdem mache ich viel lieber Originalstoffe.

Jahre später kam Martin Wiebel aus dem WDR, einer Anstalt, die sich verdient gemacht hat mit *Heimat* und ähnlichen Fernsehereignissen, bis hin zu *Klemperer*, und überzeugte mich, daß es unters o.a. Publikum mußte, eben deshalb, weil heute keiner mehr Bücher ohne Bilder drin kauft und liest, und um all den Scheißeltern und Scheißlehrern, die keinen Bock mehr darauf haben, für ihre Kinder die Kultur des Lesens zu befördern, eine lange Nase zu machen. (Er hat es allerdings anders formuliert, das gebe ich zu.)

Die Welt findet es hübsch, wenn in einem Paar beide Ähnliches aufweisen, und auf Christoph Busch und mich trifft das in einem ganz sicher zu: Wir sind mutige Seehunde, was die Wellengänge in unserem Gewerbe angeht.

Wir enterten die angeschlagene Brigg auf hoher See. Sturm war angesagt, und es war unmöglich, an Land zu steuern. So ließen wir uns treiben, es war eh keiner mehr an Bord. Wir schlossen die Luken und Bullaugen, unter Deck war es warm, und die Schapps waren gefüllt: Eintausendneunhundert Seiten lagen vor uns, Seemeilen sollte man eher sagen.

Jeder war mal Kapitän und Steuermann. So steckten wir die Etmale von Mittag zu Mittag ab und segelten anderthalb Jahre durch die Weiten des Johnsonschen Ozeans.

Was für eine Freude war das.

Irgendwann heuerten Martin Wiebel und Wolfgang Tumler, der Kirchenfilmproduzent, bei uns an, der in Aussicht genommene Regisseur kam hinzu, sprang aber bald wieder über Bord – ob von selber oder geworfen, für mich nie ganz geklärt. Wir haben ihm nicht nachgeweint, waren wir es doch müde geworden, ihm unseren Humor zu erklären. Dafür kam mit Margarethe von Trotta eine patente Frau in die Takelage, die so manchen Schoner erfolgreich über die Wellen des deutschen Films geritten hatte.

Was dabei rauskam, war Johnson auch. Das, was uns entzückte und in unbeschreiblicher Art ergriffen hatte an Gesine und Tochter, an Cresspahl und Frau, Wassergahn und Papenbrocks, konnten wir nur ausdrücken als Hauch und Gebärde, um Menschenschicksale vorzuführen, mehr nicht.

Johnson sei gnädig mit uns. Dein Kind, Johnson, hat Ansprüche gelernt. Schau, dies Werkstattfenster, von Mühsal bestäubt. Ach, was, alter Schwede, wir haben doch eine andere Wahrheit.

Und doch kommt mir der Gedanke, wie traurig es wäre, hätten wir uns alle verschwendet auf dieser Seefahrt.

In einem Vorausartikel wurde schon angedeutet: Und wieder guckt kein Schwein hin!

In der Erfahrung von *Heimat* und später vor allem *Klemperer. Ein Leben in Deutschland*, was ich als Autor zu verantworten habe, kriege ich die Wut über die Händlermentalität der Kritik, welche die Verpackung mitwiegt, um zu übervorteilen, den Inhalt mit Beschränktheit und Tücke erst dann zur Kenntnis nahm, als klar war, die Quote ging nur schwer über den Ladentisch. Flugs schrieb so ein Cockroach in einer Wochenzeitung, es sei Schund, was da an diesem deutschen Juden vorgeführt würde. Eigentlich fehlt zu Johnson aus dieser Trash-Ecke nur noch das Wort Schmutz, dann hätten wir alles beisammen, was den alten Haß gegen die Künstler befördert. Und sie werden auftauchen, die Eunuchen, schon jetzt raunen einige Unterröcke und -hosen in den Weiten der ARD, familienprogrammbeschränkt, vom fehlenden Unterhaltungswert, die Abtrittsschlotten werden wieder die Autoren sein, von denen jedes kleine Filmmausi beklagt, es gäbe so wenig gute, und keiner wahrhaben will, daß man sie abschafft zu Gunsten jeder Produktionssekretärin, die im Auftrag ihres Producers am

Drehbuch herumschmiert. Ich könnte Geschichten erzählen davon.

Damals, bei *Heimat 1*, hat mich so ein Käfer empört angegiftet, ich hätte nur einen einzigen Juden in dieser deutschen Geschichte verarbeitet und ebenfalls nur einen, nur einen einzigen Kommunisten vorgeführt.

In Sachen *Klemperer*, wo es an jenen nun wirklich nicht fehlt, ließ so mancher seinen subtilen Antisemitismus los – so empfand ich das, von Herkunft und Lebenserfahrung nun man hellhörig.

Bei den *Jahrestagen* haben wir wieder beides nur am Rande berührt, vielleicht aber haben wir diesmal die Kosaken zu gut behandelt, zu wenig vergewaltigte deutsche Frauen zu Wort kommen lassen oder zu Bild. Schlagt es uns um die Ohren, wir Autoren sind die geborenen Masochisten.

Ich schimpfe, ich weiß es, ich sollte meine Opposition lieber zum Schweigen bringen. Das geht aber nicht, denn nirgends ist die Kultur mehr bedroht als dort, wo der Ohnmacht, zu verstehen, die Macht verliehen ist – und starr in die Lehrbücher der amerikanischen Script-Onkels geschaut wird, als hätte es Eisenstein, Fellini, Käutner, Godard, Truffaut und Thomas Vinterberg nie gegeben.

Und dabei ging es bei den *Jahrestagen* vergleichsweise noch harmlos zu.

Erstmal werde ich keine weiteren Bearbeitungen machen, sondern versuchen, Originalstoffe dem Medium anzubieten.

Wie sagte doch letztens ein wahrhaft guter Freund zu mir aus der Branche? »Steinbach, wenn Sie reich werden wollen, dann schreiben Sie doch Familienserien. Aber ohne Juden und Kommunisten und nicht die leiseste Andeutung eines Konzentrationslagers. Mit nur ganz wenigen Schwulen und Lesben. Behinderte dürfen, aber sehr zurückhaltend und lieb und ja nicht aggressiv! Das Fernsehen muß die Zustände unseres Landes widerspiegeln. Denken Sie daran, Steinbach!«

Ich werde daran denken.

Heike Bauersfeld

Die neue Geographie von Jerichow

Im vierten Band der *Jahrestage* teilt Uwe Johnson lakonisch mit: »Es gibt keine Ansichtenpostkarten von Jerichow.« Johnsons Jerichow und das der Cresspahls, von dem der Autor schreibt, daß es »eine der kleinsten Städte in Mecklenburg-Schwerin, ein Marktort mit 2. 151 Einwohnern, einwärts der Ostsee zwischen Lübeck und Wismar gelegen, ein Nest aus niedrigen Ziegelbauten entlang einer Straße aus Kopfsteinen« sei, auf keiner Landkarte zu finden. Es gibt zwar einen Ort Jerichow, aber der liegt weit weg an der Elbe zwischen Stendal und Genthin und ist gerade nicht der neben New York wichtigste Handlungsort von Johnsons *Jahrestagen*.

Die vom Autor erfundene Stadt Jerichow ist für einen Filmszenenbildner ein Freibrief. Er kann die Suche nach Motiven für den Film nach Uwe Johnsons großem Roman unter dem Aspekt der Tauglichkeit für die Filmarbeit und der intendierten Wirkung ausrichten. Für die Erzählung war entscheidend, Jerichow und den an seiner Peripherie gelegenen Hof von Heinrich Cresspahl, also Gesines Haus, die Ziegelei und das dazugehörende Herrenhaus in einen optischen Zusammenhang zu bringen. Da es bald eindeutig war, daß es dieses Ensemble nicht mehr komplett gab, stellte sich mir die gleiche Aufgabe, die Johnson sich schon für seinen Roman gestellt hatte: Es ging darum, eine neue Geographie für den Film zu erfinden.

Natürlich haben wir zunächst überall in Mecklenburg-Vorpommern gesucht. Fast zehn Jahre nach der Wende ist es uns nicht gelungen, in irgendeiner Kleinstadt ein einheitliches Stadtbild (1931-1956) zu finden. Überall waren Sanierungs- und Aufbauarbeiten so weit gediehen, daß ein teurer und

So wurde Alt-Kaster für die »Jahrestage« verändert

manchmal auch unmöglicher Rückbau nötig gewesen wäre. Für die Arbeit am Film ergab sich daraus als erste Konsequenz, die Mecklenburger Landschaft, ihre Weite, ihre Verbindung zum Wasser, all das, was die Heimat von Gesine ausmacht, optisch von der fiktiven Stadt Jerichow zu trennen. Das Mecklenburg in diesem Sinne haben wir in Mecklenburg gefunden: die Kornfelder und die Seen, die Alleen wie die Weite der Landschaft und die Größe des Himmels.

Unsere Suche konzentrierte sich nun darauf, einen Ort zu finden, der durch die für Mecklenburgs Kleinstädte charakteristischen Stadtmauern und Türme die umliegende Weite nicht vermissen ließ. Ausgerechnet im Braunkohle-Abbaugebiet am Niederrhein fanden wir in Alt-Kaster unseren idealen Jerichow-Ort. Alt-Kaster ist einer von drei Orten, die sich dem Abriß durch die Braunkohle widersetzt haben. Eine kräftige Bürgerinitiative hat erreicht, daß dadurch ein Denkmalschutz entstand. Für die Gespräche mit den Bürgern habe ich auf der Basis von Motivfotos Skizzen unserer Filmabsichten entworfen, die den Beteiligten unsere Intention, einen Ort in seinem historischen Wandel zu zeigen, verdeutlichen sollten. Unser Film-Jerichow zwischen 1933 und 1956 entstand auf einer Fotounterlage, in die ich als Szenenbildner unsere Veränderungen skizzieren konnte. Die Gespräche in Alt-Kaster boten schließlich viele zusätzliche Möglichkeiten, Interieurs anzusiedeln, die sonst Studiobauten geworden wären und damit auch den leidigen Zwang der Filmarbeit mit sich gebracht hätten, Szenen immer an der Haustür zwischen innen und außen trennen zu müssen. Fast alles, was wir in dem Ort brauchten, konnten wir dort durch leichte Zusätze und Veränderungen herstellen und schließlich drehen: das Haus Papenbrock, Birgi Quades Laden und den Friseurladen Semmelweiß, Wulffs Krug und das Haus Semig; durch einen Anbau gelang es uns sogar, Tannebaums Laden in unmittelbarer Nähe der Hauptstraße zu drehen. Alt-Kaster hat vier Stadttore, Backsteinhäuser ohne Modernismen, weiße Barockgiebel und Fachwerk-

»Jerichow«

Stadtplan von Alt-Kaster mit Marktplatz und den für die Verfilmung genutzten und umgebauten Häusern.

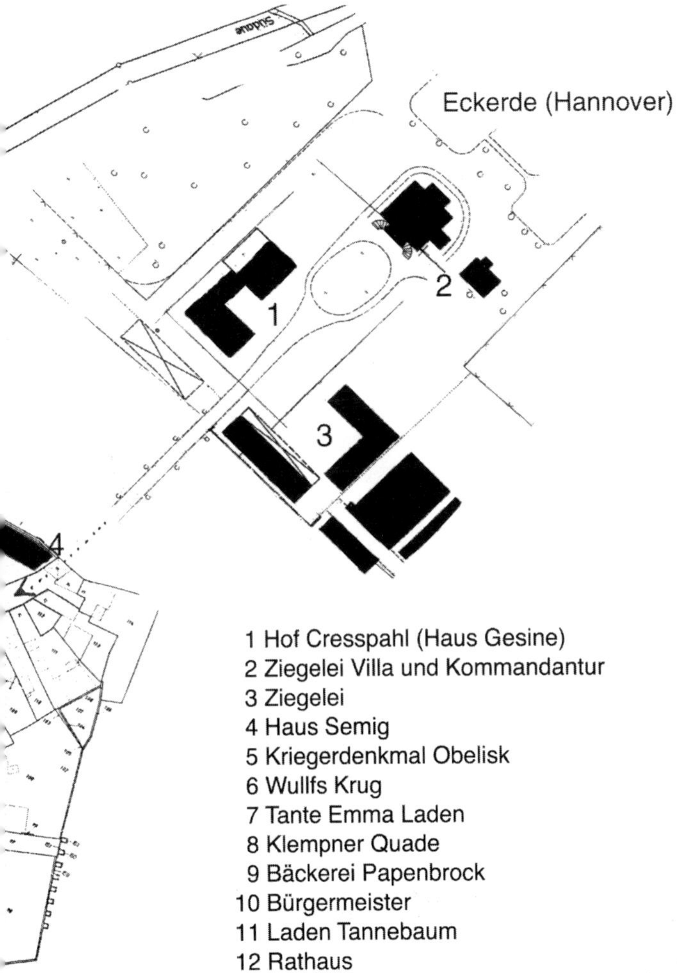

1 Hof Cresspahl (Haus Gesine)
2 Ziegelei Villa und Kommandantur
3 Ziegelei
4 Haus Semig
5 Kriegerdenkmal Obelisk
6 Wullfs Krug
7 Tante Emma Laden
8 Klempner Quade
9 Bäckerei Papenbrock
10 Bürgermeister
11 Laden Tannebaum
12 Rathaus

Die sowjetische Kommandantur in Jerichow wurde in Eckerde bei Hannover nachgebaut: Kommandantur außen, Skizze.

Kommandantur außen

Kommandantur innen

Der Hauptteil von Jerichow wurde in Alt-Kaster am Niederrhein nachgebaut: Wullfs Krug während der Zeit des Nationalsozialismus.

Wullfs Krug zur Zeit der sowjetischen Besatzung

Bäckerei von Louise Papenbrock

häuser, also eine Mischung an Architektur, die sehr mecklenburgisch ist. Einzig die Farbe des Backsteins scheint etwas dunkler.

Allerdings bot Alt-Kaster für das weitere Hauptmotiv Ziegelei, Villa und vor allem das Haus von Gesine (Heinrich Cresspahls Hof und Werkstatt) keine Lösung an. Für dieses Ensemble war zudem ein annähernd mecklenburg-charakteristisches Umland nötig. Da bei der Suche nach Idealspielorten immer auch logistische und ökonomische Gesichtspunkte eine Rolle spielen, haben wir dieses Motiv schließlich in Niedersachsen finden können. Als hätte Uwe Johnson den Namen unseres Drehortes erfunden, stießen wir auf ein Ensemble, das mit gravierenden baulichen Veränderungen für uns geeignet sein konnte, schließlich in Eckerde bei Hannover. Der Eigentümer war aufgeschlossen und sehr kooperativ. In einer Scheune und in zwei Stallgebäuden konnten wir das Haus Cresspahl und seine Schreinerwerkstatt einrichten. Die von uns so begehrte Blickverbindung zur Ziegelei-Villa war dort vorhanden. Die Villa als russische Kommandantur zwischen 1945 und 1956 spielt eine nicht unwichtige Rolle in den *Jahrestagen*: Die folgende Skizze einer nur in unserer Filmwirklichkeit vorhandenen neuen Geographie der Stadt Jerichow mit dem Hof Cresspahl ergab sich also durch die Verbindung zweier Orte, die weit auseinanderliegen: Alt-Kaster und Eckerde. Beide zusammen befinden sich mehr als 300 km westlich der Mecklenburger Landschaft, die wir in stimmungsvollen Landschaftsbildern bis zum Bezug zu Ernst Barlach eingebracht haben. Das ist der Szenenbildnerbeitrag zum Begriff Heimat, von dem Gesine spricht und von dem Ernst Bloch sagt, daß sie das sei, »was allein in der Kindheit scheint und worin noch niemand war«.

Peter Haubold

Der lange Weg nach Cydamonoe

Zur Drehbuchentwicklung der »Jahrestage«

Unter dem Datum des 3. Juli 1968 läßt Uwe Johnson Marie sich erinnern an jene Kindheitstage, als das Wünschen noch geholfen hat. Schon damals scheint die vierjährige Marie sich intuitiv gewehrt zu haben gegen die Zumutungen einer Erwachsenwelt, von deren Defekten ihre Mutter Gesine ihr später ausführlich erzählen wird.

> »Cydamonoe war ein Ort, nur durch die Luft zu erreichen. Die Reise begann in dem Moment, da es dunkel wird im Kopf und das Kind am ganzen Leibe sich schlafen weiß. (...) Cydamonoe war eine Kolonie für Kinder, ein Kinder-Garten, was das Wort doch sagen will, war eine Zeit als Entschädigung für den falschen Tag vom Aufstehen bis zum Schlafengehen.« (1484)

Die »falschen Tage«, so überlegten wir, als wir mit der Konzeption der Drehbücher begannen, seien eines der Leitmotive von Uwe Johnsons großem Roman. Adornos berühmtes Wort, daß es kein richtiges Leben im falschen gebe, spiegelt die Grunderfahrung der *Jahrestage* wider.

Wie auch immer sich einer verhalten mag in den Wirren der Zeiten, er wird Schuld auf sich laden. Lisbeth Papenbrock, Gesines Mutter, bezahlt, in ihrem Fall eng an religiöse Motive geknüpft, mit ihrem Leben. Gesines Vater, Heinrich Cresspahl, der den aufrechten Gang wagt und seinen Überzeugungen treu zu bleiben versucht, wird als Bürgermeister Jerichows eingesetzt, später entmachtet und auf Jahre in einem Internierungslager der Sowjets festgehalten. Jakob Abs, Maries Vater, wird zerrieben zwischen den Systemen, auf ungeklärte Weise ums Leben kommend unter den Rädern einer Lokomotive. Die Jugendfreunde Lockenvitz und Pagenkopf flüchten in Widerstand oder innere Emigration, auch ihre Lebensläufe sind zerstört oder beschädigt von den Wechselfällen deutscher Geschichte. Und Gesine schließlich, die die Vergangenheit ihrer Familie noch einmal erzählend durchlebt, will sich zurechtfinden weder in einer faschistischen noch einer sozialistischen noch einer kapitalistischen Gesellschaft, weil Teilnahme daran stets neue Schuld hervorbringt.

Der Preis der Unschuld, das lernen wir aus Gesine Cresspahls Biographie, ist die Heimatlosigkeit. Selbst im freiwilligen Exil New Yorks sind die Widersprüche unauflöslich.

Wie sollte man auch unbeteiligt leben in den sechziger Jahren als Angestellte einer amerikanischen Bank, die ihre Dollar in den Vietnamkrieg pumpt und begehrlich auf neue Märkte schielt, die der »Prager Frühling« 1968 verheißt? »Bankers«, sagt der von solchen Zweifeln unberührte de Rosny, »have human feelings, too«, und Marie mag ihm das nicht glauben.

Wie sollte man auch ein Kind großziehen in einem Land fern der geteilten Heimat, das einen schmutzigen Krieg führt, von Rassenunruhen erschüttert wird und in dem Attentate an der Tagesordnung scheinen? »Ich mache mir Sorgen um Maries kleine Seele«, sagt Sister Magdalena, und das wiederum will Gesine ihr nicht glauben.

Marie stellt also zu Recht fest: »Cydamonoe ist das einzige Land in der Welt, in dem zu leben sich lohnt.« (1485)

Doch auch das kindlich-naive Utopia, das Marie vor dem Schlafengehen zu besuchen pflegt, das Land, in dem Känga und Kongo regieren und dem der Mann vom Mond regelmäßige Besuche abstattet, ist vor den Übergriffen der Realität nicht geschützt.

> »Damit wollen die Erwachsenen sich nicht abfinden. Immer aufs neue schicken sie Spione (...). Oft und oft haben die Kinder beraten, ob sie das Gastrecht belassen sollen, wenn doch die ungebetenen Besucher es nur falsch zu gebrauchen wissen.« (1485)

Die Welt der Erwachsenen mißbraucht freilich weit mehr als nur das Gastrecht in Maries kindlichen Träumen. Sie zeichnet verantwortlich für Kriege und Gewalt, für Verrat und Intrige. Maries »Cydamonoe« mag eine Fluchtburg sein gegen die banalen Probleme eines vierjährigen Mädchens, in größerem Maßstab bezeichnet es jedoch einen Ort menschlicher Sehnsucht, mag man diesen nun Paradies, Utopia oder schlicht Idylle nennen.

So klingen schon in der Beschreibung des kindlichen Traumlands der kleinen Marie all die Motive an, die die außergewöhnliche Bedeutung der *Jahrestage* in der deutschen Nachkriegsliteratur ausmachen. »Cydamonoe« sollte daher für die Adaption des Romans jener Ort sein, von dem sich eine Verfilmung her denken ließ.

Damit war zugleich die Rolle Maries in Grundzügen festgelegt. Sie ist erster Adressat von Gesines Geschichte und Geschichten. Zuhörend und nachfragend sollte aus dem Kind Marie das junge Mädchen werden, das die Selbständigkeit erlernen wird.

Marie wächst vaterlos auf, und es ist nur natürlich, daß ein Kind ihres Alters die Frage nach dem nie gekannten Vater stellt. Eine Antwort darauf zu finden bedeutet für Gesine jedoch, tief in die eigene Vergangenheit einzutauchen, denn ihre Liebe zu Jakob ist undenkbar ohne die Vorgeschichte der eigenen Herkunft.

Marie hört zunächst also wenig über Jakob, um so mehr aber über Cresspahls beinahe lächerliche Leidenschaft für Lisbeth Papenbrock, die ihn zum Gespött Jerichows macht. Sie erfährt, wie Lisbeth in England nicht glücklich werden mag und das Kind Gesine in Jerichow zur Welt bringt. Wie Cresspahl endlich die eigene Tochter kennenlernt und in die vom alten Papenbrock gestellte Falle stolpert, um widerwillig zu bleiben in dem Land, in dem die Nazis an die Macht gelangt sind. Erst nach dem Krieg wird Jakob seinen Platz in den Erzählungen Gesines finden.

Gesines Erinnerungsarbeit ist, wie alles Erinnern, subjektiv. Marie, auch dies war eine der ersten Überlegungen, sollte daher mehr als nur Zuhörende sein. Ihre Rolle ist vor allem angelegt als ein kritisches Echo auf Gesines Erzählen. »Ihre Fragen«, sagt Gesine, »machen meine Vorstellungen genauer.«

Während Gesine Selbsterlebtes noch einmal durchleidet, den Tod der Mutter etwa im Fieber nacherlebt, hört Marie, mit Leib und Seele inzwischen stolze New Yorkerin, Geschichten aus einem fernen, fremden Land, das Mecklenburg heißt. Oft wünscht sie sich diese Geschichten weniger schmerzhaft und weniger kompliziert. Denn statt der Beschreibung eines Vaters bekommt Marie die verzweigte und verwirrende Familiensaga der Cresspahls ausführlich berichtet. Vieles davon wünschte sie besser nicht gehört zu haben.

Doch wenn sie später die schwierige Freundschaft mit der »Alibinegerin« Francine eingeht, werden es gerade diese unbequemen Geschichten sein, die ihr helfen, sich zwischen Anspruch und Wirklichkeit zurechtzufinden.

Die heile Welt, die sich das Kind Marie erhofft, ist in Gesines Erinnerung nicht zu haben. Um so stärker vertraut Marie darauf, in D. E., Dear Erichson, einen neuen Vater zu finden. Denn dieser Mann verspricht nicht weniger als eine richtige Familie, Geborgenheit und Glück. Doch auch dies muß Marie lernen: die Liebe unter Erwachsenen ist weitaus schwieriger, als sich ein Kind das vorzustellen vermag. Ihm, D. E., geht das »Ich liebe dich« nicht über die Lippen, ihr, Gesine, ist der Schmerz, den Jakobs Tod verursachte, eingeschrieben in alle Gefühle. So können sie, obschon sie wollen, zueinander nicht kommen, und Marie, die solche Komplikationen nicht länger ertragen will, muß daher mehr als einmal eingreifen in das schwierige Beziehungsgeflecht.

Um diesen Strang der Geschichte zu intensivieren, schien es dramaturgisch notwendig, den Konflikt anzufachen. Daher wurde de Rosnys Rolle als Chef der Bank entscheidend aufgewertet; nicht nur ist er Auftraggeber der geheimnisvollen Pragreise, in der Adaption der *Jahrestage* sollte er Rivale auch von D. E. sein, sein Verhältnis zu Gesine ist geprägt von einer erotischen Spannung, die immer wieder Erichsons Eifersucht anstachelt.

Dies waren die Vorüberlegungen, die während der konzeptionellen Vorbereitungen den Austausch von Gedanken zwischen dem Drehbuchautor Christoph Busch und mir bestimmten. Noch wenig war damit gesagt über die Schwiergkeiten, die knapp zweitausend Seiten der *Jahrestage* und die komplementäre Handlung der *Mutmassungen über Jakob* in ein sinnvolles Verhältnis zu bringen und daraus eine auch auf dem Bildschirm wirkungsvolle Geschichte zu entwickeln.

Daß die *Jahrestage* unverfilmbar seien, ist gängiges Klischee, das freilich nur bei oberflächlicher Betrachtung zutrifft. Denn tatsächlich versorgt uns Johnson mit einer Überfülle an Handlung da, wo Gesine erzählend in die Vergangenheit eintaucht. Ein halbes Jahrhundert deutscher Geschichte ist in dieser wohl detailversessensten und umfassendsten Familiensaga der deutschen Nachkriegsliteratur gebannt. Daraus eine filmisch erzählbare Handlung zu destillieren erforderte also primär die Kunst des Verzichts.

Der Vergangenheitsebene steht die sogenannte »Gegenwartsebene« der Jahre 1967/68 gegenüber, die den Rahmen der Erzählung und zugleich deren Reflexion darstellt. Die relative Handlungsarmut – verglichen mit den Ereignissen in Jerichow – dieser in New York angesiedelten Ebene verlangte von den Autoren dagegen, das vorgefundene Material imaginär anzureichern, wie beispielsweise durch die oben erwähnte Erweiterung der Rolle de Rosnys.

Nicht zuletzt hat Johnson seine Gesine Cresspahl zu einer fanatischen Leserin der *New York Times* gemacht. Gesines Lektüre ist großflächig in den Originaltext eingestreut, Zitate und Kommentare vermitteln ein präzises Stimmungsbild jener beiden Jahre, die den wohl bedeutendsten Umbruch im Nachkriegsdenken herbeigeführt haben. In den Vereinigten Staaten bestimmte der Krieg in Vietnam die Schlagzeilen, Rassenunruhen stellten das Selbstverständnis der Nation in Frage, und die Attentate auf Kennedy und King zielten direkt auf den Lebensnerv Amerikas. Gleichzeitig opponierte eine weltweite Protestbewegung gegen die verkrustete Autorität der Vätergeneration, rebellierten Studenten von San Francisco bis Berlin gegen Krieg und Kapital und entdeckten bewußtseinserweiternde Drogen und die freie Liebe. Die tradierten Weltbilder des Westens gerieten ins Wanken, während sich jenseits des Eisernen Vorhangs nicht minder gravierende Änderungen abzeichneten. In der ČSSR deutete sich, verbunden mit dem Namen Dubček, eine sozialistische Alternative an, auch dort gewann der Begriff der Freiheit neue Bedeutung, ehe der Einmarsch des Warschauer Paktes den Prager Frühling brutal beendete.

All diese Ereignisse haben auf Gesines Bewußtsein einen mittelbaren, bezüglich der Pragreise sogar unmittelbaren Einfluß. Johnsons Technik der Montage, die ganze Artikel oder Auszüge der »alten Tante« *New York Times* verarbeitet und Gesine dazu Stellung beziehen läßt, erweitert das Romangeflecht um eine dritte Ebene, die die Ereignisse der Vergangenheit in Beziehung setzt zu den unmittelbaren Vorgängen am Ende der sechziger Jahre.

Heute, da auch diese Ereignisse bereits Vergangenheit sind, archiviert, analysiert und aufgearbeitet, mußte zwangsläufig eine weitere Dimension des Werkes berücksichtigt werden. Indem wir am Ende der neunziger Jahre begannen, die *Jahrestage* für das Fernsehen zu entdecken, stülpte sich unser aktuelles Wissen interpretierend über den Text. Daß Gesines Reise nach Prag just an dem Tage stattfindet, als die Stadt von den Truppen des Warschauer Paktes besetzt wird, ist jedem Leser der *Jahrestage* bekannt, daß aber die sozialistische Staatengemeinschaft nicht mehr existiert, daß Johnson, dem man das von ihm ungeliebte Etikett des »Dichters der beiden Deutschland« verpaßt hatte, kein geteiltes Deutschland mehr vorfinden würde, dieses Wissen prägt unsere heutige Rezeption des Romans. Die Arbeit an den Drehbüchern implizierte folglich auch die Frage, warum wir am Ende der neunziger Jahre begannen, die Geschichte einer Frau zu erzählen, die in den sechziger Jahren wiederum ihrer Tochter Geschichten aus den dreißiger Jahren erzählt.

Ein anderer, wichtiger Roman, der die Erinnerung zum Thema hat, Christa Wolfs *Kindheitsmuster*, beginnt mit dem Satz: »Das Vergangene ist nicht tot; es ist nicht einmal vergangen.« Diese Feststellung läßt sich nicht nur auch auf Johnsons Werk anwenden, angesichts der Umbrüche der jüngsten deutschen Geschichte verweist sie nachhaltig auf die Aktualität der *Jahrestage*. Die Identität der Figuren in Johnsons Werk ist nur begreifbar durch die Prägungen und Deformationen der je eigenen Biographie.

Für Gesine ist Vergangenheit in einem ganz wörtlichen Sinne gegenwärtig. Tatsächlich pflegt Gesine Umgang auch mit den Toten, sie spricht mit diesen wie mit Anwesenden. Unter dem Datum des 12. Juli 1968 formuliert Gesine einen Brief an einen Professor in Frankfurt, der die Initialen A. M. trägt und als Alexander Mitscherlich identifiziert werden kann, denn sie fragt sich, »ob sie sich für psychisch gestört halten soll, da ihr aus beruflichen Gründen eine Veränderung ihrer Lebenssituation bevorsteht« (1538).

Gesine schreibt:

»Grundsätzlich möchte ich mich für normal halten. Die Ausnahme: ich höre Stimmen. (...) Ich nehme an, seit meinem zweiunddreißigstem Lebensjahr, erinnere aber keinen Anlaß. (...) Dennoch gelange ich (manchmal fast vollständig) zurück in vergangene Situationen und spreche mit den Personen von damals wie damals. Das ereignet sich in meinem Kopf, ohne daß ich steuere. Auch verstorbene Personen sprechen mit mir wie in meiner Gegenwart. Etwa machen sie mir Vorhaltungen wegen der Erziehung meiner Tochter (geb. 1957). Die Toten verfolgen mich nicht, meistens kann ich mich mit ihnen einigen in solchen eingebildeten Gesprächen. Nur, ist das eingebildet?« (1539)

Wie, so fragten wir uns, würde der Zuschauer reagieren auf eine Gesine, für die der Dialog mit den Toten scheinbar eine Selbstverständlichkeit ist. Keinesfalls sollte die Figur als irgend verrückt erscheinen, doch sollte diese Fähigkeit Gesines auch nicht unterschlagen werden. Die Filmgeschichte kennt viele Geister, die in die Handlung eingreifen, in unserem Falle aber sollten die Geister eben nichts Geisterhaftes an sich haben, sondern in ihren Auftritten die Normalität ihrer Anwesenheit spürbar sein. Wir einigten uns aus Gründen der Ökonomie schließlich, nur den toten Jakob auftreten zu lassen und seinen Einfluß zu reduzieren, je näher sich Gesine und D.E. kommen würden.

Gesines Brief half übrigens dabei, eine filmische Lösung für die Darstellung zu finden, denn sie notiert:

»Viele solcher imaginären Gespräche (die mir wirklich vorkommen) erschaffen sich selbst aus geringfügigen Ansätzen, aus einem Stimmton, aus einer charakteristischen Betonung, aus Heiserkeit, aus gleichen Wordtwurzeln des Englischen und Mecklenburgischen.« (1539 f.)

Und sie fährt fort:

»Wenn ich versuche, meiner Tochter zu erzählen von den Großvätern in Mecklenburg oder Pommern, kommen mir gelegentlich vom Zwischenreden der Toten Pausen bei, aber nicht länger, als ein Dorn in ein Kleid einen Triangel reißt.« (1541)

Dies durfte verstanden werden als Aufforderung zu filmischer Assoziation, wir nannten diese Methode »Erinnerungsblitz«.

Die Methode der Assoziation sollte auch helfen, die verschiedenen Zeitebenen der Erzählung filmisch zu verknüpfen. Es lag nahe, dabei auf den von Johnson häufig gebrauchten Topos des Wassers zurückzugreifen. Wenn Gesine und Marie aus dem Fenster ihrer Wohnung am Riverside Drive blicken, sehen sie direkt auf den Hudson River, dessen Wassermassen sich in Gesines Phantasie in die Wellen der Ostsee verwandeln.

Der Sprung von der nahen an die ferne Küste, der Wechsel von der Gegenwart der sechziger Jahre in die Zeit von Kindheit und Jugend – in der Adaption der *Jahrestage* sollte dies nur einen Wellenschlag entfernt sein.

Johnson hat auf den ersten Seiten seines Romans diese Erzähltechnik vorgeführt, als er Gesine an der Küste New Jerseys spazieren gehen läßt:

> »Abends ist der Strand hart von der Nässe, mit Poren gelöchert, und drückt den Muschelsplitt schärfer gegen die Sohlen. Die auslaufenden Wellen schlagen ihr so hart gegen die Knöchel, daß sie sich oft vertritt. Im Stillstehen holt das Wasser ihr in zwei Anläufen den Grund unter den Füßen hervor, spült sie zu. Nach solchem Regen hat die Ostsee einen gelinden, fast gleichmäßigen Saum ans Land gewischt. Beim Strandlaufen an der Ostsee gab es ein Spiel, bei dem die Kinder dem Vordermann jenen Fuß, der eben nach vorn anheben wollte, mit einem raschen Kantenschlag hinter die Ferse des stehenden Beins hackten, dem Kind das sie war, und der erste Fall war unbegreiflich. Sie geht auf den Leuchtturm zu, dessen wiederkehrender Blitz zunehmende Schnitze aus dem blauen Schatten hackt. Alle paar Schritte versucht sie, sich von den Wellen aus dem Stand schubsen zu lassen, aber sie kann das Gefühl zwischen Stolpern und Aufprall nicht wieder finden.« (8 f.)

Jerichow liegt in diesen Zeilen gleich hinter New York. Die ersten und die letzten Bilder des Films sind deshalb nicht zufällig am Wasser angesiedelt.

Damit waren die Grundfragen des Erzählens umrissen, weit schwieriger gestaltete sich die Frage nach der Gewichtung und Verknüpfung der einzelnen Ebenen. Bei den regelmäßigen

Drehbuchbesprechungen und Diskussionen, bei denen sich die Autoren, Produzent und Regie, Redaktion und Dramaturgie trafen, fiel es zwar nicht schwer, einen Konsens zu finden über Anfang und Ende der vier Filmteile, umstritten blieb lange Zeit dagegen, wie diese Teile zu füllen sein.

Teil eins, so wurde vereinbart, würde die Geschichte von Gesines Eltern und ihre eigene Kindheit bis zum Tod und der Beerdigung Lisbeths erzählen, Teil zwei sollte die Kriegs- und unmittelbaren Nachkriegsjahre bis zu Cresspahls Verhaftung behandeln, Teil drei bliebe Gesines Ausbildung in den Gründerjahren der DDR vorbehalten bis zur endgültigen Flucht in den Westen, Teil vier schließlich konzentrierte sich auf den Komplex der *Mutmassungen über Jakob* und auf die Liebe zwischen Gesine und Jakob.

Doch wie erzählen? Die eine Seite plädierte für einen häufigen Wechsel zwischen den Zeitebenen, die andere drängte auf ein zusammenhängendes Erzählen vor allem in der Vergangenheit. Emotionen, so das Argument, ließen sich nur entwickeln und dem Zuschauer vermitteln, wenn der Erzählrhythmus ohne störende Unterbrechungen beibehalten werde; das Gegenargument freilich lautete, daß man damit dem Kompositionsprinzip Johnsons kaum gerecht werden könne. Damit war nicht etwa eine wie auch immer definierte Werktreue eingefordert, sondern vielmehr der Wunsch ausgesprochen, daß der Film formal dem außergewöhnlichen Erzählmodus Johnsons gerecht zu werden hätte.

Proust genügte bekanntlich der Geschmack eines in Tee getunkten Gebäcks, um einen Kosmos an Erinnerungen heraufzubeschwören. Johnsons literarische Form der Vergangenheitsbewältigung ist geknüpft an das Motiv der »Katze Erinnerung«.

– Nie habe ich die Wahrheit versprochen.
– Gewiß nicht. Nur deine Wahrheit.
– (...)
– – Die Katze Erinnerung, wie du sagst.

– – Ja. Unabhängig, unbestechlich, ungehorsam. Und doch ein wohltuender Geselle, wenn sie sich zeigt, selbst wenn sie sich unerreichbar hält.

Erinnerung, das sollte auch im Drehbuch spürbar sein, verweigert sich dem mechanischen Abruf von Vergangenheit. Das Gedächtnis will trotz aller Anstrengung keinen zusammenhängenden Bewußtseinsstrom liefern, statt dessen tauchen Erinnerungssplitter und -fragmente auf, die erst das Bewußtsein in eine logische Ordnung zu zwängen versucht. Gesines Erzählung ist der Willkür des Gedächtnisses ausgeliefert, doch gerade die disparaten Teile, die oft Unbequemes und das allzu oft Verschwiegene enthalten, sind es, die in ihrer Brüchigkeit subjektive Erinnerung in historisch beglaubigte Geschichte überführen.

In den verschiedenen Drehbuchfassungen wurde deshalb mit unterschiedlichen Techniken der Verknüpfung der Ebenen experimentiert, ehe sich eine endgültige Form herauskristallisierte. Dazu verwendeten die Autoren ein »voice-over-Verfahren«, das Bilder der Vergangenheit mit den Fragen der Gegenwart unterlegt; außerdem sollten Photos und Erinnerungsstücke wie beispielsweise Cresspahls Holzkoffer immer wieder als Impuls dienen, die Zeitebenen zu wechseln, ohne die traditionellen Formen der Rückblende zu benutzen.

Es ist eine Binsenweisheit, daß Literaturverfilmungen nur einen Bruchteil dessen abbilden, was das zu verfilmende Werk ausmacht. Im Fall der *Jahrestage* konnte es zunächst nur darum gehen, dem umfangreichen Roman eine erzählbare Fabel abzuringen, die dennoch dem Anspruch des Werkes gerecht werden würde. Natürlich hatte jeder der an der Drehbuchentwicklung beteiligten Personen seine Lieblingsfiguren, seine Schlüsselstellen, die er für unverzichtbar hielt. Daraus eine Auswahl zu treffen erscheint im Rückblick als die wohl schwierigste Herausforderung an die Autoren Christoph Busch und Peter Steinbach.

Jedem Leser der *Jahrestage* wird auffallen, welche Figuren

im Film fehlen werden. So entfielen beispielsweise die Szenen, die sich um die Paepckes gruppierten, wurde Johnny Schlegel und sein Versuch einer Landkommune gestrichen, fielen manche unscheinbaren Episoden, etwa als Cresspahl einem jüdischen Flüchtling Hilfe verweigert (»Er erklärte mir nach dem Krieg, er habe um dieses Einen willen nicht seine Sache mit den Engländern [gegen die Deutschen] gefährden dürfen.« 981), die einen exemplarischen Konflikt, auch dieser um das Thema Schuld kreisend, ausdrückt, den notwendigen Kürzungen zum Opfer. Eine solche Liste des Vermissens könnte jeder der Beteiligten und auch das Publikum beliebig ergänzen und verlängern.

Wenn die Adaption der *Jahrestage* nach vier mal neunzig Minuten angekommen sein wird an einem Ostseestrand bei Kopenhagen, wo sich Gesine, Marie und die Freundin Anita unter ungewöhnlichen Umständen wiedertreffen, während die Toten in den Dünen ein letztes Mal ihre Stimmen erheben, wird der Zuschauer zwar nur einen Bruchteil der Figuren und Ereignisse aus Johnsons Werk gesehen haben, doch er wird ermessen können, wie große Politik immer wieder eingreift in die scheinbar kleine Welt einer Bankangestellten aus New York namens Gesine Cresspahl.

Ein glückliches Ende nämlich haben die *Jahrestage* nicht zu bieten, da Gesine, betäubt noch vom Schmerz des Verlusts Dietrich Erichsons, den sie heiraten wollte, an jenem 20. August 1968 die Reise nach Prag antritt und erfahren muß, daß ihr Traum von einer menschlicheren Gesellschaft durch den Einmarsch der Staaten des Warschauer Paktes zerschlagen ist. »Geschichte«, so steht auf der letzten Seite von Johnsons Roman, »ist ein Entwurf.« Was heißen könnte, daß auch die bequemen Gewißheiten in den *Jahrestagen* nicht zu haben sind. Oder anders formuliert: Die vermeintlich sicheren Gewißheiten sind immer die falschen.

Wenn die Verfilmung der *Jahrestage* den Zuschauer zuletzt mit solcher Erkenntnis entließe, wäre eine Absicht der dramaturgischen Konzeption erfüllt.

In den *Begleitumständen* schrieb Uwe Johnson über Gesine: »Denn sie zu erfinden, war zwar der Anfang der Bekanntschaft gewesen: spätestens seit sie einen Namen hatte, war sie unabhängig geworden als eine Gesine Cresspahl.« (299)

So hat sich auch die Gesine der Drehbücher verhalten; unabhängig sich ihren Weg bahnend, manchmal störrisch und widerspenstig, bisweilen zahm und sogar hilfsbereit, immer aber unbeirrbar auf der Suche nach einem Ort, den Marie in Kindheitstagen »Cydamonoe« nannte, ohne freilich dort je anzukommen.

3. März 1933: Gesine Cresspahl wird geboren.
Ihr Vater Heinrich Cresspahl betrachtet
seine Frau Lisbeth und die Neugeborene.

1938: Heinrich Cresspahl und Gesine
am Grab von Lisbeth.

1945: Jakob Abs und seine Mutter Marie gelangen mit dem Flüchtlingstreck nach Jerichow.
Heinrich Cresspahl spricht sie an.

1945: Die russische Armee übernimmt das Kommando in Jerichow.

1949: Heinrich Cresspahl ist im Internierungslager Fünfeichen, und Jakob Abs ist in Sachsen.
Marie Abs übernimmt die Mutterrolle für Gesine.

1951: Dieter Lockenvitz redet auf der FDJ-Versammlung der Oberschule.

1967: Die Bankangestellte Gesine Cresspahl mit Vizepräsident de Rosny.

1968: Gesine erfährt in der Kanzlei von Rechtsanwalt Josephberg die Nachricht vom tödlichen Absturz von D.E.

»Jahrestage«
Buch und Drehbuch

23. August, 1967 Mittwoch

Die Luftwaffe flog gestern 132 Angriffe auf Nord-Viet Nam. Die Zeitung setzt unter ein Bild von den Trümmern eines Flugzeugs in Hanoi, daß die Kommunisten dies für ein abgeschossenes Flugzeug erklären. Das Foto war wichtig genug für die erste Seite, aber erst auf der sechsten, verstellt von Neuigkeiten aus Jerusalem, finden wir die amtlichen Todeserklärungen für vierzig Soldaten, nur die Toten aus New York und Umgebung namentlich genannt, fünfzehn Zeilen Lokales.

In der Nacht in New Haven gingen fünfhundert Polizisten Patrouille in den Negervierteln, durchsuchten Autos, hielten Scheinwerfer gegen die Fenster, verhafteten hundert Leute. Und wäre sie gestern nachmittag am Foley Square gewesen, hätte sie einen Führer der radikalen Afrikaner rufen hören können, daß Krieg sei mit den Weißen und Gewehre vonnöten, als sie die 95. Straße West hinunterging, entgegen dem immer noch feucht verwischten Parkbild mit dem Fluß inmitten. Sie stellt sich vor, daß sie die Gesichter der Polizisten beobachtet hätte, deren eines zu sehen ist unter der erhobenen schwarzen Faust in der Zeitung, mit einem ungläubigen Ausdruck fast altersweiser Art, noch im Nachgeschmack der vorangegangenen Prügelei.

Im August 1931 saß Cresspahl in einem schattigen Garten an der Travemündung, mit dem Rücken zur Ostsee, und las in einer englischen Zeitung, die fünf Tage alt war.

Er war damals in seinen Vierzigen, mit schweren Knochen und einem festen Bauch über dem Gürtel, breit in den Schultern. In seinem graugrünen Manchesteranzug mit Knickerbockers sah er ländlicher aus als die Badegäste um ihn, er betrug sich vorsichtig und seine Hände waren klobig, aber der Kellner sah es, wenn er die Hand hob, und setzte ihm das Bier bald neben die Hand, nicht ohne Redensarten. Darauf antwortete Cresspahl mit leisem, vergeßlichem Knurren. Er sah an seiner zerknitterten Zeitung vorbei auf einen Tisch in der sonnigen Mitte des Gartens, an dem eine Familie aus Mecklenburg saß, jedoch in einer zerstreuten Art, als habe er seine veralteten Nachrichten satt. Er war damals füllig im Gesicht, mit trockener schon harter Haut. In der Stirn war sein langer Kopf schmaler. Sein Haar war noch hell, kurz in kleinen wirbligen Knäueln. Er hatte einen aufmerksamen, nicht deutbaren Blick, und die Lippen waren leicht vorgescho-

1/11 Strandgasthof Rande

Außen-Tag.

GESINE *(Off)*

Dein Großvater, Heinrich Cresspahl, gebürtig in Mecklenburg, hatte sich als Tischler in England niedergelassen. Er wollte nie mehr nach Mecklenburg zurück ... wegen der Nazis. Und da traf ihn ein Blitz ... 1931.

MARIE *(Off)*

A lightning, you mean?

GESINE *(Off)*

Da war er genau 43 Jahre alt. Er war ein letztes Mal nach Mecklenburg gekommen, um das Grab seines Vaters für 25 Jahre im voraus zu bezahlen und seinen Paß verlängern zu lassen. Und nun war er auf der Rückfahrt in Rande hängengeblieben, weil sein Dampfer nach England erst in 2 Tagen von Hamburg abging ... da lernte er meine Mutter kennen: Lisbeth Papenbrock

Während des Dialoges zwischen Mutter und Tochter sieht man, wie Heinrich Cresspahl und Lisbeth im Strandgasthof Blicke austauschen.

LOUISE PAPENBROCK

Lisbeth. Ich hab dich was gefragt.

LISBETH

Entschuldige, wie bitte?

LOUISE PAPENBROCK

Wie heißt der Psalm, in dem vom guten Hirten die Rede ist?

LISBETH *(verwirrt durch Cresspahls Anblick)*

Es wird dir an nichts mangeln ...

LOUISE PAPENBROCK

Lisbeth! Den Beginn, meine ich.

LISBETH

Den Beginn ... den Beginn ...

Sie lächelt Cresspahl an.

ben, wie auf dem Bild in seinem Reisepaß, den ich ihm zwanzig Jahre später gestohlen habe.
Er war vor fünf Tagen aus England abgefahren. Er hatte in Mecklenburg seine Schwester verheiratet an einen Vorarbeiter beim Wasserstraßenamt, Martin Niebuhr. Er hatte das Essen im Ratskeller von Waren gestiftet. Er hatte sich Niebuhr zwei Tage lang angesehen, ehe er ihm tausend Mark gab, als Darlehen. Er hatte das Grab seines Vaters auf dem Friedhof von Malchow auf zwanzig Jahre im voraus bezahlt. Er hatte seiner Mutter eine Rente hinterlassen. Hatte er sich nicht losgekauft? Er hatte einen Vetter im Holsteinischen besucht und ihm einen Tag Korn einfahren helfen. Er hatte seinen Paß um fünf Jahre verlängern lassen, nach den Vorschriften für die Einbürgerung. Er hatte noch fünfundzwanzig Pfund in der Tasche und wollte nur wenig davon ausgeben, bis er zurück war in Richmond, in seiner Werkstatt voll teuren Werkzeugs, bei verläßlicher Kundschaft, in seinen zwei Zimmern am Manor Grove, in dem Haus, auf das er ein Gebot gemacht hatte. Er hatte auf der Reise noch einmal gesehen, wo er ein Kind gewesen war, wo er das Handwerk gelernt hatte, wo er zum Krieg eingezogen wurde, wo die Kapp-Putschisten ihn in einen Kartoffelkeller gesperrt hatten, wo jetzt die Nazis sich mit den Kommunisten schlugen. Er hatte nicht vor, noch einmal zu kommen.
Die Luft war trocken und ging schnell. Die warmen Schatten flakkerten. Der Seewind schlug Fetzen von Kurkonzert in den Garten. Es war Friede. Das Bild ist chamois getönt, vergilbend. Was fand Cresspahl an meiner Mutter?
Meine Mutter war 1931 fünfundzwanzig Jahre alt, die zweitjüngste von den Töchtern Papenbrocks. Auf Familienbildern steht sie hinten, die Hände verschränkt, den Kopf leicht schräg geneigt, nicht lächelnd. Man sah ihr an, daß sie noch nie anders denn aus freien Stükken gearbeitet hatte. Sie war so mittel groß wie ich, trug unser Haar in einem Nackenknoten, dunkles, locker fallendes Haar um ihr kleines, gehorsames, ein bißchen gelbliches Gesicht. Sie sah jetzt besorgt aus. Sie hob selten den Blick vom Tischtuch und knetete ihre Finger, als wäre sie gleich ratlos. Sie allein hatte gemerkt, daß der Mann, der sie ebenmäßig ohne ein Nicken beobachtete, ihnen nachgegangen war von der Priwallfähre bis an den nächsten freien Gartentisch. Der alte Papenbrock lag mit seinem ganzen Gewicht gegen seine Lehne und quengelte mit dem Kellner, oder mit seiner Frau, wenn die Bedienung

Heinrich Cresspahl und Lisbeth Papenbrock

ALBERT PAPENBROCK

Nu, laß mir man die Deern in Ruh.

LOUISE PAPENBROCK *(merkt jetzt, was zwischen den beiden jungen Menschen los ist)*

Kennst du diesen Mann, Albert?

Komm, wir gehen.

Und als der Kellner an den Tisch in der Mitte gerufen wird und Papenbrock zahlt und mit der Familie geht, da legt Cresspahl einen Schein auf den Tisch und geht dem Mädchen hinterher, läßt einfach sein frisches Bier stehen.

Lisbeth bemerkt das wohl und sieht sich zweimal nach ihm um.

an anderen Tischen stand. Meine Großmutter, das Schaf, sagte wie in der Kirche: Ja, Albert. Gewiß, Albert. Der Kellner stand an Cresspahls Seite und sagte: Nich daß ich weiß. Wochenende. Kommen viel vom Land rüber. Gute Familien. Mein Herr.

Ich war hübsch, Gesine.
Und er sah doch eher aus wie ein Arbeiter.
Dafür hatten wir einen Blick, Gesine.

Cresspahl stand an der Fähre zum Priwall, als die Papenbrocks in die Vorderreihe kamen, auf der Fähre stand er gegen den Schlagbaum gestützt, den Rücken zu ihnen. Auf der anderen Seite ließ er sie an sich vorbeigehen zu Alberts Lieferwagen und verlor sich bald unter den Spaziergängern in der dick überlaubten Villenstraße. Am Abend fuhr Cresspahl mit einem gemieteten Auto zurück nach Mecklenburg, über den Priwall, entlang der Pötenitzer Wiek, entlang der Küste nach Jerichow. Mein Vater, als sein Boot nach England in Hamburg ablegte, nahm sich ein Zimmer im Lübecker Hof in Jerichow.
Gesine Cresspahl wird an manchen Mittagen eingeladen in ein italienisches Restaurant an der Dritten Avenue. Hinter dem Haus ist ein Garten zwischen efeubewachsenen Ziegelwänden. Die Tische unter den bunten Sonnenschirmen sind mit rotweiß karierten Decken belegt, der Straßenlärm fällt nur dumpf übers Dach, und das Gespräch befaßt sich mit den Chinesen. Was machen die Chinesen?
Die Chinesen stecken die britische Botschaft in Peking an und verprügeln den Geschäftsträger. Das machen die Chinesen.

1/12 Riv.-Drive/Wohnung Gesine

Innen-Tag.

GESINE

Meine Mutter war damals ... da war sie erst fünfundzwanzig Jahre alt.

MARIE

Da war sie doch viel zu jung für ihn.

GESINE

Das hat er nicht gesehen, glaube ich.

MARIE

Ist das Liebe, wenn man nicht rechnen kann?

GESINE

Vielleicht...

MARIE

War das mit meinem Vater und dir genauso?

GESINE

Vielleicht.

MARIE *(ungeduldig)*

Vielleicht ... vielleicht ... wie alt warst du denn mit meinem Vater

GESINE

Halt, da sind wir noch nicht.

MARIE

Du sollst erzählen, was *ich* will.

GESINE

Aber mit meinem Vater und meiner Mutter fängt die Geschichte nun mal an.

MARIE

Na gut, Ooookay.

28. August, 1967 Montag

In einem Bericht über abgestimmte Feuerüberfälle des Viet Cong im ganzen Süden des Landes nennt die New York Times für diese Seite an Verlusten (Toten oder Verwundeten) aus Cantho 268 (später 248), aus Hoian 79, aus Hue 1, aus Quangda und Dienban 53 oder mehr, nahe Pleiku mäßige, aus Banmethuot 13, nahe Saigon leichte, und gibt als Endsumme 355.

Jerichow zu Anfang der dreißiger Jahre war eine der kleinsten Städte in Mecklenburg-Schwerin, ein Marktort mit zweitausendeinhunderteinundfünfzig Einwohnern, einwärts der Ostsee zwischen Lübeck und Wismar gelegen, ein Nest aus niedrigen Ziegelbauten entlang einer Straße aus Kopfsteinen, ausgespannt zwischen einem zweistökkigen Rathaus mit falschen Klassikrillen und einer Kirche aus der romanischen Zeit, deren Turm mit einer Bischofsmütze verglichen wird; lang und spitz läuft er zu, und wie die Mütze eines Bischofs hat er Schildgiebel an allen vier Stirnen. Um den Marktplatz im Norden, zur See hin, standen ein Hotel, die Bürgermeisterei, eine Bank, die Raiffeisenkasse, Wollenbergs Eisenwarenlager, Papenbrocks Haus und Handlung, die alte Stadt, hier gingen Nebenstraßen ab, Kattrepel, Kurze Straße, die Bäk, Schulstraße, Bahnhofstraße. Am südlichen Ende, um Kirche und Friedhof herum, war die erste Stadt gewesen, fünf Gänge zwischen Fachwerkhäusern, bis sie abbrannte, 1732, erst im neunzehnten Jahrhundert wieder zugestellt mit gedrungenen Backsteinhäusern, Schulter an Schulter unter sparsamen Dächern, da steht heute das Postamt, das Konsumkaufhaus, die Ziegelei hinter dem Friedhof, die Ziegeleivilla. Um die Stadt herum waren viele Scheunen übrig, die Nebenstraßen waren bald Feldwege, und neben Schaufenstern in der Hauptstraße standen hölzerne Hoftore. Da, auf hundertzwanzig Hektar, wohnten Ackerbürger, Kaufleute, Handwerker. Cresspahl kam von Süden, auf der Gneezer Chaussee, und fuhr über die Hauptstraße am Marktplatz vorbei heraus aus Jerichow, denn er fing nun an, die Stadt zu erwarten. Da war die Stadt zu Ende, bis zur See lagen Felder.

Jerichow war keine Stadt. Es hatte ein Stadtrecht von 1240, es hatte einen Gemeinderat, es bezog Elektrizität vom Kraftwerk Herrenwyk, es hatte ein Telefonnetz mit Selbstanschluß, einen Bahnhof, aber Jerichow gehörte der Ritterschaft, deren Güter es umgaben. Das war nicht mit dem Brand gekommen. Die Ritterschaft hatte den Bauern,

Gesine Cresspahl erzählt ihrer Tochter Marie in New York
die Geschichte der Familie in Mecklenburg.

1/13 Jerichow/Marktplatz

Außen-Tag.
Sommer
GESINE *(v.o. über Jerichowbildern)*
Die Papenbrocks wohnten in Jerichow. Kornkapitalist Albert und seine fromme Frau Louise mit der Bäckerei ... Sohnemann Horst und die brave Lisbeth. Cresspahl fuhr nicht gleich nach England zurück, sondern sah sich in Jerichow um, wollte kennenlernen, was Lisbeth alles aufgeben mußte ... wochenlang machte er den Leuten in Jerichow Spaß mit seiner Liebschaft.

die das Land urbar gemacht hatten, ihre Höfe genommen, ihre Felder den eigenen zugeschlagen, sie leibeigen gemacht, und das schwächliche, über die Ohren verschuldete Fürstenhaus hatte ihnen das Recht dazu im grundgesetzlichen Erbvergleich von 1755 bestätigt. Von den Dörfern, die Jerichow stark gemacht hatten, gab es noch drei, winzige, ärmliche Siedlungen. In diesem Winkel regierte der Adel, Arbeitgeber, Bürgermeister, Gerichtsherr über seine Tagelöhner, als Raubritter berühmt geworden, als Unternehmer wohlhabend. Jerichow war wiederum nicht weit von dem Rodedorf, als das es angefangen hatte. Von der Schiffahrt war es ausgeschlossen durch die großen Häfen, seine Entfernung vom Meer. Wo ein Hafen für Jerichow hätte sein können, saß das Fischerdorf Rande, schon am Anfang des Jahrhunderts reich genug für Grand Hotels, Erbgroßherzog, Stadt Hamburg. Jerichow war eine Station geblieben auf dem Weg nach Rande, früher die Diligencen wie jetzt die Omnibusse gaben die zahlkräftigen Badegäste nicht ab. Der Handel kam nicht über die schmalen Chausseen, die großen Straßen zogen tief im Süden an ihm vorbei. Der Ritterschaft war Jerichow so recht, als ein Kontor, ein Lagerplatz, ein Handelsort, eine Verladestelle für den Weizen und die Zuckerrüben. Die Ritterschaft brauchte keine Stadt. Jerichow bekam seine Bahnlinie nach Gneez, zur Hauptstrecke zwischen Hamburg und Stettin, weil die Ritterschaft das Transportmittel brauchte. Jerichow war zu arm, sich eine Kanalisation zu bauen; die Ritterschaft brauchte sie nicht. Es gab kein Kino in Jerichow; die Ritterschaft war nicht für die Erfindung. Jerichows Industrie, die Ziegelei, war ritterschaftlich. Ihnen gehörte die Bank, die meisten der Häuser, der Lübecker Hof. Der Lübecker Hof hatte eine Klärgrube. Die Ritterschaft kaufte in Jerichow Ersatzteile für ihre Maschinen, sie benutzte die Verwaltung, die Polizei, die Rechtsanwälte, Papenbrocks Speicher, aber ihre großen Geschäfte machte sie in Lübeck ab, ihre Kinder schickte sie auf Internate in Preußen, den Gottesdienst hielten sie in ihren eigenen Kapellen und begraben ließen sie sich hinter ihren Schlössern. In der Erntezeit, wenn der Weg nach Ratzeburg oder Schwerin zu weit war, fuhren die Herren abends zum Lübecker Hof und spielten Karten an ihrem eigenen Tisch, gewichtige, leutselige, dröhnende Männer, die sich in ihrem Plattdeutsch suhlten. Cresspahl bei seinem Bier hielten sie, wegen des großstädtischen Kennzeichens an seinem Auto, für einen Handelsreisenden.

Gesine und Marie in der Wohnung am Riverside Drive

Cresspahl geht über den leeren Marktplatz. Aus der naheliegenden Kirche dringt der Gesang der Gemeinde herüber. Er geht langsam auf die Kirche zu.

1/14 Jerichow/ In der Kirche

Innen-Tag.
Die Gemeinde – unter ihnen Lisbeth und neben ihr die Mutter Louise, die beide gleichermaßen andächtig singen.
Vorne steht Pastor Brüshaver mit aufgeschlagenem Gesangbuch und singt mit.
Cresspahl betritt die Kirche, bleibt aber im Hintergrund. Er

Seine Hauptstraße, die schmale Schneise aus der Rodezeit, nannte Jerichow die Stadtstraße.
Cresspahl erkundigte sich beim Frühstück nach dem Wetter. Er ging in die kleinen Läden, kaufte Schreibpapier oder Hemden von der besseren Sorte und fragte nebenbei. Er stand eine Weile auf dem Weg hinter dem Hof von Heinz Zoll, der hier die besseren Tischlerarbeiten machte, und besah sich das Holzlager im offenen Schuppen. Er fing an, sein Bier im Krug zu trinken, bei Peter Wulff. Peter Wulff war in seinem Alter, weniger prall damals, ein nicht beflissener, maulfauler Wirt, der Cresspahls geduldiges Warten beobachtete wie der ihn. Cresspahl schrieb eine offene Postkarte nach Richmond und gab sie dem Hoteldiener zum Einwerfen. Er besuchte den Rechtsanwalt Jansen. Er ging nach Rande und aß im Hotel Stadt Hamburg zu Abend. Er las alle Anzeigen im Gneezer Tageblatt auf der Seite für Jerichow und Umgebung. Er ging nicht langsamer, wenn er an Papenbrocks Einfahrt vorbeikam, aber seine Gänge brachten ihn da vorbei, und er wußte nach einer Weile, daß der junge Mann, der im Hof beim Sackabladen die Aufsicht führte, Horst Papenbrock war, der Erbe, damals 31 Jahre. Zwischen fliehendem Kinn und fliehender Stirn war Horsts Gesicht so spitz wie ein Fisch. Cresspahl sah den alten Papenbrock durchs offene Fenster am Schreibtisch, schwitzend über seinem behaglichen zarten Bauch, so heftig nickend vor Höflichkeit, als dienerte er im Sitzen. Offenbar handelte er mit der vornehmen Kundschaft nicht gern, oder nicht lange, Papenbrock, der so knausrig war, daß er sich einen Personenwagen nicht leistete und die Familie im Lieferauto zum Kaffeetrinken nach Travemünde fuhr. Meine Mutter sah Cresspahl nicht. Er sah meine Großmutter in der Bäckerei verkaufen helfen, eine ergebene flinke Alte mit einer etwas süßlichen Redeweise, besonders zu Kindern. Hier grüßte Cresspahl im Vorbeigehen, durch die offene Tür.

und ich war nie ein Schaf, Gesine.

Dich haben sie auf die Seite geschmissen, dir haben sie die Pfoten zusammengebunden, dir haben sie den Hals mit Knien gegen die Tenne gedrückt, dir haben sie mit einer stumpfen Schere die Wolle abgerissen, und du hast das Maul nicht aufgemacht, Louise geborene Utecht aus der Hageböcker Straße in Güstrow, du Schaf.

betrachtet Lisbeth, die ihn bemerkt und ihm sehr verschämt zulächelt, um dann gleich wieder weiterzusingen.
Stoffregen, Innungsmeister Böttcher und Ete Helms reden über ihn.

BÖTTCHER
Das stellt er sich vom Leben vor, ein frommes Mädchen.

STOFFREGEN
Muß einer auch Geld haben, wenn er soviel Zeit aufbringt für sein Gemüt.

ETE HELMS
Na, *dich* hat sie nicht genommen, Stoffregen.

STOFFREGEN
Der will doch bloß Papenbrocks Geld.

ETE HELMS
Die Lisbeth kommt nicht wieder raus da, die geht mit ihm, wohin er sagt.

BÖTTCHER
Sie hat ihn schon an der Hand gefaßt.

STOFFREGEN
Sie wird schon sehen, was sie von dem hat, von so'm Engländer.
Brüshaver blickt streng zu den Schwätzenden hin, sie hören auf zu reden, nur Stoffregen kann sich einen letzten Satz nicht verkneifen.

STOFFREGEN
Und er säuft mit seinen Kommunistenfreunden.

1/15 Jerichow/Wulffs Krug

Innen-Tag.
Cresspahl begrüßt Wulff mit Handschlag. Das Wirtshaus ist fast leer.

Cresspahl wußte, daß Horst Papenbrock und der Ackerbürger Griem Nazis waren und zu ihren Schlägereien nach Gneez mußten, weil die Sozialdemokraten in Jerichow ihre Nachbarn, Verwandten, Stadtverordneten waren. Er wußte, daß Papenbrock mit seiner Getreidehandlung, seiner Bäckerei, seinen Lieferungen aufs Land der reichste Mann in Jerichow war, und daß er außerdem noch Geld verlieh. Er wußte, daß die Geschichte hier lediglich eine Franzosenschanze hinterlassen hatte, an der Küste, acht Kilometer entfernt. Er wußte, daß noch ein Tischler sich in Jerichow nicht halten konnte.
Jerichow ist umgeben von Weizenfeldern, im Süden hinter dem Bruch ist der Gräfinnenwald, dann fassen übermannshohe Hecken Wiesen ein. Das Wetter ist das der See. Der meiste Wind ist westlich, vornehmlich im hohen Sommer und Winter. Hier ist es kühl. Hier sind die meisten trüben Tage im Land. Hier regnet es seltener als anderswo in Mecklenburg, und Gewitter kommt nicht oft vorbei. Die Apfelblüte ist spät, Mitte Mai, der Winterroggen ist reif am 25. Juli. Der Frost setzt später ein und verschwindet früher als im übrigen Land, aber er dringt kaum in den Boden, denn die Luft ist immer bewegt vom Wind, hier.

21. Oktober, 1967 Sonnabend

Ein westlicher Korrespondent beobachtete am Dienstag im Gebiet von Haiphong (Viet Nam) drei Luftangriffe, sieben Bomberwellen, zahlreiche Einzelflüge der Amerikaner und weitere acht Luftalarme; der Tag wurde ihm als normal beschrieben. Zehntausende Chinesen arbeiten an der Wiederherstellung der Gleise und Straßen zu ihrem eigenen Land. Die New York Times übermittelt ausführlich die Pläne und möglichen Marschrouten der heutigen Demonstration in Washington; zum Beispiel soll das Pentagon besetzt werden; Protestaktionen werden erwartet in London, Paris, Rom, Stockholm, Bonn und Kopenhagen. In Mississippi wurden sieben Weiße für schuldig befunden an dem Mord von drei jungen Bürgerrechtlern im Jahre 1964, darunter Cecil R. Price, Hauptuntersheriff, der die Opfer im Gefängnis von Meridian festhielt, bis der Ku Klux Klan seine Vorbereitungen abgeschlossen hatte, dann sie freiließ, auf der Landstraße wieder einfing und der Bande der Lyncher übergab, in der er selbst mitwirkte (die Toten wurden im Deich eines Teichs gefunden, begraben vermit-

1/16 Riv.-Drive/Wohnung Gesine

Innen-Abend.

GESINE

Den Peter Wulff kannte mein Vater schon lange. Unter roten Fahnen, nach dem ersten Krieg, da waren sie zusammen gegen die rechten Putschisten marschiert.

MARIE

Ist das so was wie der Viet Cong?

GESINE

Ein bißchen anders.

1/23 Jerichow/Marktplatz

Außen-Tag.
März '33.
Cresspahl mit Reisetasche im dunklen Anzug, als wolle er zu einer Beerdigung, fährt sich übers Haar.
Eine große Hakenkreuzfahne am Mast mitten auf dem Platz, wo später der sowjetische Obelisk steht.
Auch aus einigen Häusern hängen Hakenkreuzfahnen.
Cresspahl geht über den Marktplatz.

GESINE *(Off)*

Am 3. 3. 33 wurde ich geboren.

tels eines Bulldozers). Fünf der Überführten sind frei und können ihre Lebensläufe nachlesen auf Seite 18 der New York Times.

Sonnabend, Tag der South Ferry

– Cresspahl, dein Vater, mein Großvater: sagt Marie: kam also erst am Nachmittag zu dir nach Jerichow, am 3. März 1933.

– Gegen Nachmittag, als der Führer der Kommunistischen Partei Deutschlands Ernst Thälmann sich finden und verhaften ließ in einem kleinen Zimmer an der Lützowstraße in Berlin. Und er hatte keine Fahrkarte nach Dänemark bei sich.

– Und Cresspahl war nicht betrunken.

– Nicht sichtbarlich. Er hatte Erwin Plath in Lübeck nicht nur über den Vormittag geholfen, sondern auch über eine Literflasche Doppelkümmel und einen halben Kasten Bier, und Gerda Plath wollte ihn erst gehen lassen, nachdem er ihrem Kaffee die Ehre gegeben hatte. Sie wollte jener Frau Cresspahl einen nüchternen Mann schicken. Der da in Jerichow ankam, die Bahnhofstraße entlang und unter den ersten sechzehn Fenstern Papenbrocks, aufrecht und etwas langsam, war ein Betrunkener so hellwach du denken kannst.

– Demzufolge freundlich: sagt Marie.

– Ein Blinder, der alles sah, ohne es behalten zu können. Ein Tauber, der eine Katze laufen hörte, ohne das Geräusch zu begreifen. Jerichow kam ihm sehr laut vor. Auf dem Marktplatz war Musik. Auf dem Marktplatz waren mehr Leute als er Einwohner wußte. Papenbrocks Tür zum Markt war verschlossen.

– Cresspahl konnte nichts wissen.

– Ihm war, als hätte er im Zug das Gneezer Tageblatt gelesen. Ihm war, als sei da keine Geburt für Cresspahl angezeigt gewesen. Er ging in die Bahnhofstraße zurück und fand Papenbrocks Tor in der hohen Ziegelmauer und eine Tür ins Haus. In dem warmen Korridor, hinter all den braunen Türen war es still. Die Stille schlug über ihm zusammen und machte ihm die Ohren dröhnen wie unter Wasser.

– Solche Zustände gibt D. E. zu?

– Er fand seine Frau nicht auf dem oberen Flur, wo Papenbrock die Zimmer seiner Kinder eingerichtet hatte. Er tapste wieder nach unten zur Haupttür und setzte auf dem Vorplatz seine Tasche mitten in den Weg. Die Tasche sollte für ihn sagen: Es war eine Reise. Auf Reisen kommen Verspätungen vor.

– In solchen Familien gab es einen Nachmittagsschlaf: sagt Marie.

1/24 Haus Papenbrock/Flur/Teezimmer

Innen-Tag.
Gedämpft klingt Hitlers Rede ins stille leere Haus.
Cresspahl stellt seine Reisetasche mitten in die Vorhalle, geht durch den Flur mit Kreuz an der Wand und lauscht an den Türen. Durch die Teezimmertür neben Papenbrocks Comptoir hört er ganz leise Lisbeth singen.

LISBETH *(Off)*
Schlaf, Kindchen, schlaf.
Der Herr Gott hütet die Schaf.
Dein Vater ist in Engelland ...
Der Gesang bricht ab, als Cresspahl die knarrende Tür spaltbreit öffnet.
Inmitten der Gesellschaftsmöbel liegt Lisbeth im hochaufgetürmten Bett, rot von der Heizungsluft, und schaut erstaunt Cresspahl entgegen.
Cresspahl nickt liebevoll.
Lisbeth zeigt lächelnd auf eine Bauernwiege an der anderen Wand.
Cresspahl tritt an die Wiege.
Das Kind liegt eingeklemmt und dick bepackt mit Federbetten und schaut ihn mit großen Augen an.
Cresspahl will es mit seiner schwieligen Hand streicheln.

LOUISE *(Off)*
Um Gottes willen, Heinrich!
Wo kommst du denn her?
Cresspahl zieht langsam die Hand zurück, dreht sich um.
Louise mit Wärmflasche eilt hochnäsig an ihm vorbei zu Lisbeth. Da kommt auch schon Albert auf Strümpfen ins Zimmer und bringt auf dem Sonntagstablett Tee an Lisbeths Bett.

ALBERT *(en passant)*
Na, endlich, Heinrich. Glückwunsch!

– Lisbeth schlief in ihren Haaren in dem Zimmer oberhalb von Papenbrocks Comptoir, das vor einer Woche noch ein Teezimmer gewesen war. Sie schlief sehr hoch aufgebettet, mit offenem Mund, mühsam atmend gegen die überheizte Luft, inmitten der hochmütigen Gesellschaftsmöbel aufgestellt wie zum Sterben.
– Nun das Kind.
– Das Kind lag in einer Bauernwiege an der Wand zwischen den beiden Fenstern zum Markt. Das Kind war eingeklemmt und dick bepackt mit Federbetten. Das Kind schlief auf seinem rechten Ohr, zwischen zwei locker geballten Fäusten. Der Atem war zu sehen, aber nicht zu riechen. Das Kinn war noch sehr nach vorn geschoben, die Stirn stark zurückgedrückt unter den einzelnen dunklen Haaren. Es war ein gut ausgetragenes Kind, mit fertig gebildeten Fingernägeln, rötlich und blauer Haut und nur geringen Krähenfüßen neben den Augen.
– Das kannst du von dir nicht wissen: sagt Marie, als Feststellung, nicht im Protest.
– Ich weiß es von dir.
– Wir sind einander nicht ähnlich.
– Einmal, im Juli 1957, warst du mir ähnlich.
– Es wäre mir lieber, du erzähltest davon als sei es dir erzählt worden: sagt Marie.
– Mir ist erzählt worden, daß Cresspahl gar nicht auffiel. Unverhofft war das Haus wach und schickte einen Abgesandten nach dem anderen zu den beiden Schlafenden. Da kam Mudding Laabs, Kreishebamme. Da kam Louise Papenbrock mit Wärmflaschen für das Kind. Da kam die Dienerschaft, Köchin, Hausmädchen, Kutscher, Knechte, zum Gratulieren. Edith brachte ihre beiden Kinder mit und bewies ihnen, daß das neue vom Storch gebracht war, denn am Fuß der Wiege hatte er zusätzlich lübecker Marzipan in zwei Tüten aus Goldpapier hinterlassen. Ausgerechnet Edith. Da kam Albert Papenbrock als Großvater auf Strümpfen und brachte auf dem Sonntagstablett den Tee, wie Lisbeth ihn in Richmond gelernt hatte. Für den Kerl am nördlichen Fenster hatten die nicht viel Verwendung. Louise Papenbrock nickte ihm befriedigt und herrschsüchtig zu, die hatte ihre Rache aufgeschoben. Den Leuten aus dem Stall und vom Lagerboden kam er angemessen entgeistert vor. Ediths Kinder knicksten und sahen ihm gerade in die Augen, bis er Sixpence herausrückte.

Lisbeth lächelt zwischen den sich kümmernden Eltern hindurch Cresspahl entschuldigend zu.

Der beugt sich wieder über das Baby. Da schlägt ihm eine Hand kumpelig auf die Schulter.

DR. BERLING

Na, alter Schwede! Viel Mühe haben Sie ja nicht aufgewandt, ein Junge ist es nicht!

Cresspahl dreht sich zu ihm um, läßt sich die Hand schütteln.

CRESSPAHL

Tach, Dr. Berling. Wann kann meine Frau reisen?

DR. BERLING

Nach England?

CRESSPAHL

Nach Hause!

Louise schüttelt den Kopf über diese Bemerkung. Albert schaut ernst.

DR. BERLING

Das entscheidet die Mutter. Fragen Sie mal in drei Wochen.

CRESSPAHL

Nicht eher?

DR. BERLING

Ach, was, alter Schwede. Was wollen Sie denn jetzt noch in England? Jetzt, wo Deutschland endlich wieder hochkommt!

Horst in SA-Uniform ist hereingestürmt, hat das letztere noch gehört.

HORST *(begeistert)*

Das sieht man nicht von weitem, das muß man erleben, aus der Nähe, Schwagerherz!

Er macht begeistert den Hitlergruß. Cresspahl streckt ihm die Hand hin. Horst läßt den Arm sinken, nimmt Cresspahls Hand.

CRESSPAHL

Tach, Horst. Ja, was hochkommt, kommt auch wieder runter.

Albert als Einziger nahm ihn um die Schultern und sagte ihm etwas in glucksenden Tönen, vielleicht versuchte er zu lachen, und zog ihn fast zärtlich ins Nebenzimmer und setzte ihn vor eine Flasche Rotspon und trank auch ein Glas, immer noch mit verrutschter Miene, wie ein trostbedürftiges Kind. Aber vorher kam noch Doktor Berling und schlug Cresspahl auf die Schulter.

Na, alter Schwede. Viel Mühe haben Sie ja nicht aufgewandt. Ein Junge ist es nicht.

Wann kann sie reisen.

Nach England?

Nach Hause.

Das entscheidet die Mutter. Fragen Sie sie mal in drei Wochen.

Nicht eher?

Ach was, alter Schwede. Was wollen Sie jetzt noch in England. Jetzt, wo Deutschland endlich wieder hochkommt.

Das sieht man nicht so von weitem.

– Und nun die Geschichte mit der Tassenwanne: sagt Marie.

– In der du gebadet wurdest, weil du so klein warst.

– Das war Louise Utecht, die so winzig ausgefallen war, und es war 1871 in der Hageböcker Straße in Güstrow. Das ist nicht meine Geschichte.

– Also, etwas aus dem ehelichen Leben.

– Cresspahl hatte einen Blick von seiner Frau erwischt, als er an ihrem Kopfende entlang ins Nebenzimmer ging, einen benommenen Blick, der aus Träumen kam. Ohnehin wollte er warten, bis sie allein war. Am Anfang machte der Rotwein ihn nur schläfrig. Eine Zeitlang konnte er nicht die Vorstellung loswerden, daß Horst Papenbrock in der Uniform der Sturmabteilungen Hitlers ihm zuprostete und ihm an nacheinander umgeknickten Fingern etwas vorzählte, wie ein vom Beweisen begeisterter Rechenlehrer. Dann schaffte er es, ihn zu vergessen, und an seine Stelle Meta Wulff zu denken. Mit Meta Wulff kam er in ganz argloses Reden, ihr erzählte er von der Nacht im Polizeigefängnis von Lübeck. Dr. Semig sah er bereits unzweifelhaft, nur war ihm bei dessen Anblick ein Ausruf entfahren, den er zurücknehmen wünschte, könnte er ihn nur finden in irgend einer Ecke seines Gedächtnisses. Dann, nach der zweiten Flasche, hatte er sich

Dr. Berling geht zu Lisbeths Bett, während Horst begeistert weiter auf Cresspahl einredet.

HORST

Daß die Kommunisten den Reichstag angezündet haben, hast du ja wohl mitgekriegt ... Wir haben sie alle verhaftet ... in Rostock allein 27 ... in Schwerin und Wismar und Güstrow je 10...

Albert tritt mit leerem Tablett vom Bett zu den beiden.

ALBERT PAPENBROCK

Jetzt hör doch mal mit deiner Hitlerei auf, Horst, ja!

Horst verdreht die Augen – keine Ahnung, der Alte – und geht an Lisbeths Bett, während Albert und Cresspahl sich »von Mann zu Mann« in die Augen sehen, sich zunicken, dann gemeinsam auf das Kind in der Wiege sehen.

ALBERT

Habt ihr gut gemacht.

CRESSPAHL

Da soll's nicht bei bleiben.

Albert zupft die Zudecke des Kindes zurecht.

ALBERT

Hör mal, Heinrich, unser Lisbeth wünscht sich ein Haus hier in Jerichow ...

Cresspahl schaut Albert an, dann zu der von Horst, Louise und Dr. Berling umringten Lisbeth, die gespannt herüberschaut.

ALBERT *(weiter, stolz)*

... ich hab eins gefunden, für euch, Heinrich ... is auch Platz für deine Schreinerei ... hab ich schon eintragen lassen auf euch.

Cresspahl schaut fragend zu Lisbeth.

nüchtern getrunken. Die nachmittägliche Musik auf dem Marktplatz, das war die S. A.-Standartenkapelle 162 aus Lübeck gewesen. Horst Papenbrocks Zahlen waren die Verhaftungen kommunistischer Funktionäre gewesen: in Rostock 27, in Schwerin und Wismar und Güstrow je 10, in Mecklenburg-Land 58. Der Lärm unter den Fenstern kam aus einem der Lautsprecher, die das Musikhaus Schmidt in der Stadtstraße und am Markt aufgestellt hatte, und übertrug die Hitlerrede aus Hamburg. Das flackernde Licht zwischen den Hausgiebeln kam von den Fackeln, mit denen S. A. und Stahlhelm ihre Uniformen auf dem Weg zum Schützenhaus beleuchteten, und der weiche Luftzug kam von der Tür, die Papenbrock nun wieder aufgeschlossen hatte, weil er von dieser Bande nichts für sein Eigentum zu befürchten meinte. Das Feuer und die Funken im Qualm am anderen Ende der Stadt kamen von den zusammengeworfenen Fackeln, und der Gesang aus der niedrigen Nacht kam auch von Papenbrock, der wohlig brummend sich die Treppe hochtastete,

Ich hab mich ergeben
mit Herz und mit Hand
dir Land voll Lieb und Leben
mein teures Vaterland

und während Cresspahl seine Tür verriegelte, nahmen seine Gedanken unverhofft Englisch an, so wie er es sprach: Owright. Wir werden uns nicht ergeben. Keine Hand, kein Stein, kein Bein. Ob ihr euch nun treu oder teuer nennt, ihr wollt was von uns, und wir werden es nicht liefern. Das Kind war ein Mädchen, so daß er Lisbeth wiederum etwas schuldig war; aber mochte das Kind ihn nicht erkannt haben, es hatte ihn angesehen.
– Deine Mutter, Lisbeth: sagt Marie.
– Erzähl doch mal von ihrer Seite her.
– Das kann ich nun nicht.
– Kannst du nicht denken was sie dachte?
– Und nicht wie. Ich verstehe sie nun nicht mehr.
Das war heute am späten Nachmittag, als die Fähre schon halb zurückgelaufen war in den Hafen von New York. Marie war abgerufen worden von einem Herrn aus Japan, der ihr mit ganz geschmeidigen Entschuldigungen seine Kamera in die Hand gab, und Marie hatte ihn

1/25 Haus Papenbrock/Teezimmer

Innen-Nacht.
Es ist still im Haus und der kleinen Stadt drumherum.
Cresspahl sitzt auf einem harten Stuhl am Bett im überheizten Teezimmer, wischt sich den Schweiß von der Stirn, schaut zu, wie Lisbeth das Baby stillt.

LISBETH
Heinrich, denk an das Kind.

CRESSPAHL
Ich will kein Teil von Deutschland haben.
Sie rückt sich das kleine Wesen zurecht.

LISBETH
Ich will nur zu Hause sein mit unserm Kind...

CRESSPAHL
Zuhause ist in England.

LISBETH
Aber hier mehr ...

CRESSPAHL
Sind mir zu viele Nazis hier.
Lisbeth nimmt das Kind von der Brust, richtet sich auf, küßt Cresspahl auf die unrasierte Wange.

LISBETH
Was gehen die uns an?

CRESSPAHL
Du bist verwandt mit einem!

LISBETH
Horst ist man bloß ein dummer Junge.

CRESSPAHL *(schüttelt den Kopf)*
Tja, nee – von deinem Vater das Haus, von deinem Bruder die Beziehungen.

LISBETH
Nazis hast du auch in England.

und seine Familie mit fachmännischen Anweisungen und Handzeichen zurechtgestellt vor den Türmen Manhattans, bevor sie die Schwingungen des Schiffbodens in weichen Knien auffing und den Besuchern den Beweis ihrer Weltreise in die eigene Kamera drückte. Auf dem Weg an Land, über die Brücken und Treppen und die seitliche Rampe am Fährgebäude herunter, hat sie den freundlichen Blikken der Touristen dreimal geantwortet, nicht mit Lächeln, nur mit einer angedeuteten Verbeugung aus den Schultern heraus und aufmerksamen Augen. – Welcome a Stranger: sagte ich, und obwohl sie das Zitat von den Bussen der Verkehrsbehörde unfehlbar erkannte, erwiderte sie fast ernst, fast übermütig: Gewiß, Gesine. Heiße einen Fremden willkommen.

19. Januar, 1968 Freitag

– Cresspahl hatte eine Regentonne neben der Scheune aufgestellt. Wenn es auch von da weit zu tragen war, reiner konnte er es nicht vom Himmel holen. Überhaupt war das Grundstück bis 1938 an allen Stellen richtig versehen und gehalten, als sollte es in einem Lehrbuch abgeschildert werden. Da war keine Krampe lange locker, und das Brunnenwasser lief nicht in die Erde zurück, sondern in einen hölzernen Bottich, in dem ein Kind mit Holzstücken Schiffahrt treiben konnte oder sich die Füße kühlen. Die Wirtschaft war nicht pingelig; aus dem neuen Fenster über dem hinteren Eingang wurde eine Scheibe wieder herausgenommen, damit die Schwalben wie gewohnt in den Flur fliegen und ihr Nest an ihrem angestammten Balken bauen konnten. Während ihrer Zeit wurden die roten Fliesen dann einmal öfter gescheuert, weil sie den untergelegten Lübecker General-Anzeiger eben nicht immer trafen. Von solcher Art war auch das Wasserfaß, das die vorigen Besitzer, die Pinnows, am Küchenfenster unter einem Rohr von der Dachrinne aufgestellt hatten. Cresspahl ließ das stehen. Es wäre wohl auch zu Bruch gegangen, hätte er es bewegt. Eben weil es undicht war, war es immer dicht umwachsen von fettem langem Gras, saftig blühendem Unkraut. Ich mochte das gern sehen. Weil aber das Regenwasser vom Dach den Schmutz von Moos und Windstaub mitbrachte, wurde es kaum je zum Waschen genommen, und der Deckel wurde kaum je abgehoben. Der Deckel aber war neu, den hatte Cresspahl gemacht, damit ich nicht einen Küchenschemel anschleppte und darauf ins Wasser stieg.

CRESSPAHL

Aber nicht an der Regierung!

Die kleine Gesine beschwert sich. Lisbeth sinkt in die Kissen zurück, gibt ihr wieder die Brust. Ein Moment Stille.

LISBETH

Du redest, als hätten wir noch eine Wahl.

CRESSPAHL

Haben wir doch, Lisbeth.

LISBETH

Du ... du ja ... weil ich's versprochen hab. Aber ich kann nicht leben in England, Heinrich.

Cresspahl schüttelt ungläubig langsam den Kopf.

CRESSPAHL

Kannst nicht leben mit mir?

LISBETH

Heinrich, verzeih mir.

Sie übergibt ihm die kleine Gesine, sieht ihn so flehentlich an dabei.

Cresspahl tritt mit Gesine auf dem Arm ans Fenster und schaut hinaus.

1/55 Haus Cresspahl

Außen-Tag.

Der Deckel liegt neben der Regentonne auf dem Boden. Die zerzauste Katze, wieder von ihrem Stammplatz vertrieben, liegt oberhalb der Tonne auf der Fensterbank in der Sonne, schaut nach den Vögeln. Vor der Tonne steht ein Küchenhokker.

Das Kind Gesine klettert auf den Hocker, zieht sich am Regentonnenrand hoch, will die Katze auf sich aufmerksam machen.

Lisbeth steht plötzlich in der Küchentür neben dran, trocknet sich die Hände an der Küchenschürze und beobachtet das Kind.

– Wenn er fehlte, konnte das ein Versehen sein.
– Von einem Fremden, ja. Wer aber zum Haus gehörte, wußte das mit der Katze und mir. Es war ein großes graues Biest, massig und faul. Als Cresspahl die Pinnowsche Scheune zur Werkstatt umbaute und in der Futterkammer bei seinem Werkzeug schlief, hatte diese Katze ihn besucht und war bei ihm geblieben. Lisbeth und das Kind wohnten da noch in Papenbrocks Haus, und als sie nun kamen, pochte die Katze auf ihre älteren Rechte. Sie mochte mich nicht. Ich wollte sie zum Spielen überreden; sie aber lag lieber innen am Küchenfenster und besah sich die Vögel. Sie war auch alt, nicht bloß träge. Das Kind stand oft da draußen, hatte den Kopf im Nacken, sah zur Katze hinauf und redete mit ihr, und die Katze sah mich an, als wüßte sie ein Geheimnis und würde es mir doch nicht sagen.
– Fahrlässigkeit. Deine Mutter konnte dich doch nicht an die Schürze binden, und das weiß ich von den Vierjährigen, sie verschwinden wie die Kaninchen.
– Siehst du.
– Du mußt doch noch erst hochsteigen auf den Deckel zum Kopf der Katze und ins Wasser fallen, Gesine!
– Wie du sagst.
– Und deine Mutter, deine Mutter stand dabei?
– Ja. Nein. Wenn ich daran vorbeidenke, sehe ich sie. Sie steht dann vor der Hintertür, trocknet ihre Hände in der Schürze, wringt ihre Hände, eins kann das andere sein. Sie sieht mir zu wie ein Erwachsener sich an einem Kinderstreich erheitert und wartet wie er ausgeht; sie sieht mir ernsthaft zu, belobigend, als vertraute sie darauf, daß ich es richtig mache. Wenn ich die Erinnerung will, kann ich sie nicht sehen.
– Und sie rührte sich nicht.
– Da war ich längst unter Wasser. Ich hatte immer noch ihr Bild bei mir; erst dann fiel mir auf, daß in dem runden Tonnenschacht nur der Himmel zu sehen war.
– Dann zog sie dich raus.
– Dann zog Cresspahl mich raus. Er war hinter ihr um die Hausecke gekommen und hatte ihr beim Zusehen zugesehen. Er hat es mir nach dem Krieg nicht genau erzählen mögen, nur daß sie stehen blieb »wie erstarrt« als er mich triefendes Bündel an ihr vorbei ins Haus trug.

Lisbeth Cresspahl fragt Pastor Brüshaver,
ob die Bibel den Selbstmord verbietet.

Gesine kann die Katze fast erreichen, verliert das Gleichgewicht, schlägt lautlos mit den Händen um sich und versinkt kopfüber in dem dunklen Wasser.
Lisbeth rührt keinen Finger, sieht dem Unglück ernsthaft zu, als wollte sie abwarten, wie alles von selber ausgeht.
Mit dem Blick des Kindes Gesine von unter Wasser:
Das runde Stück Himmel über dem Tonnenschacht – Stille.
Cresspahl kommt um die Hausecke, sieht Lisbeth an der Tür, wie sie zur Regentonne schaut, aus der es platscht, Gesines Hand versinkt.
Mit dem Blick des Kindes Gesine von unter Wasser:
Das runde Stück Himmel über dem Tonnenschacht, lautes Wasser. Plötzlich im Himmel über der Tonne, Cresspahls Hände.

– Cresspahl und einem Kind nasse Sachen ausziehen, es waschen, es abtrocknen, es anziehen, das sehe ich nicht.
– Das tat sie, dazu hatte er sie geholt. Und als ich ein neues Kleid anhatte und munter genug, um das Untertauchen zu vergessen –
– Hat er sie geschlagen.
– Nie. Er ließ sie nun zusehen, wie er mich verhaute. Er gab sich nicht viel Mühe, leicht zuzuschlagen; ich sollte mir die Regentonne merken ein für alle Male. Nur so konnte er mich vor Lisbeth schützen.
– Und sie hat ihm die Hand nicht festgehalten?
– Ach was. Nun hatte sie ihrem Gott auch noch das ungerechte Leiden ihres Kindes anzubieten.
– Hast du mich mal geschlagen?
– Nein. Und ich fand an den Schlägen nicht die Ungerechtigkeit schrecklich, sondern daß mein Vater böse mit mir war. Darum suchte ich das ganze Mittagessen lang nach irgend etwas, mit dem ich eine Versöhnung anfangen konnte, und zwar unter dem Tisch, so daß ich vor seinen Blicken sicher war. Da sah ich, wie die Katze von einem Gang vors Haus zurückkam und unter Cresspahls Stuhl schritt und sich über seinen Fuß und Holzpantoffel legte. Und ich sagte: Vadding de Katt! Und er sagte: Dor kann se ruich sittn gån. Und sah mich an, als wundere er sich mit mir gemeinsam über die Katze und sei mit mir zusammen wie sonst.
– Sie hat dich umbringen wollen!
– Sie hat mich abgeben wollen, Marie.
– Sie muß dich gehaßt haben.
– Es hätte ja nicht lange gedauert, das Ertrinken.
– Aber sie wollte dich los sein!
– »Wer sein Kind liebt«, Marie, der ... Sie hätte das Kind sicher gewußt, fern von Schuld und Schuldigwerden. Und sie hätte von allen Opfern das größte gebracht.
– Du willst sagen, sie liebte dich.
– Das will ich sagen.
– Das nächste Mal, Gesine, wenn du mir eine Geschichte nicht erzählen willst, tu es nicht.
– Jetzt mißtraust du mir.
– Nein. Du bist doch deines Vaters Tochter?
– Ja, Marie. Ich bin Vaters Tochter.

Da Lisbeth Cresspahl ihrem Kind Gesine nicht genug zu essen gibt, ißt dieses das Katzenfutter vor der Regentonne.

Er zieht Gesine heraus. Die kleine Gesine trieft und hustet und spuckt und kotzt. Cresspahl trägt sie an der wie erstarrt dastehenden Lisbeth vorbei ins Haus hinein.

CRESSPAHL

Lisbeth, ich schlag dich tot!

LISBETH

Schlag mich tot, Heinrich. Mir is kein Helfen mehr.

Lisbeth ick schlå di dot.
Schlå mi dot Hinrich. Mi is kein Helpn mihr.

22. Mai, 1968 Mittwoch

Pontij richtete sich auf 3224 hungrige Untertanen ein, zum 1. August kam Cresspahl mit einem Antrag auf 3701 Lebensmittelkarten. Geduldig, lehrhaft und drohend verbot Pontij seinem Bürgermeister die Unsitte, jeden hergelaufenen Flüchtling in die Meldekartei zu nehmen und mit einem Recht auf den Stempel der Kommandantur auszustatten. Die »illegalen Zugänge« mußten ihm in Listen zu zwanzig Häuptern vorgelegt werden, er war sparsam mit Genehmigungen, er schob ganze Familien ab aufs Land, mochten sie arbeitswillig sein oder nicht. Inzwischen faßte er seine Bevölkerung von einer anderen Seite und ließ sie registrieren nach der Arbeitspflicht, in einer abgeteilten Kartei, deren Ergebnisse gleichwohl in die Kartenlisten überführt werden mußten. Nach einer Weile wurden die Umrisse von Pontijs Wirtschaftsmacht verwischt durch die Unterschiede zwischen Bürgerrecht, Recht auf Aufenthalt, beantragter Neu- oder Wiedereinbürgerung, und Ende August verfügte er neuerlich eine Eintragung sämtlicher Einwohner. Mitzubringen waren nun schon zwei seiner Dokumente, dazu die Kennkarten und die Geburtsurkunden, und für ein Fernbleiben drohte er mittlerweile Verhaftung an oder Ausweisung aus der Stadt. In der gleichen Woche suchte er mit einem Befehl nach den Personen der früheren deutschen Armee vom Majorsrang an, ebenso nach ehemals in der Rüstung Beschäftigten, denen drohte er mit den Kriegsgesetzen. Das war die Gelegenheit, bei der Ic Kliefoth mit allen Dienst- und Militärpapieren nicht verhaftet wurde, wohl aber Pächter Lindemann, der sich der Registrierung als Hotelbesitzer entzogen hatte, weil die Rote Armee den Lübecker Hof in eigene Regie genommen hatte. Leslie Danzmann und Cresspahl arbeiteten in den Nächten an der Generalkartei, die Pontij sich in die Ziegeleivilla wünschte, und wenn sie nicht bis zum 1. September fertig wurde, so lag es am Präsidenten des Landes Mecklenburg-Vorpommern, der zum selben Termin die Registrierung aller männlichen Personen ab 60 Lebensjahren, aller weiblichen ab 55 wünschte, aller Hochschulabsolventen im beliebigen Alter, und dies wiederum bei Sperre der Lebensmittelkarten und Ankündigung von Haft wie Geldstrafe. Unter

2/56 Jerichow/Rathaus/Markt

Innen/Außen-Nacht.
Winter 1946
Licht von Petroleum-Lampen in Cresspahls chaotischem Bürgermeister-Büro – Gesine in Trainingshosen versucht das Russisch eines der vielen durchnumerierten russisch-deutschen Befehle an der Wand zu entziffern.

GESINE

Pri-kas nom-mer so-rok ...
(Befehl Nummer vierzig ...)
Cresspahl sitzt Pfeife rauchend hinter seinem Schreibtisch, sieht ein bißchen aus wie der Stalin auf dem Bild hinter ihm, neben ihm Meta Wulff. Die beiden gehen Stapel von eng beschriebenen Kenn- und Lebensmittelkarten durch.

CRESSPAHL

Ich brauch' aber 3701 Lebensmittelkarten.

META WULFF

Tut mir leid. Dein Pontij hat nur 3224 hungrige Jerichower anerkannt.

CRESSPAHL

Muß ich wieder mit ihm saufen, nich?

GESINE *(ernst)*

Ich helf dir.
Die Großen lachen. Gesine geht beleidigt zum Fenster, wischt die beschlagene Scheibe frei.
Durchs Schneetreiben leuchtet der rote Stern auf dem Obelisk wie auf einem Weihnachtsbaum über den menschenleeren Marktplatz. Nur ein Liebespaar ist zu sehen. Jakob hat den Arm um Anne-Dörte gelegt und bringt sie zum Haus Papenbrock.

GESINE *(leise zu sich)*

Alte Kuh ... dir soll die Zunge abfrieren!
Cresspahl und Meta Wulff gehen die Karten noch einmal durch. Meta Wulff zieht eine heraus.

den Flüchtlingen mochte es einige geben, die wußten ihr Vorleben nicht gern in Pontijs Tresor abrufbar, denen tat die Zeit leid, die sie mit den Registrierungen verbrachten statt mit Anstehen vor den Läden oder mit Arbeiten; die suchten sich früh einen Platz auf einem sowjetischen Gut, in einem Dorf fern von Jerichow.
Die unermüdliche Zählung von Haupt und Gliedern, von Greisen, Kranken, Kindern und Versicherungspflichtigen half, aber nicht sie allein machte Jerichow für viele Flüchtlinge unsicher. Die Vorräte der Stadt waren aufgegessen. Die Ernte war am Ende unvergleichlich rasch hereingekommen, in einzelnen Beuteln mit Weizenähren und Kartoffelsäcken, auf privaten Ausflügen in der Nacht. Was die Einheimischen nun noch übrig hatten, würden sie im Winter nicht teilen. Es war überhaupt nicht Arbeit vorrätig in der Stadt, also das Recht auf die Karten gefährdet. Die vertriebenen Bauern gingen zuerst. (Amtlich durfte nicht mehr von »Vertriebenen« die Rede sein, nur von »Umsiedlern«.) Wer ein Stück Land wollte aus dem Fonds enteigneten Landes, mußte sich scharf beeilen mit der Winterbestellung. Die Papiere, die K. A. Pontij und Cresspahl jedem Flüchtling in nur drei Monaten zusammengestellt hatten, waren eine Pracht in den Augen ländlicher Kommandanten. (Auch die Bezeichnung »Flüchtling« war im sprachlichen Gebrauch nicht mehr zugelassen.) Dort waren die Städter inzwischen weggelaufen zu städtischen Berufen, und neue Arbeiter willkommen. In der Nähe von Kartoffelmieten, bei einem Lohn in Naturalien war der Winter vielleicht zu überstehen. Da waren viele Gründe, aus denen Leslie Danzmann für Umsiedler Abmeldungen schreiben mußte, aber die Bürger wollten es erst einmal Cresspahl anrechnen.
Es war unter Cresspahls Regiment, daß die Schulen wieder Unterricht hielten. Seit dem ersten Oktober waren die verwilderten Kinder endlich beschäftigt, und ein Roggenbrötchen bekamen sie in der Schule.
Womöglich hatte Cresspahl es zuwege gebracht, daß Ende September eine wahrhaftige Lokomotive auf dem Bahnhof Jerichow erschienen war, mit drei Personenwagen hinten dran. Nun fuhr morgens ein Zug nach Gneez, abends kam er zurück. Heinz Wollenberg war es zufrieden, daß seine Lise wieder ihre Lyzeumsklasse besuchen konnte, und er hatte seiner Tochter Höflichkeit gegen Gesine Cresspahl angeraten. Was Cresspahl tue, sei bloß Schuldigkeit. – Tag du: sagte Lise auf dem Bahnsteig, zum ersten Mal seit dem Juni; so fröhliche Unbekümmertheit war Gesine nicht geheuer, aber sie sagte: Tag, du.

META WULFF

Du kannst nicht jeden Flüchtling legalisieren, Heinrich.

CRESSPAHL

Ja, essen müssen sie doch.

Mit Gesines Blick: Ein Jeep der Roten Armee fährt durch den Schnee und hält vorm Rathaus. Vorn neben dem Fahrer wälzt sich ein Offizier heraus, spricht nach hinten, wo zwei Unteroffiziere sitzen. Einer der Unteroffiziere geht mit dem Offizier ins Rathaus hinein.

Gesine wendet sich in den Raum.

GESINE

Da kommen Russen.

CRESSPAHL *(macht Pontij nach)*

Das Befäll Nommerr 47, alle Flüchtlinge haben satt zu sein ...

Meta lacht. Gesine schaut ernst.

Die Tür geht auf. Offizier und Unteroffizier kommen herein, klopfen sich den Schnee ab.

Cresspahl erhebt sich, schaut ihnen freundlich entgegen.

Der Offizier präsentiert ihm ein Papier. Der Unteroffizier radebrecht.

UNTEROFFIZIER

Chainrich Crrespall, kommen mit, Arrest.

Cresspahl schaut ruhig auf das Papier. Aber es ist in kyrillischer Schrift. Er reicht es Meta, packt seinen Tabak ein.

Meta schaut gar nicht erst auf das Papier.

META WULFF *(erschrocken)*

Da ist bestimmt was nicht richtig.

Gesine läuft zum Offizier, zeigt auf sich und Cresspahl, der seinen schweren grauen Mantel vom Haken nimmt.

GESINE

Atjéz, burgomister, charaschó ...

(Vater, Bürgermeister, gut)

Der Offizier will Gesine aufs Haar fassen, sie entzieht sich, läuft zu ihrem Vater, klammert sich an ihn, der jetzt im Mantel hinterm Schreibtisch hervor zu den Soldaten tritt.

Cresspahl bückt sich, nimmt Gesine in den Arm.

Cresspahl bezog im Monat 120 Mark plus 20 Mark Wohnungsgeld für eine Arbeit von morgens bis in die tiefe Nacht. Er konnte sich mit Tischlerei nichts dazu verdienen, er hatte weder Zeit noch Gelegenheit für Besorgungen auf dem Schwarzen Markt, er war vor einen Wagen gebunden, auf dem saß K. A. Pontij und die Rote Armee. Er hatte von dem Amt keinen Nutzen; sollte ihm der Schaden dabei gegönnt werden.

Mochte er nun eine Registrierung der Fahrräder ausschreiben, damit sein Pontij einen Überblick bekam; es half doch ein wenig gegen die Dieberei.

Nein, Cresspahl wurde noch gebraucht. Er hatte fertiggebracht, daß Jerichow Fisch aus der Ostsee bekam, wenn auch nur für das Krankenhaus; und auf Abschnitt 10 hatte es unverhofft eine Zuteilung Salz gegeben; er würde dem Landratsamt Gneez noch in den Ohren liegen, bis es Kohlen abgab für den Betrieb der Gasanstalt. Und jene durch und durch verluderten Engländer hatten Jerichow abgeschaltet von ihrem Kraftwerk Herrenwyk, die Stadt saß im Dunkeln; Cresspahl hatte für das Krankenhaus ein Stromaggregat besorgt im Tausch gegen Frau Köpckes Lastwagen und die letzten Reservereifen, die Swenson übrig hatte in seinem Versteck, die geschädigten Firmen waren zu Friedenspreisen getröstet worden und sollten leiser klagen. Denn würden sie den Anschluß Jerichows an ein östliches Stromnetz durchsetzen, oder Cresspahl?

Als Mitte Oktober allen männlichen und weiblichen Personen im Alter von 16 bis 50 Jahren befohlen wurde, sich untersuchen zu lassen auf Geschlechtskrankheiten, »mit Erlaubnis des Herrn Stadtkommandanten«, war in Jerichow von einem Sieg Cresspahls über Pontij die Rede. Es kamen ältere Frauen und brachten Mädchen unter sechzehn mit. Pontij war nicht eingefallen, was nun fällig war, aber dem Bürgermeister von Jerichow. Es schien, als beginne nun Cresspahl zu führen.

Die Stadtkasse Jerichow nahm neuerdings Steuern ein. Die neue Stadtbank, ehemals Raiffeisenkasse, hielt nicht mehr nur dem Befehl zuliebe offen von morgens zehn bis abends zehn, die Handwerker lieferten die Einnahmen täglich ab; es hatte sich herumgesprochen, daß das Geld nicht verschwand, sondern in Ausgaben verwandelt werden konnte, mit Formular und Unterschrift wie früher. Eine ärmliche Wirtschaft war es nun, ein hungriges Leben, eine kahle Stadt; aber Cresspahl hatte geholfen, sie in Gang zu bringen.

CRESSPAHL
Ja, Gesine, laß gut sein.
Weißt doch, muß ich bloß wieder saufen.

GESINE
Aber die sind nicht von Pontij ...
Der Unteroffizier faßt Cresspahl beim Arm. Mit einem Kuß verabschiedet sich Cresspahl von Gesine, nickt der erschrockenen Meta ruhig zu und geht, von den Soldaten flankiert, hinaus.
Gesine ist wie versteinert. Meta nimmt sie vor sich in die Arme, tritt mit ihr ans Fenster.

META WULFF *(beruhigend)*
Der macht das schon, Gesine.

GESINE
Aber sie haben ihn verhaftet.

2/56a Jerichow/Rathaus/Markt

Innen/Außen-Nacht.
Mit ihren Blicken: Der Unteroffizier hält Cresspahl die Tür auf, läßt ihn hinten einsteigen. Der Unteroffizier im Wagen reicht ihm eine Decke.

GESINE *(Off ängstlich)*
Und wo fahren die mit ihm hin?
Während seine Begleiter nun auch in den Jeep klettern, schaut Cresspahl noch einmal hoch zum Rathaus und hebt grüßend die Hand.

Am 22. Oktober hatte Cresspahl Besuch von zwei sowjetischen Offizieren, die waren in Jerichow nicht bekannt. Es war abends, schon dunkel, die Bewegungen der Leute um den Jeep vorm Rathaus waren ungewiß. Leslie Danzmann konnte noch erzählen, daß Cresspahl ohne Gegenwehr mitgegangen sei. Nicht einmal die Petroleumlampe sei umgefallen. Dann wurde auch die Sekretärin Cresspahls verhaftet. Pontij erließ durch Fritz Schenk seinen Befehl Nr. 24:

Im Interesse
der Festigung
der städtischen Selbstverwaltung
und der Erhöhung
der Arbeitsleistung
der städtischen Wirtschaft
und der Einführung
einer strafferen Ordnung
der Stadt Jerichow

befreie ich Herrn Heinrich Cresspahl mit dem 21. Oktober 1945 von seinem Amt als Bürgermeister.

5. Juni, 1968 Mittwoch

– Wo warst du, Marie! Wo du warst!
– Es ist jetzt ein Viertel vor sechs p. m., und ich bin zu Hause. Das ist deine Vorschrift.
– Wo warst du den ganzen Tag?
– Und Sie, Mrs. Cresspahl, sind auch heute keine Minute früher in der Wohnung als sonst.
– Hätte ich kommen sollen? Ist das ein Vorwurf?
– Du bist eine Angestellte, du darfst die Arbeit nicht verlassen. Wenn es mal regnen sollte, oder die Ubahn streikt, vielleicht. Doch nicht wegen privater Sachen.
– Marie, wie hast du es erfahren?
– Im Park.
– Das ist nicht dein Schulweg.
– O. K.
– Wir hatten verabredet –
– Die West End Avenue. Als ob die Polizei da Spalier stünde! Da bin ich angequatscht worden noch und noch. Wehren kann ich mich auch

2/56b Jerichow/Rathaus/Markt

Innen/Außen-Nacht.
Mit Cresspahls Blick: Hinterm Fenster seines Amtszimmers winkt Meta. Gesine preßt ihr Gesicht gegen die Scheibe.
Der Jeep fährt los.

4/47 Riv.-Drive/Wohnung Gesine

Innen-Tag.
D. E. öffnet. Gesine ist einen Moment erstaunt.

GESINE
Was machst du denn hier?
Ist Marie nicht da?

D. E.
Ich hab alles schon gehört und bin sofort hergefahren. Sie hat ihn so vergöttert.
Gesine betritt die Wohnung.
Gesine läuft nervös auf dem Flur auf und ab. D. E. hört man im Wohnzimmer telefonieren. In diesem Moment dreht sich der Schlüssel in der Haustür. Marie tritt ein.

MARIE *(wütend)*
Du hast wieder mal recht gehabt, Gesine. Es ist normal in diesem Land, wenn die Guten erschossen werden.

im Riverside Park, am hellichten Morgen. Ich bin kein Kind mehr, Gesine!

– Du verstehst mich nicht.

– Dich versteh ich nicht!

– Als ich zum Broadway kam, war die New York Times ausverkauft.

– Durch den Park bin ich zur Schule gegangen, weil die erste Stunde mittwochs auf dem Sportplatz stattfindet. Der ist im Riverside Park, Ecke 107. Straße und –

– Einverstanden.

– Aus dem Haus bin ich gekommen wie unter einer Tarnkappe. Robinson Adlerauge war auf der Treppe zugange, mit dem Rücken zu mir. Der Fahrstuhl stand offen, Esmeraldas piekfeine Handtasche ganz unbewacht auf dem Schemel, sie war nicht zu sehen. Kein Nachbar, kein Busfahrer auf der Straße. Damit es mich plötzlich überfällt. Auf einer Bank beim Gedächtnisbrunnen für die Feuerwehrleute, ganz allein saß da ein junger Mann. Neunzehn. Kein Student, eher ein Schichtarbeiter in der Freizeit. Baseballsweater, lange Hosen, dicke weiße Wollstrümpfe, kein Tourist. Crew cut. Lag bequem halb über die Bank zurückgelehnt, beide Arme ausgestreckt, hatte keine Sorge in der Welt. Neben ihm das Radio, ein Überseekoffer, ganz aufgeregte Stimmen. Da habe ich es gehört. Kennedy erschossen.

– Angeschossen, Marie. »Shot« ist nicht so endgültig wie im Deutschen.

– Das kommt eben davon, daß ich dein verdammtes Deutsch mit dir reden muß! He was shot. He was not dead.

– Mußt nicht deutsch reden.

– Der junge Mann saß da so müßig, so entspannt, so gemächlich, der ließ mit Genuß mich zuhören, und sah mich nicht. Als wär ihm das gekommen wie verabredet. Als wär ihm das recht.

– Was wußtest du da?

– Senator Kennedy von New York gewann Vorwahl in Kalifornien. Hielt Siegesrede im Ambassador von Los Angeles. Auf dem Wege zur Pressekonferenz, in einem Küchenkorridor wurde er von hinten in den Kopf geschossen. 1 : 17 kalifornischer Sommerzeit. Als es bei uns ein Viertel nach drei war. Viertel vier im Deutschen, ich weiß schon! Lag auf dem Boden, die Frau kniete neben ihm. Die Sache mit dem Rosenkranz. Die letzte Ölung. Bewußtlos im Krankenhaus. Dann von vorn: Robert Francis Kennedy, Senator von New York –

Marie Cresspahl auf der South Ferry

Die Tränen schießen ihr in die Augen. Gesine und D. E. wollen sie in die Arme nehmen, aber sie wehrt ab.

MARIE *(wütend weinend)*

Er wollte alles anders machen. Beinah war er schon Präsident. Und den Krieg in Viet Nam hätt' er auch gestoppt.

Plötzlich klingelt es an der Wohnungstür, und draußen ruft eine freundliche Stimme.

LIEFERANT *(Off)*

Freedom-Television-Service!
Der Fernseher ist da!

D. E. und Gesine schauen sich an.

MARIE *(nüchtern)*

Den hab ich gemietet, und den bezahl ich auch von meinem Taschengeld.

– In der Ubahn war etwas zu ahnen, und doch nicht. Weil es der heißeste Tag im Jahr ist bisher, mochten die alle so dumpf aneinander vorbeisehen, den Mund halten. Das mußte gar kein anderer Trauerfall sein als das Leben manchmal ist für manche in New York. Dann im Bahnhof Grand Central sah ich einen Fernsehapparat in einem Schaufenster, voll aufgezogenes Bild, kein Ton in den Lautsprechern. Auf dem Schirm war immer nur das eine krumme Wort, wie mit dem Finger in Staub geschrieben: Shame.
– »Schande«, im Deutschen?
– Auch daß man sich schämt.
– Ja.
– Gleich in der Bank habe ich die Schule angerufen.
– Gesine, würdest du an einem solchen Tag in die Schule gehen?
– Du kriegst deinen Zettel für Schwester Magdalena.
– Für morgen auch.
– Willst du frei haben den ganzen Rest der Woche?
– Du bist nicht schlecht als Mutter, Gesine.
– Doch, ich war wohl albern. Dachte, ich müßte mit dir sprechen.
– Das mußtest du wirklich. Das hatte ich nötig. Erst war ich wild auf die Bank, weil sie Privatgespräche verbietet, dann auf dich, weil du gehorchst. Jetzt ist mir wohler; du hast es versucht.
– Auch in der Wohnung.
– Da war ich längst auf dem Times Square. Was da für Menschen standen, alle den Kopf im Nacken lasen die umlaufende Leuchtschrift. Wenn einer wegging, mit so finsterer Wut drängte er sich durch die anderen. Einmal bin ich fast von den Beinen gestoßen worden.
– Du, unter dem Times Square habe ich so viel Höflichkeit gesehen, sie muß Löcher in den Fahrplan gerissen haben. Ein junger Schwarzer, schwarze Lederjacke und Afrohaar, wollte einem fetten weißen Buchhalter den Vortritt lassen. – Nach Ihnen, gehen Sie nur! sagte er zu dem verdatterten Weißen, der erwartete doch ein Schimpfwort. – After you, brother: sagte der Schwarze. Brother! In der Subway!
– Davon weiß ich nichts. Im Central Park spielten die Bürger Ferien. Was ich gehört habe: das klare Wetter, Tonjas Krampfadern in so jungem Alter, Sommerschlußverkauf am Herald Square, die Mannschaftspolitik im Baseball von New York. Am Broadway nicht anders. Die Musik lief im Supermarket wie jeden Tag, und meine Kassiererin fluchte über Käufer ohne Kleingeld.

Gesine betritt in New York die Bank, in der sie arbeitet.

D. E. öffnet die Tür. Ein freundlicher, kaugummikauender Puertoricaner im Servicekittel bringt einen tragbaren Fernseher mit Zimmerantenne herein.

4/49 Maries Zimmer

Innen-Tag.
Im Fernseher mit verzerrtem, grießligem SW-Bild läuft die Reportage der Beerdigung Robert Kennedys. Jacqueline Kennedy steht gerade steif und still auf der obersten Treppenstufe der Kathedrale.
Marie hockt im Schneidersitz auf dem Bett. D. E., ganz Gast,

– Wär ich auch wütend gewesen.
– Wütend war ich auf dich, Gesine! Weil du es mir erklärt hast als gewöhnlich für das Land, John F. Kennedy, Martin Luther King, und schon wieder hattest du recht, Robert Francis Kennedy.
– Auch Ferwalters wußten nicht, wo du abgeblieben bist.
– Ich war unterwegs, allein in der Stadt.
– Zeitungen kaufen, eine nach der anderen.
– Nicht so vornehm wie du, ich nehm auch die Bildzeitung, die Daily News.
– Darf ich es dir ersetzen?
– Bezahlt hab ich von meinem Taschengeld. Taschengeld ist für persönliche Bedürfnisse, oder?
– Zu Mittag bin ich nicht in der Bank geblieben, ich ging über die Straße. Noch zweimal am Nachmittag war ich unten, immer gewiß, du stündest vor dem Haus und wartest.
– Das hab ich auch getan!
– Mrs. Lazar sieht so streng bloß aus. Das kann sie mit Kindern nicht. Sie hätte dich zu mir gebracht.
– Es war nicht Verlegenheit! Es war Wut auf dich, weil du auch dies wieder von mir erwarten würdest! Zehn Minuten hab ich euer kostbares Foyer bewundert, und bin weggelaufen, daß du mich ja nicht erwischst in deiner Einbildung.
– Auf mich?
– Einbildung auf dich! Wer kann mich schon trösten, niemand als die Mutter! Und daß ich Trost denn brauchte! Wenn ich das nun allein abmachen wollte? Als ob du mich kenntest, inwendig und auswendig!
– Nicht einmal weiß ich, was du als Abendessen bestimmt hast.
– Nichts! Keins für mich. Für dich ist ein T-Steak da. Und grüne Bohnen.
– Kein Abendbrot für mich.
– Gesine, du hast gearbeitet, du mußt essen. Morgen mußt du in die Bank. Iß. Oder darfst du hierbleiben?
– Morgen muß ich arbeiten.

Am Ende war nicht viel übrig von Bekanntschaft inwendig und auswendig; wo die Mutter sich eine Versöhnung ausdachte, kam es Marie an auf Einvernehmen. Sie zeigte die Mühe, die sie aufwenden mußte für einen erträglichen Ton beim Besprechen der Einkäufe, beim Ab-

hat sich auf einem Stuhl mit einem kleinen Tisch daneben eingerichtet. Seine Pfeifen liegen bereit, er trinkt Rotwein. Beide schauen auf den Fernseher.

D. E. *(besorgt)*
Wie lange die da wohl noch steht? Da verspätet sich doch die ganze Zeremonie.

MARIE *(mißbilligend)*
Die lädt richtig zum Schießen ein.

D. E.
Wollen wir nicht hoffen, bei dem Kostüm, das sie anhat.
Im Fernseher: Die Prozession der Würdenträger. Das Bild verzerrt sich noch mehr.
Marie läuft zum Fernseher, dreht an der Antenne. Das hilft nur wenig.

D. E.
Wir können die Farben ja raten.

MARIE *(zeigt auf dem Schirm)*
Die sind braun, weil das alles Mönche sind.

D. E.
Ich tippe eher auf oliv, wie sich das für Militärgeistliche gehört.
Marie sitzt wieder auf dem Bett.

MARIE
Na gut, ein Punkt für dich.
Aber die Kardinäle sind rot!
Im Fernseher hält der überlebende Kennedy-Bruder seine Gedenkrede.
Marie wendet sich D. E. zu.

MARIE *(stolz)*
Das Motto von Kennedy kann ich auswendig: »Manche fragen sich, warum ist das so, wie es ist? Ich aber frage, warum kann es nicht so sein, wie wir es erträumen?«

D. E. *(trocken)*
Das kenn ich auch.
Das ist von George Bernard Shaw.

waschen; gern wäre sie abgegangen hinter die verhängten Scheiben ihres eigenen Zimmers. Nur, sie benötigte die Mutter noch ein Mal. Sie horchte auf das Klicken der Fahrstuhlketten, und beim ersten Klingelzeichen stand sie an der Tür. Und was trugen zwei Möbelpakker am späten Abend in die Cresspahlsche Wohnung, die seit sieben Jahren gefeit war gegen die amerikanische Television, was verschlugen nun die pädagogischen, die wirtschaftlichen und die mütterlichen Erwägungen? Ein Fernsehgerät rollten die schwermuskligen Herren über die Schwelle, da wurde eine Mutter gebraucht zum Unterschreiben des Leihvertrags. Den Apparat beorderte Marie in ihr Zimmer, die $ 19.50 bezahlte sie selbst. Taschengeld ist für Bedürfnisse persönlicher Art.

Gewiß geniert sie sich für den Bruch noch einer Vereinbarung; geflissentlich schaltet sie das Volumen des Apparats hinunter, wenn in die Nachrichtensendung Werbung einbricht. Daß ihre Liebschaft mit einem Politiker von außen sich anläßt wie eine von den meinen, sie wird es mir lange nicht glauben.

8. Juli, 1968 Montag

Im Mai 1948 lag Cresspahl, am ganzen Leibe nackt, in einem Wassertrog, der in Johnny Schlegels Blumengarten aufgestellt war. Johnny saß neben dem Trog auf der Bank so müßig, als sei schon Feierabend. Es war früher Morgen. Die Katzen waren vernünftig genug, den Ort dieses Schauspiels zu meiden, die dummen Hühner hielten den Kopf unterwärts verdreht und verwunderten sich, wie oft sie danebenhackten. Die Hühner waren meist die einzigen, die ein Gespräch unterhielten. Alle Stunde mal klopfte Johnny hinter sich auf die Bank des offenen Fensters, dann kam Inge Paap geb. Schlegel mit einem Eimer heißen Wassers und stellte ihn an der Hausecke ab, hielt den Rücken zu beiden, blickte sich kein Mal um. Johnny mit seinem einen Arm konnte einen schweren Eimer nicht nur herantragen, er konnte ihn auch so regieren, daß das Wasser in sanftem Schwung über Cresspahl auslief und ihn am Kopf nur mit Spritzern traf.

Da Johnny nicht weniger aufgeregt war als sein Gast, hatte er seine liebe Not mit dem Schweigen. Es ging ihm weniger um die Zeit, er hatte die Arbeit auf dem Hof verteilt und war da ganz entbehrlich. Er wurde wohl alt, daß ihm so der Mund juckte. Dieser Cresspahl wußte

MARIE *(ungläubig)*

Nicht von Robert Kennedy?

D. E. *(schüttelt den Kopf, harmlos)*

Die feinen Leute nehmen auch beim Klauen vom Feinsten.

Marie guckt böse den Fernseher an.

D. E. nimmt einen Schluck Rotwein.

D. E.

Weißt du eigentlich, daß Robert Kennedy als Justizminister Martin Luther Kings Telefon abgehört hat?

Gesine im Bürokostüm tritt ins Zimmer.

GESINE

Habt ihr wieder den ganzen Tag Fernsehen geguckt?

Marie springt auf und begrüßt sie.

MARIE *(empört)*

Weißt du, was wir eben gesehen haben? Kennedys Hund Freckles ist mit einer eigenen Staatskarosse zur Beerdigung gefahren worden!

Marie geht zu D. E. zurück.

MARIE

Ich glaube, wir müssen den Fernseher wieder wegbringen.

Marie zieht den Stecker raus.

Gesine und D. E. wechseln erleichterte Blicke.

3/18 Garten hinter Wulffs Kneipe

Außen-Tag.

Im bescheidenen, sonnigen Garten auf der Rückseite der Kneipe mit leeren Bier- und Limo-Kästen und Fässern steht ein Trog mit dampfendem Wasser zwischen Blumen und Gemüse. Drinnen liegt müde ein Mann, nur der magere, bärtige und kahlgeschorene Kopf ist zu sehen, die Augen sind geschlossen: Heinrich Cresspahl ist kaum wiederzuerkennen. Vor ihm überm Trog ein Brett mit einem halbleeren Bierglas.

Daneben auf einer umgedrehten hölzernen Bierkiste sitzt Wirt doch vorläufig bloß, daß seine Tochter mit den Absens noch in Jerichow war, auch im eigenen Haus. Konnte der nicht mal was fragen, nach all den Jahren Abwesenheit bei den Sowjets? Johnny warf die Würde von sich und sagte, als rechne er etwas aus: Das sei ja nun wohl eine lange Reise für Cresspahl gewesen.

Dem ging das wohl zu dicht an Gefühlsseligkeit, der antwortete nach einer Weile zurechtweisend: Ja, von Jerichow tau'm Damshäger Krog. Das war eine Geschichte aus dem Winkel, aus der alten Zeit, als die Leute bloß reisten, wenn am Strand ein Schiff gescheitert war. Da sollten Schuster Fritz Mahler und Schmied Fritz Reink zu den Soldaten, zogen aber Freilose in Grems und ärgerten dort die Leute. Dann finden sie, sie hätten sich dumm benommen und sollten sich in der Welt bilden. Fritz reist nach rechts bis Damshagen, eine Meile von Jerichow, Fritze Mahler hält sich links, bis auch er nach Damshagen kommt. Im Krug treffen sie aufeinander mit dem Ausruf »Fritz, Fritz, treffen wir uns hier wieder in der weiten weiten Welt!« Tatsächlich war Schlegels Hof auch dicht bei Damshagen, Johnny gab das zu.

Cresspahl wollte ihn nicht geradezu vor den Kopf stoßen. Da die beiden Weltreisenden Klützer gewesen waren, gab er zu, daß er auf dem Fußmarsch von Wismar her gegen Mitternacht am Nordende der Wohlenberger Wiek gewesen sei und dort mit dem Westwind die Glocken von Klütz gehört habe. Wie das zugehe, die Klützer hätten ihre Glocken behalten?

– De seggn ümmer noch, wat se seggn: bestätigte Johnny, nun doch ungemütlich, seufzte auch wohl. Cresspahl nahm das stracks persönlich. Denn die Glocken von Klütz sagen:

Schår is, wåhr is,
dat de Lierjung dot is,
de in'n Fiekendiek liggt.
Hei hett nich lågen,
hei hett nich ståhlen, nich bedrågen!
Uns Herrgott næm em an in
Gnå-den, Gnå-den, Gnå-den!

und es mochte an dem sein, daß Cresspahl für die letzten zweieinhalb Jahre den Lehrjungen abgegeben hatte, unter falscher Anklage, nunmehr unten in einem Teich befindlich und ohne Aussicht auf Wiederherstellung durch einen Herrn Gott; aber Mitleid wollte er sich in der bescheidensten Äußerung verbeten haben. Deswegen sagte Cresspahl, ein wenig bösartig, bei Johnny auf dem Hof stinke es.

Peter Wulff. Ein paar Meter weiter liegt ein Haufen mit Cresspahls zerlumpten Klamotten – ein schwarzer Gummimantel, Filzstiefel, eine Buchse und löcherige Unterwäsche. Eine Katze schnuppert daran und verzieht sich.

WULFF

Willst en Zigarr'?

Cresspahl schüttelt den Kopf.

WULFF

Willst'n Schnaps?

CRESSPAHL

Nee ...

WULFF

Willst du aus'm Wasser?

CRESSPAHL

Ich bleib im Wasser bis morgen früh.

WULFF

Willst du wirklich kein Zigarr'?

Cresspahl schüttelt den Kopf.

CRESSPAHL

Laß mich in Ruh.

An der Hintertür zwischen Brüshaver und Meta steht Gesine, unsicher und verlegen will sie das Fallschirmseide-Tanzkleid mit den Händen wegstreichen.

Wulff steht auf und nimmt Cresspahls Klamotten mit einer Forke auf.

WULFF

Ich verbrenn das mal besser.

Er beginnt ein Feuer anzumachen. Gesine geht langsam von hinten auf den Vater zu, geht um die Wanne herum und steht plötzlich vor ihm. Sie bringt kein Wort heraus.

CRESSPAHL *(leise heiser)*

So ist das, der Mensch wird älter als 'ne Kuh.

Er hält ihr die Hand hin, und sie nimmt sie langsam.

CRESSPAHL

Gesine, du siehst so feierlich aus.

Johnny holte unverzüglich tief Luft und brüllte. Denn seit einer Stunde schon war der Knabe Axel Ohr hinter der Scheune damit beschäftigt, mit Hilfe von altem Stroh eine Männerunterhose, eine Art Leibchen, sowie Filzstiefel und einen schwarzen Gummimantel zu verbrennen. Er hatte inzwischen nur Qualm zustandegebracht, statt ein Feuer, und Johnny stauchte ihn fürchterlich zusammen, mühelos über achtzig Meter hinweg. Nun mußte Axel Ohr den Brand auf der Forke um die Ecke tragen, wo der Wind den Rauch wegriß. Axel kam über den Hof geschlichen, trat schüchtern an die Hausecke und bat um die Vergünstigung, das Zeug doch lieber vergraben zu dürfen. Der nackte wie der bekleidete Mann betrachteten ihn verblüfft, fast verächtlich, so daß er sich umwandte mit hoffnunglos hängenden Schultern, beschämt, daß er an einem Befehl von Johnny habe deuteln wollen. War ja ein wüster Diktator, war Johnny. Axel Ohr durfte auch den ganzen Tag keine schwere Arbeit mehr anfassen. Nun kam Inge mit einem neuen Eimer.

Johnny war das Seufzen mehr wegen der Zeitumstände entfahren; er fühlte sich ein wenig ungerecht gestraft. So sagte er bloß: Er habe keinen Krug auf dem Hof, aber auf einen Schnaps solle es ihm nicht ankommen. Damit hatte er Cresspahl klein, der zog wahrhaftig den Nacken ein in der Erinnerung an den Schluck, den er vorhin wegen der ordentlichen Begrüßung hatte trinken müssen. – Orre vleich ne ziehgar? faßte Johnny großzügig nach, ganz der Hausherr, der einen schlechten Gestank gutmacht mit einem guten Gestank. Cresspahl bewegte unschlüssig den Kopf, so daß Johnny sein edel gerolltes Kraut auf die äußerste Latte der Bank legte und mal wegging, in der Küche für Ordnung sorgen und Axel Ohr das Anmachholz bringen, auf das der Knabe ja von allein schwerlich verfallen würde. Als er zurückkam, lag die Zigarre ungefähr auf der selben Stelle, kaum naß, aber Cresspahl war noch bleicher im Gesicht als vorher, wenn das zu denken war. Was hatte der Mann bloß mit dem Magen, daß er nicht essen konnte!

Dann kippten sie die Brühe aus und trugen den Bottich der Sonne hinterher, die inzwischen von den Fenstern der Döns weggegangen war. Die Hühner regten sich ungeheuerlich auf. Jetzt standen an der Ecke drei Eimer frischen Wassers.

GESINE *(schaut an sich herunter)*
Das ist deine geklaute Fallschirmseide vom Flugplatz. Hat Mutter Abs genäht.
Plötzlich weht der stinkige schwarze Qualm um die beiden herum.
Cresspahl dreht sich zu Wulff um und schimpft.

CRESSPAHL
Wulff, kannst du dich nicht vorher nach der Windrichtung erkundigen?
(zu Gesine) Ich hab dir was mitgebracht.
(wieder zu Wulff) Nun laß mal das Feuer, Wulff, hol doch mal mein Geschenk!
Da aber ist Meta Wulff schon da mit einem kunstfertig geschreinerten, hölzernen Aktenkoffer.

CRESSPAHL
Damit hab ich in den letzten fünf Jahren die halbe Rote Armee versorgt.
Gesine geht in die Hocke, öffnet den Koffer und riecht hinein.

6. August, 1968 Tuesday

Wollen wir durch diesen Tag kommen in einem Zug, wir werden Nummern brauchen müssen.

I.

Wenn einer in New York, und bei ihm ist eingebrochen, so kann er sich blau und gelb warten, bis Ersatz kommt von der Versicherung. Hat jemand jedoch seine Prämien gezahlt unter einem Plan, der von de Rosny ausgedacht ist, so darf man am Dienstag ein Verzeichnis der verlorenen Gegenstände einrichten, beglaubigt durch das Revier 23, und kriegt ausgerechnet eine Woche danach mit der Hauspost einen Bankscheck, gutes Geld, zahlbar von Manhattan bis Leningrad.

So wie de Rosnys Bank an den Versicherungsträgern auch derer verdienen will, die er »meine Mitarbeiter« nennt, so soll ein hauseigenes Reisebüro Gewinn ziehen aus den Kosten, die sie auf Ferienreisen wenden können. Wer dies Zimmer im achtzehnten Stock betritt ohne das Fünfstrichsymbol des Geldinstituts über dem Herzen, ohne Namensschild, in einem weißen Leinenkostüm wie eine Passantin vom Bürgersteig her, wird erst einmal darauf hingewiesen, daß dies kein öffentlicher Betrieb sei.

– Das ist mir bekannt: erwidert Mrs. Cresspahl, zufrieden. Hier ist sie einmal unbekannt als »unsere« Deutsche, »unsere« Dänin. Das Mädchen hinter der Theke, einen Bienenkorb von blonden Haaren auf dem Kopf, sie hält die Lippen stramm, der ist etwas schief gegangen an diesem Morgen. Der würden wir gerne die Karikatur zeigen, die im neuesten New Yorker abgebildet ist, die wir aufgehoben haben für D. E.s Ergötzung: Unter einem Schild »Service with a Smile«, hier werden Sie mit 1 Lächeln bedient, steht ein Fleischer in der Schürze, überreicht einer Kundin die Tüte mit ihren Einkäufen, blickt ein bißchen begriffsstutzig, fragend, ernst. Die Dame vor ihm reißt die Nase hoch vor Ärger, die hat Falten um den Mund vor Indignation. Darunter steht was sie wissen will: »Well?« Na? Wie wär's mit einem Lächeln?

Ganz anders als sonst bei Verkaufsvorgängen wird hier gefragt, knapp, schnippisch: Hausausweis? Nummer der Sozialversicherung? Abteilung? Telefon des Abteilungsleiters?

Angestellte gegen Angestellte. Die bringen wir mal auf Zack, uns fällt die Grimasse der vorgetäuschten Freundlichkeit auch schwer an so

4/52 Riv.-Drive/Wohnung

Innen-Tag.
Wohn-Eßzimmer: Einer der älteren Koffer ist schon fertig gepackt. Der andere Koffer liegt offen, in ihm der Aluminiumkoffer. Gesine packt vorsichtig Blusen hinein.
Während dieser Übergabe klingelt das Telefon. Gesine nimmt den Hörer ab, sie nickt, sagt einmal »Ja« und dann »Danke, das ist sehr freundlich von Ihnen!«. Sie legt auf und blickt aus dem Fenster.
Marie kommt hereingerannt.

MARIE *(aufgeregt)*
Wer war das denn? War das D. E. aus Finnland?
Gesine dreht sich um.

GESINE
Nein, nur sein Anwalt. Ich soll wegen einer Unterschrift dringend vorbeikommen.

MARIE *(freudig)*
Das ist bestimmt wegen der neuen Wohnung, die D. E. uns zur Hochzeit schenkt!

4/53 Rechtsanwaltsbüro

Innen-Tag.
Rechtsanwalt Josephberg hinter seinem Schreibtisch, Gesine in einem Bürofauteuil ihm gegenüber.

GESINE
Ist es denn so dringend, Herr Josephberg?

JOSEPHBERG
Nun ja ... es geht um die neue Wohnung, die Herr Erichson für Sie angekauft hat...
(erhebt sich) ... aber das ist nicht der einzige Grund, weshalb ich Ihren Besuch wünschte ...

manchem Morgen, von Leuten wie diesen aber haben wir sie auf ausdrückliches Verlangen gelernt. Der werden wir mal zeigen, wo es lang geht, nämlich einen Weg zum Telefon des angeblich verehrten Herrn de Rosny, ohne ihr seinen Namen zu verraten. Hier, einmalig in der Welt, bitte treten Sie vor, Eintritt frei: ist zu beobachten, wie die Miene einer Angestellten über Betretenheit, Furcht, Gesten der Demut und Unterwerfung sich verwandelt ins Herzliche. – I am ever so sorry, madam! My apologies –!
Dann haben wir uns beide ein wenig geschämt und ganz ordentlich beraten, wie man das streicht, einen Flug nach Frankfurt am Main am 19. August abends für zwei Personen, auch ein gemietetes Cabriolett, mit dem wir losfahren wollten zum Grenzübergang Waidhaus im Oberpfälzer Wald, guten Tag ihr Tschechen und Soldaten! Das Datum, die Zeit, kann so bleiben. Nur möchten wir nunmehr auf die Reise gehen mit der Scandinavian, es darf auch die PanAmerican sein, wenn sie nur morgens in København ankommt. Unsere Freundin Anita will das so, die werden Sie kaum kennen. In der Nähe des Platzes Kastrup wird es doch ein Hotel geben, am Strand, das nimmt Leute schon frühmorgens auf, so bis zum frühen Nachmittag. Zum Ausschlafen, fragen Sie. Das haben wir uns tatsächlich so gedacht; wir verstehen uns jetzt, oder? Wenn der Speisesaal des Hotels in der Regel überlaufen ist, wünschten wir eine Reservierung für einen Tisch mit vier Gedecken. Obwohl wir nur zwei sind? wir danken für Ihre Aufmerksamkeit. Das ist so: wir bleiben gern unter uns beim Essen. Für sechzehn Uhr, so in der Drehe, eine Reservierung für einen Flug nach Ruzyně. Das sollte man schlechterdings auch in einem amerikanischen Reisebüro wissen, Flughäfen in einem kommunistischen Lande! bei Prague. Prag. Praha. Da wäre eine Zwischenlandung in Schönefeld bei Berlin? Wir haben keine sonderliche Furcht vor einem Transit in Ostberlin. Und was soll aus dem Leihwagen werden, haben wir den vergessen? Es verhält sich anders, wir halten es für unmachbar. Unmöglich, aber dankbar: as the actress said to the bishop. Wie, Sie wollen ein Fernschreiben senden in ein kommunistisches Land, damit da am 20. um 20 Uhr ein Auto reserviert steht von jenen Leuten, who try harder? Die sich mehr Mühe geben, genau wie Sie? Wissen Sie was? Ihnen schreiben wir ne Ansichtenpostkarte. Visum? haben wir. Internationaler Führerschein? vorhanden. Die Rechnung geht an die Bank? das tut sie. Leinen zu heiß für 75 Grad Fahrenheit?

Dietrich Erichson (Axel Milberg) tanzt an Marie Cresspahls Geburtstag vor seiner Abreise nach Finnland auf einem New Yorker Hochhaus (links Maries Schulfreundin Rebecca Ferwalter und deren Mutter).

GESINE *(munter)*

Bringen wir es hinter uns.
Hat mich jemand verklagt?
Der Anwalt wiegt seinen Kopf, sucht nach Worten.

JOSEPHBERG

Es ist eine schlimmere Nachricht ...

GESINE *(ernst)*

Bitte ...

JOSEPHBERG

Laut persönlichem Zusatz zur letztwilligen Verfügung von Herrn Dr. Dietrich Erichson ist Ihnen als erster Person Mitteilung zu machen für den Fall, daß er sterben sollte.
Gesine erstarrt in ihrem Sessel.

Sie würden sich wundern, wie das kühlt. Versuchen Sie's mal bei Bloomingdale. *Wir* haben zu danken!

V.

Die Nummer war »gut«, erfreulich, untergebracht an der Park Avenue in den dreißiger Straßen, in einer Anwaltspraxis. Wir kennen Mr. Josephberg von den Gesellschaften, die die Gräfin Albert Seydlitz gibt; ein Mensch, mit dem man weggehen kann in eine Ecke und Deutsch sprechen, über den Herrn Tucholsky, den er in Berlin beraten hat, über Tilla Durieux, die leider immer andere Leute heiratete als Herrn Josephberg. Den Mimen, die Nachwelt flechtet ihnen Kränze. Dann hörte D. E. den Namen und machte uns noch anders bekannt: dieser Mensch, von Adel durch Emigration in der ersten Stunde, Februar 1933, er ist D. E.s Rechtsanwalt. Seitdem ist er der unsere auch. Wo D. E. traut, dem trauen wir.

– Ist es fertig: fragt Mrs. Cresspahl in einer Telefonzelle des Postamtes Grand Central, is it ready now, und soll sie etwa gleich kommen? – Mr. Josephberg requests your presence urgently: bestätigt seine Sekretärin förmlich, als seien ihr meine Auftritte mit Marie in ihrem Vorzimmer entfallen. Oder sollte es Ironie sein? weil man doch zugegen sein muß beim Unterschreiben? Das ist ein Klacks mit der Bahn unter der Lexington Avenue. Auch die Sache ist gut. Seit Anita mir erzählt hat von einer amerikanischen Schule im Süden Westberlins, haben wir einen Zusatz gebaut zu dem Testament Cresspahl.

Wer eine Reise unternimmt, er soll einen Letzten Willen hinterlassen. Hiermit übertrage ich das Eigentum an meinem gesamten Besitz meiner Tochter Marie Cresspahl, geboren am 21. Juli 1957 in Düsseldorf als Tochter des Eisenbahninspektors Jakob Wilhelm Joachim Abs. Die Nummer meiner Sterbeversicherungspolice lautet. Marie ist gebeten, von den mecklenburgischen Büchern jene mit einem Druckvermerk vor 1952 aufzuheben bis zu ihrem fünfundzwanzigsten Geburtstag. Das Erziehungsrecht übertrage ich auf Mrs. Efraim Blumenroth.

Das war ganz richtig, und falsch. Frau Blumenroth wohnt am Riverside Drive, Marie hätte die Schule behalten dürfen, die Heimat; Kinder überleben bei dem Ehepaar Blumenroth, auch wenn sie einer Mutter jüdischer Herkunft ermangeln. Wie konnte ich ahnen, daß Anita bereit ist, für Marie zu verzichten auf Reisen! Nun haben wir es

Gesine Cresspahl, Dietrich Erichson und Marie beschließen:
Zuerst fliegen die Cresspahls nach Prag, dann heiraten sie D. E.

GESINE

Er ist tot?

JOSEPHBERG

Verstorben beim Absturz einer Cessna in der Nähe des Platzes Vantaa in Finnland, vorgestern, 8 Uhr morgens Ortszeit.

GESINE *(ungläubig)*

Solche Maschinen ist er dauernd geflogen. Dafür hatte er einen Flugschein.

JOSEPHBERG

Die finnische und die amerikanische Polizei haben seine Identität festgestellt.

GESINE

Warum erfahre ich das erst heute?

so gedreht: Zur Erziehung berechtigt ist eine Dame in Berlin-Friedenau, seit zwanzig Jahren gewogen und für gut befunden. Der Vormund des Kindes jedoch ist D. E., der muß viermal im Jahr hinfahren und nachsehen, ob es dem Kinde bekömmlich ergeht. Das wollte ich unterschreiben gehen und freute mich, daß es fertig war.

VI.
– Geht es Ihnen gut, Frau Cresspahl?
– Vielen Dank, Herr Josephberg.
– Herz, Kreislauf?
– Daß Sie sich nun auch noch aufs Medizinische werfen, Herr Doktor. Ja. Arbeitsmüde, vielleicht.
– Ich bitte Sie zu verzeihen, daß ich heute zu Ihnen in einem anderen Tone zu sprechen habe als dem, der mir in unseren Tischgesprächen lieb geworden ist.
– Bringen wir es hinter uns, Herr Doktor. Werde ich von jemandem verklagt?
– Es ist eine schlimmere Nachricht, Frau Cresspahl. Verzeihen Sie einem alten Manne, wenn er über Ihr Leben ausspricht, was er meint gesehen zu haben.
– Ich bitte.
– Es ist die schlimmste Nachricht seit dem Ableben Ihres Herrn Vaters.
– Ich bitte!
– Laut letztwilliger Verfügung von Herrn Dr. Dietrich Erichson ist Ihnen als erster Person Mitteilung zu machen für den Fall, daß er sterben sollte.
– Er ist tot.
– Verstorben bei einem Absturz in der Nähe des Platzes Vantaa in Finnland. Samstag. Acht Uhr morgens.
– Was war das für eine Maschine.
– Eine Cessna.
– Für die hat er einen Flugschein!
– Die finnische wie die amerikanische Polizei haben seine Identität zweifelsfrei festgestellt.
– Bei so etwas verbrennt man.
– Ja. Nach einem medizinischen Gutachten kann Herr Erichson noch fünf Minuten nach dem Aufprall gelebt haben. Ohne sich seiner Lage bewußt zu sein.

Am Ende gesellen sich alle Toten zu den Lebenden.

JOSEPHBERG

Die amerikanische Regierung, bei der Herr Erichson angestellt war, hat eine Untersuchungskommission vor Ort geschickt und die Nachricht erst heute freigegeben.

Sich auf die Armlehnen stützend, kommt Gesine langsam aus dem Sessel hoch, steht wie ein Halm im Wind.

Anwalt Josephberg ist bei ihr, will den Arm um sie legen. Sie entzieht sich.

GESINE *(wie in Trance)*

Warum keine Kugel in die Brust? Eine Injektion? Ein Stich mit dem Messer?

JOSEPHBERG

Man geht von einem Unfall aus. Die Maschine ist nach dem Aufprall ausgebrannt.

– Mit vollem Bewußtsein zerbrochen und brennend!
– Ja. Verzeihen Sie, Frau Cresspahl.
– So etwas hätte in der New York Times gestanden.
– Die Regierung, bei der der Tote angestellt war, drückte ein Verlangen aus, die Nachricht zu unterdrücken.
– Wie identifiziert man einen verbrannten Menschen.
– An den Zähnen.
– Warum denn keine Kugel in die Brust? Eine Injektion? Ein Stich mit dem Messer!
– Offenbar war dem Verstorbenen aufgegeben, seinen dentalen Zustand greifbar zu hinterlegen.
– Warum erfahre ich das erst heute.
– Weil die amerikanische Untersuchungskommission von Washington nach Helsinki fliegen mußte.
– Zehn Stunden!
– Weil es den Herren beliebt hat, den Todesfall erst heute frei zu geben.
– Ein Foto!
– Es gibt keine Aufnahmen vom Ort des Unglücks.
– Es gibt offizielle Aufnahmen, gemacht von einer Kommission.
– Wenn Sie mich formell beauftragen, werde ich das zuständige Amt . . .
– Ich glaube es jetzt.
– Sie sind die Erbin von Herrn Erichson, Frau Cresspahl. Seine Mutter hat ein Wohnrecht bis zu ihrem Ableben. Außer Grundbesitz und Barvermögen sind einige Copyrights –
– Nein.
– Wenn Sie es wünschen, werde ich die Verständigung von Frau Erichson übernehmen.
– Nein.
– Ich drücke Ihnen mein Beileid aus, Frau Cresspahl. Seien Sie versichert, daß ich in den kommenden Wochen an Ihrer Seite –
– Könnten Sie Frau Gottlieb bitten, mich an mein Büro zu begleiten? Ohne ihr zu sagen, was . . . Sie mir mitgeteilt haben?

GESINE *(ein Schimmer Hoffnung)*
Er war es gar nicht ...
JOSEPHBERG *(kurze Pause)*
Herr Erichson ist an Hand seines hinterlegten dentalen Zustands identifiziert worden.
Gesine nickt ergeben.
JOSEPHBERG *(hilflos)*
Darf ich Ihnen mein Beileid ausdrücken, Frau Cresspahl, wenn Sie irgendwelche Hilfe brauchen ...
GESINE *(schüttelt den Kopf)*
Danke, Herr Josephberg. Wenn Sie Ihre Sekretärin bitten könnten, mich nach Hause zu begleiten, aber sagen Sie ihr nicht ...
Josephberg legt den Arm um Gesine. Sie läßt den Kopf gegen seine Schulter sinken. Der Schmerz schüttelt sie.

20. August, 1968 Last and Final

In einem Badehotel an der dänischen Küste, Schweden gegenüber. In einem Speisezimmer für Familienbegebnisse; Rohrmöbel, Damasttischtuch. Im Garten, hinter dem Gebüsch zur Promenade. Am Strand. Von zwölf bis sechzehn Uhr.

Ein elfjähriges Kind, das vor Müdigkeit leise spricht, matt. Eine Dame um die Fünfunddreißig, die hinter Marie die Treppe hinuntersteigt, vorfreudig, weil zum Empfang gerufen. Anita hat sich für Prag versprochen; Anita ist imstande, schon in Klampenborg uns zu empfangen.

Portier, Chauffeur, Kellnerin; Hotelpersonal.

– Wir danken für das pünktliche Wecken. De har vist mig en stor teneste.

– Ingen årsag! Ein Herr wünscht Sie zu sehen, sobald Sie es einrichten wollen.

Der Herr steht auf der Terrasse, geschrumpft, eigenwillig aufrecht, schwarzweiß gekleidet, unter schlohweißen Haaren, mit erhobenen Armen kostet er den Empfang aus, ein Rabe, der seine Bewegung verbergen will.

– Nein! Nein! So tun alte Leute aus Mecklenburg.

– Herr Kliefoth. Marie, begrüße meinen Lehrer für Englisch und Anstand.

– I am very pleased to meet you, Dr. Kliefoth. My mother told me some of your stories.

– Es erschiene mir geschickt, wenn wir außerhalb des Deutschen blieben. Dies Land ist einmal deutsch besetzt gewesen.

– D'accord, mine leewe Fru Cresspahl. Wo ich ohnehin illegal bin. Ihre Freundin Anita, die setzt einen Menschen von zweiundachtzig Jahren auf den Zug nach Lübeck; nach Lübeck schickt sie ihm einen Ausweis, damit er nach Kopenhagen reist, und die Polizei von Jerichow weiß nüms nich. Aber der Name im Paß ist Kliefoth, es ist mein Bild; den könnt ich behalten so wie er ist.

Von vorn gesehen ist Kliefoths Kopf schmal, im Profil erscheint vergessene Tiefe. Am Tisch stützt er den Kopf an der Schläfe in die Hand; die Brille rutscht mit dem oberen Rand über die Brauen. Jetzt sitzen die dunklen Pupillen genau in der Mitte.

– Daß Sie sich die Mühe machen, Fru Cresspahl. Umsteigen in Kopenhagen, einem unnützen Menschen zuliebe.

4/58 Amager – Strand vor Kopenhagen

Außen-Tag.
Nur wenige Menschen sind am Strand. Immer wieder sind vom nahen Flughafen her Flugzeuge im Sink- und Steigflug zu hören.
Marie spielt am Wasser, läßt Kieselsteine fletschen, gräbt nach Muscheln, rennt wie eine Katze vor den heranrollenden Wellen weg, tobt herum, wie man als Kind nach sieben Stunden Atlantikflug nur toben kann.
Gesine und Anita sitzen weiter oben auf einer kleinen Düne. Hinter ihnen auf dem asphaltierten Weg wartet ein Taxi neben einer Pölserbude mit dänischer Flagge. An der Bude trinken ein Mann in einer dunklen Uniform, die an Jakobs Uniform erinnert, und ein älterer Mann im sägemehlbestäubten Schreinerblaumann Tuborg aus Flaschen.

ANITA
Ich konnte nicht anders. Ich hatte solche Angst um euch.
Gesine nimmt die Sonnenbrille ab, man sieht ihre geröteten Augen.

GESINE *(zeigt auf Marie)*
Ich hab Marie angelogen.

ANITA *(erstaunt)*
Seit wann machst du denn so was?

GESINE *(faßt sich ein Herz)*
D. E. ist in Finnland mit seinem Flugzeug abgestürzt und verbrannt.

ANITA
Gesine ...

GESINE
Vor drei Tagen.

ANITA
Und du hast es ihr noch nicht gesagt?
Gesine schüttelt den Kopf. Anita beugt sich zu ihr, legt ihre Stirn an Gesines.

– Wir verdanken es Anita. Der mißfiel es, daß wir in Frankfurt umstiegen. Anita sind wir gehorsam.
– Sie hat mich hier eingemietet für zehn Tage, wenn es mir recht ist.
– N goden Minschen is se; dat seggt wi sülbn.
– Ach wo. Manch ein Mal, da fehlen wohl bloß Zwiebeln. Was früher Südfrüchte hieß, desgleichen. Nur, wenn man in einer Zeitschrift aus dem Jahre 1928 trifft auf die Anzeige einer Fischräucherei, da ist von Tausenden Tonnen geräucherten Aals die Rede; wunnert ein' sick. Givt kein rökerten Aal in Jerichow orre Gneez. Nein, zur Gesellschaft freue ich mich auf das Essen; wir können uns jo wat vetelln bi her.
– Hvad ønsker herskabet?
– Saure Heringe. Makrelen in Tomatensauce. Geräucherten Aal mit Rührei; lachen Sie man! Und welchen Wein ... hvilken vin vil De anbefale os til det?
– Für uns ist es jetzt halb sieben am Morgen, Herr Kliefoth. In unserer Schule wird man bewertet mit Plätzen. In meiner Klasse bin ich auf Platz 4. Wie war meine Mutter als Schulkind?
– Es ist mehr daher, daß ich von den Überlebenden der Älteste bin. Müßt auf den Friedhof gehen, wollt ich mit jemandem reden.
In der Erschöpfung hält er die Augen geschlossen. Unter die Brillenbügel greifend massiert er mit Daumen und Zeigefinger einer Hand die Schläfen. Die Augenhaut ist grau, vielfach gefältelt, ohne Regung. Sitzt da wie ein Toter; bis er sich weckt mit den kletternden Fingern.
– Was ist gesprochen worden an meines Vaters Grab, Herr Kliefoth?
– Unfug. Hab ich mich quer gelegt. Hev ick ein P voerschræwn. Und wenn Ihnen nun der Wein mißfallen hätte?
– Wär er zurückgegangen. Das hab ich gelernt von einem Menschen, der ...
– Wie kommen Sie bloß darauf! Jakob ist bei mir zu Besuch gewesen fünfmal im Jahr, seit Sie weggereist sind aus seiner Aufsicht. Kam Ihre Briefe zu lesen, wollte wissen wie das so zugeht an Dolmetscherschulen. Ihr Vater war ein verläßlicher, ein fürsorglicher Mann, mein verehrtes junges Fräulein Cresspahl.
– Herr Kliefoth, ich bin bloß elf Jahre alt. Bitte, sagen Sie du zu mir.
– Deine Mutter, Marie, sie war im Mai 1953 etwa einen Meter fünfundsechzig groß und trug ihr schwarzgraues Haar mit Messern ge-

Unbemerkt gehen die beiden Männer von der Pölserbude, jetzt eindeutig Jakob und Cresspahl, im Gespräch mit Mutter Abs vorbei. Cresspahl hebt kleine Steine auf und steckt sie in die Tasche seines sägemehlbestäubten Blaumanns.

GESINE

Immer hab ich gedacht, wenn ich mich auf einen Menschen einlasse, dann wird sein Tod mich schmerzen. Und ich wollte diesen Schmerz nicht noch mal wie bei Jakob. Ich wollt' es nicht, ich wollt' es nicht. Dabei könnt' ich so froh sein, daß ich Marie hab.

Die Eltern Papenbrock, Tochter Lisbeth in hochgeschlossener Bluse zwischen sich, spazieren am Strand entlang. Louise zeigt aufgeregt auf Marie. Lisbeth schaut sich verschämt nach Cresspahl um – wie in Rande (s. S. 59).

Marie, Muscheln in der Hand, kommt zu Gesine und Anita gerannt, die versuchen, sich nichts anmerken zu lassen.

MARIE

Was erzählt ihr beiden denn da?

ANITA

Deine Mutter erzählt mir von dir, wie du warst, bevor du vier wurdest.

MARIE

Und wie war ich?

GESINE *(ohne Begeisterung)*

Du warst so kräftig, wenn ich dir einen Finger in die Hand steckte, machtest du eine Faust, und ich konnte dich einen Meter hochheben.

MARIE

Hast du auch immer gesagt: Wo bissu denn, wo bissu denn, min Häuneken?

GESINE

Ja.

Geh wieder spielen, Marie. Laß uns ein bißchen allein.

MARIE

Was ist denn los, Gesine? So schlimm wird das doch mit den

schnitten. Ausladende Schultern, schmale Hüften. Wenn sie in Jerichow war, nahm sie mit Vorliebe Hosen, lief ihren barften Beinen Bräune an. Mit den dunklen Brauen, vorsichtigen Augenbewegungen, sparsamen Lippen war das erwachsene Gesicht sorgfältig vorbereitet.

– Wie hieß solch Wetter in Jerichow?

– »Schönstes Damen-Segelwetter«, Fru Cresspahl. Werte Lieben ausgeschlossen.

Eine Stimme mit einer schartigen Heiserkeit, die bei lockerem Sprechen im Baß orgelt.

– Herr Kliefoth, manchmal träume ich das. Auf einem polnischen Schiff, Zwischenlandung in Liverpool, dann hierher nach Kopenhagen. Die Einfahrt nach Rostock neben dem Alten Strom, Walddurchblicke im Doberaner Forst, der Bahnhof von Wismar oder Gneez. Oder, wenn mir Jerichow untersagt ist, nach Wendisch Burg. Zur Not Neustrelitz, Waren, Malchin, wo Keiner uns kennt, wo ich eine Wohnung verdienen kann mit Blick auf einen See, einen Liegeplatz für ein Boot, Morgende im Winter am Eis, Schilfschatten, Ofenfeuer . . . aber Herr Rohlfs ist tot, oder auf seine Art gescheitert an der Majorsecke. Nur auf Durchreise dürfen wir nach Mecklenburg, in einem Hotel absteigen unter Aufsicht; da ist kein Unterkommen nach Belieben.

– Wär jemand wie ich doch vermögend in der Zukunft, Fru Cresspahl. Åpen un ihrlich!

Dem alten Mann geht der Hosenbund bis an die Brustwarzen. Seine abgetragene Kleidung wird von Mal zu Mal verkleinert. An Zigarren, an Tabak haben wir gedacht; Stoff für einen Anzug vergessen.

– Die Möbel hab ich dem Museum in Rostock vermacht. Wenn Sie nun verwandt wären mit mir, Fru Cresspahl, denn hätten Sie den Tisch und den Schrank kriegen dürfen; sind doch Geschenke Ihres Vaters. Mit meinem Hauswirt hab ich Vertrag für den Fall meines Todes: er behält den Rest; muß aber sorgen, daß ich weg komm.

Kliefoth knetet seine Hände, überlegend. Der Schmerz macht ihm die Pupillen eng.

– Einmal hatt ich mich geschnitten, gab Jakob den Fuß in die Hand aus dem Stand. Er sah sich das an, ließ den Fuß abgleiten im selben Rhythmus wie meine Hand auf seine Schulter sich stützte; die Bewegung ging mir durch den Leib ohne einen Schmerz. Ich glaub das geschieht einem im Leben ein einziges Mal.

– Må jeg bede om Deres pas? De er nok med Deres underskrift, resten ordner jeg.

Gesine und Marie erhalten auf dem Flug nach Prag die Aufforderung, den Flug in Kopenhagen zu unterbrechen.

Russen in Prag nicht sein. Warten wir eben ein paar Tage ab.
Marie springt wieder zum Wasser hin.
Pontij und Wassergahn stehen auf einer Düne, scheinen sich zu streiten. Da zieht Wassergahn eine Flasche Wodka aus seiner weiten Hose, reicht sie Pontij.
Marie bleibt plötzlich auf halbem Wege stehen und ruft begeistert zu Gesine und Anita hinüber:

MARIE

Jetzt weiß ich's, Gesine! Du hast Sehnsucht nach D. E. Mach's doch wie in Cydamanoe. Schließ die Augen ganz fest, und stell ihn dir vor. Dann kommt er, ganz bestimmt!
Marie läuft weiter ans Wasser und beginnt einen Kanal zu bauen.

– De er meget elskærdig. Hvor meget bliver det ialt? Det er til Dem.
– Meine Frau war behindert in ihrer –
– Marie hab ich das Nötige mitteilen müssen, Herr Kliefoth.
– in ihrer Kinderstube. So eine Frau bekommt die meisten Kinder an die Schürze; in der Küche, im Garten. Im Grund weiß man vom Leben nur eines: was dem Gesetze des Werdens unterliegt, muß nach diesem Gesetze vergehen. Mir, da seien Sie unbesorgt, ergeht es genügend. Mein Latein ist flatterig geworden; das Gedächtnis verhält sich lediglich angemessen. Ich muß dem Geschicke dankbar sein dafür, mich so gnädig behandelt zu haben. Ich danke Ihnen, mine leeve Fru Cresspahl. Sie haben dazu geholfen.
– Herr Kliefoth, mögen Sie leben, solange es Ihnen gefällt.
– Ihr Vater hat mir die Ehre seiner Freundschaft erwiesen. Eine seiner Auffassungen ging dahin: Geschichte ist ein Entwurf.
– Wie es uns ergeht, haben wir aufgeschrieben bis zu unserer Arbeit in Prag, 1687 Seiten; mit Ihrer Erlaubnis werden wir es Ihnen überreichen. Nachzutragen sind an die zwei Stunden Flug in den Süden. Was soll uns geschehen mit einer Gesellschaft Československé aerolinie Č. S. A., die tritt im ausländischen Verkehr auf unter den Buchstaben O und K? Wo wir fest gebucht sind, O. K.? Heute abend rufen wir an aus Prag.
– Will you take good care of my friend who is your mother and Mrs. Cresspahl?
– Ich versprech es, Herr Kliefoth. Meine Mutter und ich, wir sind befreundet.
Beim Gehen an der See gerieten wir ins Wasser. Rasselnde Kiesel um die Knöchel. Wir hielten einander an den Händen: ein Kind; ein Mann unterwegs an den Ort wo die Toten sind; und sie, das Kind das ich war.

D. E. kommt fachsimpelnd mit Pius und Lockenvitz (zerbrochene Brille) heran. Pius führt mit ausgebreiteten Armen ein Flugmanöver vor.
Die beiden Frauen umarmen sich. Sie können nichts sagen, sie können nicht weinen, sie sind ganz still. Während plötzlich aus der Taxe ein auch in Dänemark populärer deutscher Schlager zu hören ist: »Schau mich bitte nicht so an. Du weißt ja doch, ich kann dir dann nicht widerstehen ...«
Die Toten der Jahrestage, wie zuletzt im Film gesehen, finden auf einer Düne zueinander. Jetzt stehen Gesine und Anita langsam auf, schauen sich dabei an, ziehen sich die Schuhe aus und gehen langsam zu Marie ans Wasser. Marie freut sich, läßt sich von Anita und Gesine gerne in die Mitte nehmen. Langsam gehen die drei Frauen Hand in Hand ins flache Wasser.
Die Toten auf der Düne beobachten das tuschelnd.

LISBETH *(ängstlich)*
Hoffentlich ertrinken sie nicht.

CRESSPAHL *(Arm um sie)*
Da wirst du schon aufpassen.

D. E. *(besorgt)*
Ach, Marie ...
Jakob legt ihm beruhigend eine Hand auf die Schulter.
Gesine, Marie und Anita umarmen sich im flachen Wasser.

GESINE
Als Kinder ... bei Gewitter in einer Kornhocke haben wir gedacht: Uns sieht keiner. Wir werden alle gesehen.

Margarethe von Trotta

Aus meinem Tagebuch, »Jahrestage« betreffend

Ich werde – so sieht es aus, zum ersten Mal Literatur verfilmen, und das wohl auch nur, weil ich an »Lebenszeichen« glaube.

Ein kurzer Nachtrag zu einer langen Vorgeschichte:

1996 hatte mir Barbara Schlöndorff die *Jahrestage* geschenkt. Sie war nach 20 Jahren New York nach München zurückgekehrt und dort zunächst sehr unglücklich. Sie versuchte, Deutschland so lange wie möglich aus ihren Gedanken fernzuhalten, beschäftigte sich fast nur mit ihrem verlorenen New York, so wie die drei Schwestern bei Tschechow immer nur von Moskau reden können. Und ausgerechnet in dieser für sie so schmerzlichen Zeit findet sie DAS BUCH – erstaunlich eigentlich, wie spät, immerhin hat sie in New York am Goethe-Institut gearbeitet und Germanistik studiert. Aber es ist ja oft so, daß einem Bücher erst in die Hände fallen, wenn man sie braucht, zum Leben oder zum Überleben.

Beide, Detlef Schlöndorff und sie, wohnten gar nicht so weit vom Johnsonschen Büffelhaus entfernt oder sagen wir von Gesine: 66th Straße West, Lincoln Center. Ich habe sie dort sehr oft besucht, und mit dem Blick auf den Hudson habe ich Teile der *Bleiernen Zeit* geschrieben. Barbara also schenkte mir dieses 1800-Seiten-Buch, und ich nahm es mit nach Terracina in die Ferien. Ans Meer. In der Hoffnung, dort genügend Zeit zu finden, es ohne die lästigen Unterbrechungen, die sonst meine Lust am Lesen beeinträchtigen, zu Ende lesen zu können. Doch die erste Unterbrechung geschieht schon nach den ersten Seiten, in denen Johnson das Meer beschreibt. Sie gefallen mir so sehr, daß ich mich an meinen Computer setze und eine Rubrik mit dem Titel »Jahrestage« eröffne.

Nachdenken am Strand

Als Martin Wiebel mir ein Jahr später erzählt, daß er vorhat, *Jahrestage* zu verfilmen – nicht mit mir –, hat mir das einen kleinen Stich versetzt, so als gehörten sie zu mir und mir würde etwas weggenommen! Lächerlich, so ein Gefühl, dachte ich und sagte kein Wort. Als ich später hörte, daß Frank Beyer die Regie hingeworfen hatte, dachte ich: soll ich mich jetzt bewerben? Aber das verhinderte mein Stolz oder meine Eitelkeit, wie soll ich das nennen? Und meine Überzeugung, daß Dinge auf einen zukommen müssen. Wenn sie geschehen sollen, geschehen sie, so war es immer. Auch bei *Rosa Luxemburg*.

Am 19. September 1998 wurde in Köln der Abschied Gunter Wittes als Fernsehspielchef vom WDR gefeiert, eine schöne Feier mit vielen beeindruckenden Reden. Im Anschluß standen alle noch ein wenig herum, tranken und redeten. Ich unter anderem mit Netenjakob, der ein Buch über Fernsehen schreiben und mich dafür interviewen wollte, als sich zwei Herren von rechts und links am Stehtisch an mich heranschoben und mich anlächelten, verwegen der eine, eher verlegen der andere. Ich lächelte zurück, warum auch nicht. Nach einer Weile fragten sie mich, ob sie mir vielleicht mal einen Stoff anbieten könnten. Dabei stellte sich heraus, daß der eine Produzent war, oder vielleicht waren es beide? Da ich gerade *Dunkle Tage* vorbereitete, war ich nicht ganz so aufmerksam und interessiert, wie ich es vielleicht hätte sein sollen, und sagte ein wenig wie begütigend nebenbei, doch, doch, könnten sie ruhig, irgendwann, wenn ich wieder Zeit hätte. Wir wechselten noch ein paar freundlich belanglose Worte, dann verschwanden beide wieder. Franz Rath erzählte mir hinterher, er sei von eben diesen Herren angesprochen worden (mit dem Unterschied, daß er sie kannte). Ist die Trotta schnell, hätten sie nur gefragt. Er, anstelle einer Antwort, habe auf mich gedeutet: Da hinten steht sie, fragt sie doch selber.

Nach ungefähr einem Monat hörte ich wieder von ihnen. Nun kannte ich auch schon ihre Namen. Sie wollten mich zum

Essen einladen, Martin Wiebel würde auch kommen. Ach, dann kann es ja wenigstens nicht langweilig werden, dachte ich. Und es wurde alles andere als langweilig, denn sie trugen mir tatsächlich an, die *Jahrestage* zu verfilmen. Wiebel, der von ihrem Plan wußte, wollte diesen Moment ihnen überlassen. Und Hantke, der Verwegene, fügt hinzu: Sie fangen Ende Dezember an zu drehen. Wir befinden uns im Oktober. Ich kenne die Drehbücher noch nicht, ich muß meinen anderen Film beenden und den Roman noch einmal lesen, und die anderen Bücher von Johnson und ... und ... unmöglich, das kann ich nicht. Sie scheinen bestürzt, Franz hatte ihnen wohl doch versichert, daß ich schnell sei. Aber so schnell, nein. Fragen Sie bitte noch andere Regisseure (was sie sowieso schon gemacht hatten, das erfahre ich aber erst hinterher).

Wieder höre ich einen Monat nichts von ihnen, und ich bin nun fast erleichtert. Bei aller Lust an Herausforderungen, dieser Roman würde jeden in die Knie zwingen. Wie kann man sich überhaupt an Johnson wagen? Hätte er selbst jemals einer Verfilmung zugestimmt, wäre er noch am Leben? Gesine und Marie gehen, so erinnere ich mich, doch fast nie ins Kino, fernsehen darf Marie nur bei Robinson, dem schwarzen Doorman, also muß er, Johnson, doch ebenfalls eine Abneigung gegen Fernsehen gehabt haben. So genau und archivarisch recherchiert beschreiben kann Film ja nicht, und er hätte Genauigkeit verlangt, so wie er Volker Schlöndorff einmal gerügt hatte, daß er in seinem *Blechtrommel*-Tagebuch den wichtigen Dingen gar nicht nachgegangen sei, nämlich dem Konflikt zwischen Kroaten und Slowenen, der sich in der Szene, die er in Zagreb gedreht hat, abzeichnete.

Heute hat der verwegene Herr Hantke sich plötzlich wieder gemeldet. Die *Jahrestage* bleiben an Ihnen hängen, meint er in seiner flapsigen Redeweise. Keine Angst, wir fangen erst im Januar an. Natürlich fährt mir jetzt doch der Schrecken ins Herz. Aber bei aller Angst: wie kann ich vor einem solchen Angebot davonlaufen? Ich habe gewartet, mich nicht danach gedrängt, mich getröstet bei dem Gedanken, daß ein anderer den Mount Everest besteigen und ich mich in der dünnen Luft nicht quälen müßte, und doch will es mir scheinen, als habe ich das »Verhängnis« selbst heraufbeschworen, indem ich unbewußt-voreilig den Namen (»Jahrestage«) genannt habe, für MEIN TAGEBUCH. Im Januar/Februar sollen die Motive in New York angesehen werden.

Berlin, 13. November 1998

Gestern hat ein Treffen mit Peter Steinbach in »Heckers Deele« stattgefunden. Martin Wiebel hat es arrangiert und mich gleichzeitig gewarnt. Peter Steinbach habe eine sehr seltsame Vorstellung von mir. Was denn für eine? Na ja, er glaubt, du hast – das muß schon länger her sein, er hat ein so phänomenales Gedächtnis (gut, als Drehbuchautor der *Jahrestage*, denke ich) – in einem Tarkowskifilm vor ihm gesessen, zusammen mit Helma Sanders-Brahms, und ihr habt die ganze Zeit über geredet! Ich und bei Tarkowski reden! Das wird er gleich merken, daß ich das nicht gewesen sein kann. Sonst noch was? Er denkt, du seist so eine adelige Zicke. Am Adel kann ich ja nun nichts mehr ändern. Außerdem bist du Autorenfilmerin, und die mag er nicht. Er hat mit Reitz schlechte Erfahrungen gemacht. Von welcher Art? Er habe hinterher so getan, als sei die erste *Heimat* von ihm ganz allein geschrieben worden. Da hat er ja von mir nichts zu befürchten, nur von Johnson. Und außerdem mag er deine Filme nicht. Das allerdings ist unangenehm.

Als ich in das Restaurant komme, sitzen die beiden Herren schon da. Ich merke gleich bei der Begrüßung, daß Peter Steinbach sieht, er hat eine falsche Person verdächtigt, ich zu sein, sage aber nichts. Ich finde ihn auf Anhieb sympathisch, ich kann nichts dafür, finde sein Drehbuch so gut, finde seine *Heimat*drehbücher so gut, ich kann mich doch nicht durch Ressentiments-Retourkutschen schwächen lassen. Ich lasse ihm einfach Zeit, und mir auch, irgendwie werde ich es schon schaffen mit ihm. Und so geschieht es langsam, so spüre ich, fallen die bösen Gedanken von ihm ab, und ich spüre auch, wie Martin Wiebel sich dabei heimlich amüsiert, denn genauso hat er es mir vorausgesagt. Bleibt noch eine Hürde. Meine Filme, die er nicht mag. Ich frage ihn nach seiner Abneigung ihnen gegenüber, nachdem er die gegen mich nun schon überwunden hat. Er wird fast verlegen, als wolle er sein schlechtes Urteil zurücknehmen, sagt dann aber: Wenn man so eine wichtige Person wie Rosa Luxemburg beschreiben will, und dann ihren allerwichtigsten Brief, den Büffelbrief, unterschlägt ... Martin Wiebel und ich sehen uns nur an (er war mein Redakteur für den Film beim WDR). Genau diesen Brief, den ich auch für den schönsten und wichtigsten halte, habe ich sogar inszeniert, mit Schnee und Büffeln und und ... Peter Steinbach ist jetzt verwirrt. Ja, wieso ist mir das entgangen ... was habe ich bei dieser Szene denn gemacht? Ich glaube, daß es nicht nur ihm so geht mit Filmen von mir; ich kenne es so genau, daß Vorurteile gegen meine Person den Blick eines Zuschauers einengen und verstellen können. Manchmal habe ich deswegen Lust gehabt, mir ein Pseudonym zuzulegen, um ein unverstelltes Urteil zu erfahren. Leider geht das bei einem Schriftsteller besser, Regisseure sind zu sichtbar. Na ja, jedenfalls steht damit unserer beginnenden Freundschaft nun nichts mehr im Wege, und wir freuen uns, glaube ich, jetzt beide auf diese Zusammenarbeit. Er ist nicht ganz glücklich, stellt sich am Ende heraus, über den Teil 3 des Drehbuchs in der letzten Fassung. Das geht mir nun allerdings genauso, ich finde, es fehlt die Ironie und ein wenig Humor. Genau das, ja, meint Steinbach, in der 3. Fassung sei das noch alles drin. Martin Wiebel wird mir, so beschließen wir, alle 6 Fassungen zuschicken, und danach sprechen wir uns wieder.

Lanzarote, den 18. Dezember 1998

Am Morgen krähen hier mindestens drei Hähne, eine für uns ungewöhnlich gewordene Art, geweckt zu werden. Dabei schlafe ich gar nicht so gut hier. Ich bin voller Unruhe. Kaum lese ich ein paar Seiten in den *Jahrestagen*, es treibt mich hinaus, aber auch in der Natur werde ich nicht ruhig. Der quälende Gedanke: werde ich das alles schaffen im nächsten Jahr, nicht nur künstlerisch, wird meine physische Kraft ausreichen? Noch steht die Mischung der *Dunklen Tage* bevor, ein Theaterstück im Mai mit Hanna Schygulla in Paris, im Juni schon die ersten Drehtage in New York, und danach geht es weiter, ohne Unterbrechung, das ganze Jahr hindurch. Ich habe Bücher von und über Johnson mitgenommen. *Ingrid Babendererde* und die *Mutmassungen über Jakob*, die die Autoren in den Film hineingearbeitet haben, *Begleitumstände, Die Katze Erinnerung*, *Wohin ich in Wahrheit gehöre*, »Wo *ich her bin* ...«

»Wo ich her bin, gibt es nicht mehr.« Sagt Gesine, sagt Uwe Johnson.

Mecklenburg.

Wie hätte Johnson reagiert, wäre er bei Maueröffnung noch am Leben gewesen: wäre er sofort hingefahren, um all das selbst noch einmal nachzuprüfen, was er den anderen, seinen ehemaligen Mitschülern oder Freunden aufgebürdet hat, für ihn herauszufinden? So ungeduldig konnte er mit ihnen sein, wenn sie nicht gleich antworteten, und wie schrecklich wiederum für ihn, nur durch die Augen anderer seinen Erinnerungen vertrauen zu müssen.

Ich muß dabei an eine Szene in Paris in der russischen Buchhandlung denken. 1971. Als Volker Schlöndorff mir *Petersburg* von A. Belyj schenken wollte und dabei dem Buchhändler erzählte, daß wir nach Leningrad eingeladen waren, baten ihn sogleich zwei alte russische Emigranten, für sie dort in der Straßenbahn zu fahren und sich genau zu merken, wie viele Plätze darin für Behinderte reserviert waren. Darüber würden sie sich nun schon seit 50 Jahren nicht einig werden können, er möge sie doch bitte von der Ungewißheit erlösen.

Wie meine Mutter, die immer nur von Moskau erzählte,

ohne je wieder dorthin zurückzukönnen. Vielleicht hätte man sie sogar einreisen lassen, sie hat es nur gar nicht versucht, aus Angst, verhaftet zu werden. Immerhin waren viele aus ihrer Familie nach der Russischen Revolution umgekommen oder nach Sibirien verschleppt worden. Diese Erinnerungen an ein Land, das »Land der Kindheit«, das es so nicht mehr gibt! Natürlich gibt es das Land der Kindheit sowieso nie mehr, weil unser Blick als Kind ein anderer ist, doch außerdem zu wissen, daß man gar nicht die Möglichkeit hat, sich im Land selbst oder am Ort selbst noch einmal in sie zurückzuversetzen, das macht die Fremdheit – und die Sehnsucht natürlich auch – noch größer. Das Land der Kindheit wird das Land der Toten.

Paris, den 17. Januar 1999

... Andererseits möchte ich es z. Zt. gar nicht so genau wissen, ein toter Schriftsteller und sein Film haben Vorrang, das verlangt er von mir. Ich höre zwar noch nicht seine Stimme wie Gesine, aber seine Bilder verfolgen mich. Das des Jungen mit der Hornbrille, dem lockigen Haar auf dem langen, ernsten Schädel, der schon so blickt, als wisse er, daß er etwas Außergewöhnliches zu sagen und zu beschreiben hat, bevor er das zu Beschreibende noch gelebt hat. Und der Erwachsene mit dem aufgedunsenen Trinkergesicht, der Pfeife im Mund, der Blick immer noch überzeugt, etwas Außergewöhnliches geschrieben zu haben, nur vielleicht nicht mehr so sicher, daß es zu etwas nütze war. Interpretiere ich schon wieder meine eigenen Lebensbeschreibungen in eine Person hinein, die mir viel fremder ist und bleiben muß, als mir lieb ist. So wie Gesine vielen Lesern fremd bleibt, selbst denjenigen, die das Buch lieben, und mag sein, es ist ihnen gerade recht, mit Abstand und emotionslos an dem Schicksal dieser Person, die ja auch immer wieder Johnson selbst ist, teilhaben zu können.

Nun wird genau dieser Mann, der in seinen Büchern sich selbst und seine Gefühlsüberwältigungen so klug auszusparen versteht, von Emotionen geschüttelt, wenn seine Frau ihm eine längst verflossene Liebe gesteht, er zwingt sie, eine schriftliche Beichte abzulegen und verstößt sie dennoch, und verstößt sich doch nur selber. Eine Frau und ein Kind so rabiat von sich zu weisen, zu verschleudern, kann ihn doch nur selbst aufs Tödlichste verletzen. Nicht die vergangene Tat, der »Verrat« seiner Frau sind Dolche, von denen er glaubt, daß sie ihn durchbohren, so daß keine Heilung mehr möglich ist, es sind seine eigenen Postulate, seine Vorstellung, zu seiner einmaligen Person gehöre die unverbrüchlich einmalige Lebensbereitschaft einer Frau, die er nicht genug geliebt haben kann als eigenständiger Mensch, um sie so gewaltig zu verabscheuen. Hat er derartig heftig an sich selbst gezweifelt, um sie so zu strafen. Eifersucht bis zur geträumten Mordbereitschaft ist mir bekannt, das Beharren in einer Richterhaltung nicht. Was mag Johnson bewogen, oder besser befallen haben, so selbstgefällig paranoid zu handeln? Die Frau, die er aus der Heimat in die Fremde mitnahm, selbst ein von der Heimat Verstoßener, diese Frau hatte nun die verdammte Pflicht und Last, ihm alles zu sein, Heimat, Frau, Mutter, Mitarbeiterin, Kritikerin, Bewunderin? Was war er bereit, ihr zu sein? Na ja, es würde mir bestimmt nicht helfen bei der Verfilmung, das alles zu wissen, vielleicht ist vieles ja auch nur Legende.

Suzanne von Borsody als Gesine wird sinnlicher sein als die im Buch beschriebene Gesine (die Dame ohne Unterleib, sagte neulich eine Freundin über sie), weniger Kopfgeburt, wobei mir Gesine schon beim Lesen viel lebendiger und verletzter erschien als andere Menschen, mit denen ich über das Buch gesprochen habe. Auch die Verbindung Gesine/Marie – Mutter-Kind, vor der meine männlichen Kollegen zugegebenermaßen oder nicht Angst haben, ist mir eine vertraute. Mutter, alleinerziehend, mit Tochter, die wie eine Freundin behandelt wird und dadurch klüger, für viele aber abstoßend »altklug« ist. Ich bin überzeugt, daß meine Marie trotz ihrer Klugheit sympathisch sein wird.

Paris, den 26. Januar 1999

»Geduld vor den Dingen, die da kommen«, heißt es in den *Jahrestagen*.

New York, 27. Januar 1999

Auf dem Flug nach New York gehe ich noch einmal im Geist die Motive durch, die wir finden müssen. Das Hauptmotiv, die Wohnung von Gesine und Marie, werden wir in Köln im Studio drehen. Erstens wäre es viel zu teuer, 20 Tage mehr in New York zu bleiben, mit unserem Riesenteam und bei dem Stand des Dollars, und dann wäre es auch wohl undenkbar, ein Kind von elf Jahren so lange aus der Schule befreien zu können. Marie Helene Dehorn, die die Marie spielen wird, ist zwar eine gute Schülerin, genau wie Johnsons Marie aufgeweckter und manchmal auch anstrengender als viele andere Kinder ihres Alters, aber die Lehrerin wäre wohl doch nicht bereit, trotz Literatur und Johnson, sie uns so lange zu überlassen. Marie hat zu ihrer Mutter gesagt: Ich muß diese Rolle spielen. Sie ist die Rolle meines Lebens!

Wir werden wegen der Aufteilung New York einerseits – Studio andererseits ganz genau festlegen müssen, wo sich die Wohnung befindet, Riverside-Drive, das wissen wir schon, aber auf welcher Höhe und mit welcher Aussicht auf ein Gegenüber, das wir ja fotografieren, malen lassen und in gebührenden Abstand im Studio als Rückwand anbringen müssen, so daß wir uns glaubwürdig in New York befinden. Das ist die eine Schwierigkeit, die andere ist für mich die doppelte Vergangenheit in der Erzählung. Normalerweise wird in einem Film von einer vermeintlichen Gegenwart in die Vergangenheit erzählt, die Gegenwart ist das HEUTE. In *Jahrestage* ist die Gegenwart das New York von 1967 und 1968, die Vergangenheit beginnt – im Drehbuch – 1930 in Mecklenburg und endet 1956 in Düsseldorf. Wie schaffe ich es, den Zuschauern zu sagen, paß auf, hier wird aus der Vergangenheit in eine noch fernere Vergangenheit erzählt, ohne daß sie das Interesse an dem »Gegenwartsstrang«, der erzählenden Gesine, verlieren. Sie müssen begreifen, daß Gesine vor 30 Jahren hier gelebt hat (heute wäre sie 70), und dennoch müssen sie sich mit ihr heute identifizieren können, die Mutter-Kind-Beziehung muß so auf sie wirken, als würde sie sich in unserem Jetzt abspielen, es muß wirken, als spräche das Kind über den Kosovo-Krieg und nicht über Vietnam.

Ich habe schon überlegt, ob ich mit der South-Ferry heute, in Farbe, beginnen soll, mit einer Zufahrt auf Manhattan, man sieht also auch an seiner Spitze das World-Trade-Center, das es ja 1968 noch nicht gab, dann eine Überblendung auf die gleiche Zufahrt in Schwarzweiß, so wie die Stadt damals aussah, die müßte man in irgendeinem Filmarchiv finden können. Der New-York-Teil würde in Schwarzweiß erzählt, die fernere Vergangenheit in Farbe. Genau umgekehrt, als es normalerweise im Film geschieht, wo die Vergangenheit die Schwarz-Weiß-Ebene darstellt. Nur: dann würde sich New York unter Umständen zu sehr von Deutschland abheben, das Spannende bei Johnson ist aber gerade das Sprunghafte. Manchmal muß man zweimal nachlesen: ach ja, ich befinde mich ja schon wieder in Jerichow, oder nein, klar, es handelt sich um Marie, und Marie bedeutet New York. Auch würde sich das Bewußtsein von einer Jetzt-Ebene, obwohl Vergangenheit, in Schwarzweiß nur schwer herstellen, dazu sind die Sehgewohnheiten, gerade die der Fernsehzuschauer, die ja keine Cinephilen sind, zu eingefahren. Und das ist, glaube ich, das Allerwichtigste: die Zuschauer müssen an Gesine als heutig Erzählender Gefallen finden, Marie als ein »modernes« Kind empfinden können, auch wenn sie die Frisuren und die Kleider der sechziger Jahre tragen. Ihre Konflikte, ihre Gefühle, ihre Fragen nach den Toten und den Lebendigen, ihre symbiotische Verkrallung ineinander, ihre Abhängigkeit voneinander und der Kampf der Marie um Unabhängigkeit.

Der bevorzugte Ort von Gesprächen (über die Vergangenheit) zwischen Gesine und Marie ist die South Ferry. Dieses

Schiff wird von Marie deswegen so geliebt, weil es das Gefühl vermittelt, auf Reisen gehen zu können, ohne Abschied nehmen zu müssen. Ich werde, denke ich, alle vier Vorspanne, das heißt Titeluntergründe, auf der Ferry drehen, New York von einem Schiff aus gesehen, und natürlich immer wieder die Freiheitsstatue. Sicherlich, sie gehört zu New York wie der Eiffelturm zu Paris, so daß man sich schämt, sie zu zeigen, aber gerade auf der South Ferry MUSS man an ihr vorbeifahren, und vielleicht hat Marie diese Fahrt ja auch deshalb so geliebt. Die Freiheit, so groß wie diese, meint sie, nur in New York zu finden, und nach Deutschland will sie ganz und gar nicht. Deswegen ist sie auch, im Gegensatz zu Gesine, keine Fremde. Obwohl nicht in New York geboren, fühlt sie sich dieser Stadt und dem Land zugehörig, trotz Vietnamkrieg und der Ermordung von Martin Luther King und Robert Kennedy. Da Gesine keine Heimat mehr hat, wird Marie zu ihrer Heimat, und Marie bedeutet New York, folglich muß Gesine in New York bleiben. Und muß dort, obsessionell, immer wieder Parallelen, historische, suchen zu Deutschland. Auffallend, wie oft sie aus der *New York Times* die Toten in Vietnam zitiert und die Prozesse gegen Naziverbrecher in Deutschland, bei denen die Nazis davonkommen. Das allerdings kommt in unseren Drehbüchern nicht vor.

New York, den 28. 01. 1999

Ich werde, wie immer in den ersten Tagen hier, sehr früh wach, schleiche mich aus dem Haus in Brooklyn, wo die Frauen vom Film-Festival mich bei einer Sponsorin untergebracht haben, und fahre mit der Express-Subway zur Upper West Side, 96th Straße und Broadway. Frühstück in einem Coffee-Shop, ein ersehntes Ritual, und dann der Gang die 96th Straße hinunter zum Riverside-Drive. Ich merke, daß ich von dort aus aber gar nicht in den Haupteingang gelange, die Straße geht unter einer kleinen grünen Brücke hindurch. Ich sehe das Parkhaus, von dem Johnson schreibt. Daraus wird Gesine ihren roten Leih-

Mustang herausfahren und Marie damit überraschen. Von hier aus sehe ich hauptsächlich die riesige Feuertreppe gegen den Himmel sich abheben. Ich wähle einen anderen Weg, um vor das Haus zu gelangen, an dem das so ausführlich beschriebene Büffelmotivband herumrankt. Der Eingang erscheint mir nicht sehr geeignet, um darin zu drehen.

Es ist kalt. Ich gehe noch ein wenig im Park herum, den Riverside-Drive hinauf und hinunter. Ich war nur einmal hier, am Abend, es war schon dunkel, zu Gast bei meinem amerikanischen Verleiher, der eine riesige, elegante Wohnung in den Achtzigern hat.

Berlin, den 19. März 1999

Eigentlich wollten wir uns alle bei Martin Wiebel treffen. Peter Steinbach, Christoph Busch und ich. Busch ist grippekrank, also sind wir drei wieder alleine, wie schon beim ersten Mal. Ich habe in Paris die beiden Fassungen (dritte und sechste) des dritten Teils auseinandergenommen und neu zusammengestellt, brauche dazu noch ein paar Übergänge. Aber zunächst muß Peter Steinbach grundsätzlich einverstanden sein. Ich lese den beiden also das neue Drehbuch vor. Peter Steinbach schließt dabei die Augen, wie in der Kirche, und hört andächtig zu, so als sei der Text gar nicht von ihm, so sehr kann er sich an jeder neuen, d. h. alten, nur wieder»aufgemachten« Szene erfreuen. Er ist zum Schluß der Lektüre so überschwenglich, daß er mir »carte blanche« gibt für weitere Veränderungen, die beim Drehen notwendig werden könnten. Immer, wenn Martin Wiebel die Lesung unterbrechen will, sagt er: Laß sie doch weiterlesen. Ich bin verblüfft und natürlich entzückt, wie schnell ihm zusätzliche Texte einfallen, wie schnell er einen neuen Dialog erfindet, dabei aber immer, ohne Johnson Gewalt anzutun. Natürlich hat er es dabei vielleicht leichter als andere Autoren. Er kennt die Zeit und das Land, das Johnson beschreibt. Zum Schluß unseres Treffens sagt er mir, er wolle auch seinen nächsten Film mit mir machen!

Köln, den 18. 05. 1999

Die Motivsuche in Deutschland ist beendet. Natürlich ist es eigentlich ein Unding, Mecklenburg auf drei verschiedene deutsche Länder verteilen zu müssen. Vor allem Niedersachsen und Nordrhein-Westfalen haben mit Förderungen geholfen, in ihren Satzungen steht, daß der Film dann auch auf ihrem »Territorium« gedreht werden muß. Und nicht nur das: ich muß auch so viele Schauspieler und Teammitglieder wie möglich aus diesen Ländern suchen. Nach anfänglichen Bedenken merke ich, daß Helmke Chiarello, die Casting macht, es auf bewundernswerte Weise schafft, mir für jede, auch die kleinste Rolle gute Schauspieler vorzuschlagen. Immerhin sind es im ganzen 98 Rollen, keine leichte Aufgabe für sie, und ich bin ja nun auch nicht so ganz leicht zufriedenzustellen.

Schwerer erscheint es mir mit den Landschaften. Zu guter Letzt finden wir Jerichow tatsächlich in Nordrhein-Westfalen, und zwar in einer kleinen Stadt, die kaum ein Mensch kennt: Kaster. Altkaster, und ich denke, selbst Mecklenburger werden nicht unbedingt merken können, daß es nicht bei ihnen um die Ecke liegt. Auch das Haus Cresspahl liegt nicht da, wo es hingehört, sondern in Eckerde bei Hannover. Ein unglaublich schönes, stimmiges Ensemble von drei Gebäuden. Die Villa des Besitzers kann für die Zeit nach dem Krieg als russische Kommandantur dienen, und eine Ziegelei gibt es auch. Hier wird es, genau wie bei der Wohnung Gesines, die nicht in New York gedreht wird, darauf ankommen, Verbindungen, glaubwürdige Übergänge zu finden. Auch die Ausstattung kann mir dabei sehr helfen. Für Heike Bauersfeld, den Superprofi, der seine Sensibilität und sein Talent zur Aufregung in den vielen Berufsjahren Gott sei Dank nicht verloren hat, wird das kein Problem sein. Genau wie für Franz Rath nicht, mein ältester und einer meiner beiden »bejahrten« Mitarbeiter. Er ist mit seinen 68 Jahren immer noch ein Heißsporn, und ich weiß jetzt schon, wie oft ich von ihm hören werde, daß alles beschissen ist und wir alles viel besser machen könnten, wenn wir mehr Zeit hätten, nicht nur diese lächerlichen 25 Drehtage pro Folge, womit er natürlich recht hat. Aber ich weiß auch, daß er mich nie und niemals im Stich lassen würde und daß er bei allen Temperamentswallungen seine Leute, und nicht nur die, total für sich einnehmen wird. Er ist ein großer Geschichtenerzähler à la Billy Wilder, und weil er so gern erzählt, erzählt er auch, bevor ich noch am Drehort zu erscheinen brauche, seinem Team, haarklein, wie die Einstellungen des Tages aussehen werden, die wir uns gemeinsam ausgedacht haben, und spielt ihnen dabei die Rollen vor, so daß die Beleuchter und Bühnenleute nicht nur alles wissen, wenn ich ankomme, sondern dadurch besonders motiviert sind. Mir muß es dann nur noch gelingen, die Schauspieler auf eben diese Weise »anzufeuern«, aber davor habe ich die allerwenigste Angst.

»Der Schauspieler«, hat Martin Walser einmal geschrieben, »ist oft überspannt. Er findet sich weniger ab. Er macht sich mausig. Er ist oft unglücklich. Er hat ganz wenig Sicherheit. Er ist sehr abhängig. Und er möchte am liebsten geliebt werden. Er ist eben ein besonders typischer Mensch.«

Paris, den 29. 05. 1999

Am 1. Juni werde ich nach München und von dort nach New York fliegen zum Drehen. Die Sommerszenen. Bleiben mir noch zwei Tage, lese immer wieder in den *Jahrestagen*. Bin ängstlich, zuversichtlich, ängstlich, zuversichtlich.

Habe außerdem gerade in *Libération* ein Zitat von Saramago entdeckt: »La littérature a un rapport étroit avec la mémoire et on ne peut pas en parler en faisant semblant d'oublier pas seulement la mort mais surtout les morts. Dans tous mes romans, il y a un cimetière, mais ce n'est pas morbide. C'est comme si je me disais, voilà la mer, voilà la vague qui vient avec l'écume qui est là, le soleil qui baigne tout, et nous, les vivants d'aujourdhui, nous sommes cette vague poussée par la mer. J'ai cette idée du temps comme si j'etais là depuis toujours. Je porte en moi le temps tout entier, alors pas les morts, la mémoire, la mémoire.«

Die Katze Erinnerung.

Die Drehbuchautoren haben den toten Jakob auftreten lassen, nicht nur, daß Gesine manchmal mit ihm redet, er ist plötzlich da, wenn sie an ihn denkt. Ich hoffe, es wird zu ertragen sein, ich werde mir etwas einfallen lassen müssen. Ich denke, er muß ganz physische Präsenz sein, nicht nur in Spiegelungen oder Schaufensterscheiben, wie die Autoren meinten, eher wie in den Träumen von Buñuel, bei denen man auch immer erst denkt, sie sind Realität. Vielleicht sollte Gesine ihn aber nie direkt ansehen. Sie spricht mit ihm, sie weiß ja, daß er da ist, er antwortet ihr auch, aber sie sieht nicht in seine Richtung dabei.

Ich wünschte mir, ich könnte Uwe Johnson so neben mir spüren, wenn ich drehe. Oder vielleicht doch besser nicht?

Ich habe immer versucht, ihn mir versöhnlich zu stimmen

Aus einem Gespräch von Margarethe von Trotta mit Martin Wiebel über ihre Arbeit an Uwe Johnsons »Jahrestagen«

M.W.: Was war der Affekt, den die Drehbücher bei dir ausgelöst haben, vor der erneuten Lektüre von Johnsons *Jahrestagen*? Was war denn an den Drehbüchern, was den positiven Ausschlag gegeben hat?

TROTTA: Der Ausschlag war Gesine Cresspahl. Eine von einem Mann beschriebene und erfundene Frau, hinter der man zu Recht den Autor vermutet, der, wie er selber schreibt, einen Vertrag mit Gesine hat. Aber warum macht er einen Vertrag mit einer Frau? Meine Verträge schließe ich ja auch meistens mit Frauen, d. h., meine Filme handeln von Frauen, zumindest in den Hauptpersonen – aber ich *bin* eine Frau. Ich käme nie auf den Gedanken, mein ich oder auch alter ego in einen Mann zu verlegen. Also: Wieweit kann ich eine Frau verstehen und darstellen, die aus dem Empfindungsbereich eines Mannes heraus definiert ist? Darauf war ich neugierig.
Der zweite Grund, den Film machen zu wollen: daß die Geschichte von New York aus erzählt wird. Ich kenne New York recht gut, ich bin eine Zeitlang jedes Jahr dort gewesen. Dort geht man nur einen Häuserblock und ist der ganzen Welt begegnet. Und alle sind fremd, und alle fühlen sich dieser Stadt zugehörig. Ihre einzige Verbindung miteinander ist die Heimatlosigkeit und der Versuch, sich dennoch als Amerikaner zu fühlen, was manchmal auch bedeutet, sich der übrigen Welt und den Gegenden, aus denen man ursprünglich kam, überlegen zu glauben. Von dieser Stadt oder von diesem Land her,

von dem Heinrich Cresspahl sagt, es sei ihm zu weit zum Denken, erzählt Gesine ihre Vorgeschichte, ihr Leben in Deutschland. Und innerhalb ihrer privaten Geschichte entsteht ein Bild deutscher Geschichte. Diese Verknüpfung von privater und historischer Zeit ist ein altes Thema von mir. In den *Jahrestagen* aber passiert etwas für mich sehr Aufregendes: die große Geschichte, d. h. die Weltgeschichte, wird aus einem kleinen Raum heraus erlebt und erzählt, aus einem kleinen Ort in der Provinz, in dem jeder Mensch jedem anderen ein Bekannter ist, während die private Geschichte, die Beziehung Mutter-Tochter, aus einer Weltstadt, in der jeder jedem ein Unbekannter ist, beschrieben wird. Die Weltgeschichte erfahren wir hier nur indirekt, aus der *New York Times*. Dazu die unterschiedlichen, ja gegensätzlichen Geräuschebenen. Erst wenn man in New York dreht, merkt man, wie laut diese Stadt wirklich ist. Die Dialoge müssen wir alle nachsynchronisieren, weil sie ununterbrochen von Helikoptern, Autos, Sirenen, Flugzeugen überlagert werden. Und Mecklenburg dagegen und die Landschaften ... das lauteste Geräusch ist das Meer.

M.W.: Bleiben wir mal bei den Drehbüchern. Hat dich nicht auch das Gemenge aus Heimat und Heimatlosigkeit gereizt?

TROTTA: Das Gefühl von Heimat kenne ich nicht, das von Heimatlosigkeit schon eher. Gesine hat oder hatte eine Heimat, die sie verläßt, weil sie sich in ihr nicht mehr heimisch fühlt, um sich zu den Heimatlosen in New York zu gesellen. Die einzige, die eine Heimat hat, ist Marie, für sie ist New York ihr zu Hause.

M.W.: Zurück zu Gesine. Sie kommt auf dich zu in Form von vier Drehbüchern. Du liest diese Drehbücher. Was war das für ein Lesegefühl?

TROTTA: Ich kannte den Roman und habe es mir im Grunde nicht vorstellen können, daß man daraus einen Film machen kann, wie sicherlich viele Johnson-Leser auch nicht.
Andererseits weiß man ja, daß ein Film – ein bißchen wie die Illustrationen der Bibel im Mittelalter, die für Analphabeten

Margarethe von Trotta im geordneten Chaos der Produktion.

Margarethe von Trotta erklärt Matthias Habich (Heinrich Cresspahl) und Herbert Olschock (Major Pontij), wie jene Szene zu spielen ist, in der Pontij den Bürgermeister Heinrich Cresspahl mit dem Erschießen bedroht, wenn auf dem Marktplatz von Jerichow kein Denkmal für die Rote Armee errichtet wird.

Zigarettenpause bei den Dreharbeiten in New York
(Suzanne von Borsody und Margarethe von Trotta).

Margarethe von Trotta bei den Dreharbeiten zu der Szene *Abi-Ball* 1952
(Kai Scheve als Jakob Abs und Anna von Berg als Gesine Cresspahl).

gemalt wurden und trotzdem von hohem künstlerischen Anspruch sein konnten – nur die Highlights eines Buches darstellen kann. Ich war überrascht, wie spannend die Lektüre der Drehbücher für mich war, und doch auch wieder nicht, denn ich kannte Peter Steinbach ja als den Autor der ersten *Heimat*. Ihm und Christoph Busch ist es gelungen, Johnson zu vitalisieren, ohne ihn zu trivialisieren. Sie haben die Menschen aus ihrem Beschreibungsgestrüpp herausgeschält, ihnen Worte gegeben, in denen sie in direkter Form miteinander zu tun haben, so daß ich sie mir sofort vorstellen konnte, bis hinein in ihre Gesten. Im Film lebt die Geschichte nun einmal im Wesentlichen von den Darstellern, und je genauer dir ein Mensch klar wird, desto genauer kannst du ihn inszenieren.

M.W.: Der Roman und die Filmdrehbücher sind geprägt durch extreme Erinnerungsfähigkeit. Wird man nicht ohnehin durch die Geschichte sehr berührt, weil sie offen ist für die eigenen Ergänzungen?

TROTTA: Wenn du an die klassischen Romane denkst, sagen wir mal Dostojewski oder Tolstoi, um bei den Ostlern zu bleiben. Da gibt es beim Lesen doch immer wieder Momente, in denen ich als Leserin auch die Augen schließe – und manchmal sogar weinen muß. Das heißt nicht, daß sie kitschig oder sentimental sind, aber die exakte, beteiligte Beschreibung von Schicksalen ist es, die dich dabei so anrührt. Das ist mir bei Johnson nicht passiert, beim Lesen der Drehbücher aber doch. Johnson, das will er ja und das ist es, was man bei ihm bewundern kann, schiebt dich immer wieder weg in die Distanz, gerade weil er so genau beschreibt. Wenn du das im Film machst, hast du den Zuschauer verloren. Besonders natürlich im Fernsehen. Er »zappelt« einfach zum nächsten Kanal. Die eigenen Ergänzungen, denke ich, kommen dem Zuschauer eines Films im nachhinein, während der Leser sie während des Lesevorgangs hinzufügen kann, indem er einfach für Augenblicke innehält. Dabei geht er sogar oft so weit, den Gestalten das eigene Gesicht zu geben. Wenn ein solcher Leser eine Verfilmung sieht, ist er oft enttäuscht, daß der Filmemacher so ganz andere Assoziationen hatte als er selbst.

M.W.: Natürlich muß der Film mit Emotionen arbeiten, um den Zuschauer zu binden, während Johnsons Erzählweise immer wieder mit Brüchen und Brechungen hantiert. Die Drehbücher haben aber hervorgehoben, daß es bei Johnson eine massive, existentielle Geschichte gibt. Wir haben einmal das Bild verwendet, daß man eine Rose, die in einer Dornenhecke versteckt ist, in ihrer Schönheit gar nicht wahrnehmen kann, und erst, wenn man die Dornen wegschneidet, kann man sie bewußt erkennen.

TROTTA: Die Drehbuchautoren haben gearbeitet wie Archäologen, die ganz behutsam Schicht um Schicht abtragen mußten, erst wegschaufeln und zum Schluß mit dem Pinsel arbeiten, um die Struktur einer Mauer oder einer Skulptur freizulegen.

M.W.: Stichwort Literaturverfilmung: Was ist der Unterschied, wenn du dein Drehbuch selbst schreibst und dann verfilmst oder wenn es jemand anders geschrieben oder es eine literarische Vorlage hat?

TROTTA: Wenn man ein Drehbuch selbst schreibt, auch wenn die Geschichte nicht mir zugestoßen ist und ich mich an anderen orientiere, gibt es eine Einheit zwischen dem eigenen Bewußten und dem Unbewußten, und sehr oft schöpft man aus dem Unbewußten. Wieder so ein archäologischer Vorgang, denn es kommen Dinge zum Vorschein, von denen man nicht wußte, daß man sie wußte. Dasselbe verlängert sich in die Regie, du kannst dich auf dein Unbewußtes stützen und verlassen. Das heißt nicht, daß das Ergebnis gut sein muß. Aber es ist immer authentisch und mit dir selbst verbunden.

Wenn du etwas inszenierst, was du nicht selber geschrieben hast, egal, ob Literatur oder Originaldrehbuch (wobei ein Originaldrehbuch keine Leser hat; falls es veröffentlicht wird, dann erst nach der Verfilmung, so daß die Menschen, die es lesen, die Bilder des Films vor sich sehen und nicht ihre eigenen), ist das, als bekämst du einen Text als Schauspieler. Du mußt ihn dir erst aneignen, ihn dir einverleiben, du kannst dich dennoch nie darauf verlassen, daß deine Reaktionen dem Text gegenüber authentisch sind.

M.W.: Bei *Jahrestage* haben wir zwei Ebenen. Wir haben die Drehbuchautoren und ein großes Stück deutscher Literatur. Bei diesem Werk darf man sogar unterstellen, daß es weniger Menschen gibt, die es gelesen haben, als es jetzt Leute geben wird, die den Film sehen werden.

TROTTA: Das ist eine Chance für die Literatur! Wie viele Bücher wurden neu oder mit anderem Umschlag wiederaufgelegt, nachdem sie verfilmt worden sind. Selbst wenn die Autoren manchmal nicht glücklich waren oder nicht einverstanden, konnten sie sich doch an vielen neuen Lesern aufrichten, nicht wahr? Ich wäre jedenfalls sehr glücklich, wenn Menschen angeregt würden, sich die *Jahrestage* zu kaufen. Man kann es ja lesen wie ein richtiges Tagebuch. Da es über ein Jahr, zwischen Sommer 1967 und Sommer 1968, geschrieben ist, könnte ein Leser am 20. August anfangen und jeden Tag nur ein Kapitel lesen. Man sollte das vielleicht als Rezept für diejenigen mitliefern, die Angst vor dem Umfang haben. Ich muß dabei an eine Bemerkung von Philip Roth denken. In einem seiner autobiographischen Bücher schreibt er, daß er nie über die fünfzigste Seite von Proust hinweggekommen sei. Denselben Satz habe ich von Menschen gehört, die *Jahrestage* schon seit vielen Jahren im Schrank stehen haben.

M.W.: Ich wage einen Vergleich: Das ist eine heraufgeholte versunkene Zeit, und die ist eingeschmolzen ins Gegenwärtige, festgemacht an einem Figurenpanorama. So ähnlich kann man auch die Arbeit von Proust beschreiben: mit dem Blick in die Vergangenheit, auf das, was in uns immer noch gegenwärtig ist, die Geschichte wie die damit verbundenen psychischen Beschädigungen, die wir mit uns herumtragen, von der Schuldfrage bis zur Identitätsunsicherheit.

TROTTA: Ja, das ist vergleichbar, in der Akribie ihrer Erin-

nerungsarbeit. Aber ich sehe da einen gewaltigen Unterschied zwischen französischer und deutscher bzw. ostdeutscher Kultur. Bei Johnson ist eine größere Verzweiflung spürbar, eine Unzumutbarkeit von Schicksal, mit dem der Mensch nicht fertig wird und nicht fertig werden kann. Proust hat in einer anderen Zeit gelebt, und er hat eine andere Gesellschaft beschrieben. Die Bewältigung und Wiederaneignung der Vergangenheit durch Erinnerung geschieht bei Johnson, indem er sich der Vergangenheit aussetzt. Gesine will ja erst gar nicht so richtig erzählen, weil es für sie selbst schmerzhaft werden wird.
Sie muß von Toten erzählen und von schrecklichen Zeiten. Bei Johnson führt die Erinnerung nicht zur Heilung, wie es die Psychoanalyse anstrebt, sondern zum Tod. Er selbst hat die *Jahrestage* mit Mühe fertiggeschrieben, danach ist er gestorben. Man hat fast den Eindruck, als habe er sich in den Tod geschrieben. Da ist nichts von Versöhnung, Verklärung oder Aussöhnung, die Madeleines sind bei ihm die Regentonne – also jene Tonne, von der Gesines Mutter den Deckel abgenommen hat, so daß die junge Gesine – die Mutter schaute zu – von ihrem Vater vor dem Ertrinken gerettet werden mußte.

M.W.: Benjamin hat in dem Baudelaire-Aufsatz über Proust zwei Begriffe verwendet »mémoire involontaire« und »mémoire volontaire«. Beides geschieht – unwillkürliches und willkürliches Gedächtnis – ständig zusammen, bei Johnson sozusagen permanent. So wird es im Film auch gehen, daß verschiedene Menschen Verweise finden, die sie nur lesen können, wenn sie gerade die Mutterbrille, die Tochterbrille, die DDR-Brille oder die Nazi-Brille aufhaben. Wohin führt diese »mémoire volontaire« und »involontaire«? Was ist der tiefste Motor des Gedächtnisses oder der Erinnerungsarbeit?

TROTTA: Bei Johnson ist sie verbunden mit deutscher Geschichte. Seine Erinnerungsarbeit setzt ein nach dem Holocaust, d. h., als er beginnt zu schreiben, hat der Holocaust schon stattgefunden. Es ist also immer auch ein Anschreiben mit dem Gedanken an Schuld und gegen die Schuldigen, die seine und unsere Generation niemals losgeworden sind. Alle Deutschen, so sagt Alexander Mitscherlich, mußten verdrängen, um weiterleben zu können. Nur wenige haben sich der Erinnerung gestellt. Böll hat es getan, Johnson setzt sich dem aus und damit auch dem Tod.

M.W.: So ähnlich ist es übrigens mit dem Thema DDR-Vergangenheit in diesem Stoff bei Johnson wie im Film. Diese DDR-Vergangenheit wird auch nicht mit einem Verdikt, mit einem moralischen, erzählt, mit einer politischen Stellungnahme gegen oder für irgend etwas, sondern mit einer Beschreibung, mit einem ziemlich genauen Gedächtnis an das, was war: Geschichten, die Geschichte geworden sind. Ich erinnere dich an Christa Wolfs *Kindheitsmuster*. Das Buch fängt an mit dem Satz: »Das Vergangene ist nicht tot, es ist nicht einmal vergangen« – ein sehr schöner Schlüsselsatz, auch für *Jahrestage*.

TROTTA: Mir fällt dazu eine Gedichtzeile von Raffael Alberti ein: »Nicht immer kann man aus dem Moment sein, in dem man lebt. Das Gestern liegt schwer auf uns. Ich träume von einer Zukunft, auf der kein Gestern liegt.«

M.W.: Die Frage nach Gedächtnis, Vergegenwärtigung und Wirklichkeit ist gestellt oder wird neu gestellt. Was ist für dich Gedächtnis?

TROTTA: Das Gedächtnis ist vielleicht das menschlich-biologische Vermögen, sich zu erinnern. Wenn ein Mensch Alzheimer hat oder sein Gehirn durch einen Unfall geschädigt ist, kann er sich nicht erinnern, und niemand wird ihm daraus einen Vorwurf machen. Also muß zunächst die biologische Fähigkeit vorhanden sein, deine Zellen müssen funktionieren, um dich erinnern zu können. Und dann mußt du diese Fähigkeit akzeptieren, sie benutzen, damit du etwas erkennst oder wiedererkennst. Ich habe das an meiner Mutter gesehen, die zum Schluß ihres Lebens Alzheimer hatte. Ohne Gedächtnis, d. h., ohne sich erinnern zu können, gibt es auch keine Vorstellung von Zukunft.

Ich frage mich manchmal, warum Johnson so viel getrunken hat. Ich weiß, eigentlich gibt es für Alkoholismus keine Erklärungen, aber es will mir scheinen, daß ihn sein Wille zur Erinnerung überwältigt hat und er ihn einfach manchmal ausschalten mußte. Die Erinnerung kann ja auch zum Feind werden, nicht wahr? Und doch verlangen wir von einem gesunden Menschen, sich zu erinnern. Weil er nur so die Zukunft angehen kann für sich selbst und den Planeten. Jemand, der sich nicht erinnern will, wählt Haider oder Berlusconi oder verschmutzt die Welt und Umwelt immer weiter.

M.W.: Der Roman und der Film leben ganz stark von der Zeit der geteilten Welt, des Eisernen Vorhangs, noch bevor die Mauer im geteilten Deutschland errichtet wurde. Zu einem Zeitpunkt, wo es schon Leute unter den Fernsehzuschauern gibt, die gar nicht mehr wissen, daß dieses Land mal zweigeteilt war und daß Uwe Johnson als der »Dichter der beiden Deutschland« bezeichnet wurde, taucht ein Vor-Mauer-Film auf, und in einem vereinigten Deutschland zeigen wir die Geschichte eines geteilten Landes.

TROTTA: Natürlich stellt sich die Frage, ob die Menschen erinnert werden wollen – (immer wieder die Katze Erinnerung!) – an eine Zeit, die sie entweder miterlebt haben und die sie lieber nicht gelebt hätten oder die sie willentlich mitgestaltet haben und sich deswegen ihrer beraubt fühlen. Es stellt sich auch die Frage, ob junge Leute, die diese geteilte Welt nur noch aus Erzählungen kennen, sich für sie und die Gefühle der Menschen, die in ihr gelebt haben, interessieren können. Es wird immer so leichthin vermutet, daß junge Leute nur auf Mode, Geld und Vergnügen aus seien, d. h. versuchen, im Augenblick zu leben und ihn möglichst auszukosten. Die Älteren neigen dazu, es ihnen vorzuwerfen, obwohl sie selbst sich manchmal mehr Leichtigkeit gewünscht hätten im Umgang mit sich selbst und ihrer Zeit.

Als der Film *Schindlers Liste* herauskam, haben viele geunkt, der Film könne in Deutschland nur ein Flop werden. Und dann ist er gerade in Deutschland besonders gut gelaufen, und nicht nur, weil Spielberg zuvor *Jurassic Park* gemacht hatte. Man weiß ja, daß ins Kino hauptsächlich junge Leute gehen, und genau die haben sich den Film angesehen, sind nach Hause gekommen und haben, nicht mehr ihre Eltern, so wie wir, sondern ihre Großeltern ausgefragt, und da sie nicht aggressiv, so wie wir, gefragt haben, haben sie vermutlich auch Antworten bekommen. Es könnte ja sein, daß ein wenig von diesem Vorgang sich auch bei den *Jahrestagen* ereignet, toute proportion gardée, natürlich, denn ich bin weder Spielberg, noch hatte ich seine Mittel.

M.W.: Ich möchte noch mal auf das DDR-Thema zurück. Das Bemerkenswerte an Johnson ist ja nicht nur, daß er ein Chronist der deutschen Provinz Mecklenburg ist, in der es auch den dörflichen Nationalsozialismus gibt, sondern er beschreibt darüber hinaus seine Jugendzeit, die gleichzeitig die »Jugendzeit« des Nachkriegsdeutschland und der DDR ist. Und er hat mit der DDR ja seine eigenen Erfahrungen gemacht. Darüber hat er auch einen längeren Aufsatz geschrieben: *Versuch, eine Mentalität zu erklären*. Darin vergleicht er die DDR mit einer Mutter, einer Erzieherin, die DDR als Erzieherin. Der Aufsatz endet mit drei Bemerkungen: »Es geht auch anders. Gewiß, die DDR war eine Erfahrung, obendrein die einer juvenilen Periode, aber die Erfahrung sollte nicht verkleinert werden durch die Tricks der Erinnerung. Es gibt da auch Dinge, die der Regen nicht abwäscht. Was da an Biographie gestiftet wurde, war immerhin nicht alles notwendig zum Leben. Es ist nicht nötig, diese Rechnung neu aufzumachen, aber sie verträgt es, offen zu bleiben.« – *Jahrestage* hat auch einen umfänglichen Teil, der hat mit der frühen DDR-Situation zu tun, und so etwas hat es im deutschen Fernsehen, so jedenfalls, bisher nicht gegeben.

TROTTA: Und natürlich auch nicht im ostdeutschen Fernsehen, solange die DDR noch existierte. Insofern hat es diese Art von Darstellung weder im Westen noch im Osten im Film gegeben. In letzter Zeit in der *Sonnenallee*, die DDR als Jugenderlebnis, wie bei Johnson ja auch. Nur war es bei Johnson noch die Zeit des Stalinismus. Was mich am meisten erschreckt hat beim Lesen des Romans – im Drehbuch ist das nur angedeutet in der Bestrafung von Lockenvitz, jenes Klassenkameraden von Gesine, der in anonymen Briefen über die politischen Prozesse in der Frühphase der DDR informiert –, ist die Auflistung über Seiten und Seiten der »Vergehen« und was Menschen dafür an Gefängnisstrafen bekommen haben, wie lange jemand hat »büßen« müssen z. B., nur weil er im angetrunkenen Zustand gesungen hat »Wenn bei Capri die rote Flotte im Meer versinkt« (anstatt die rote Sonne). Im Film bekommt Lockenvitz 15 Jahre, weil er über die Westberliner Nietenhosen redet.

M.W.: Das hat ja einen historischen Hintergrund. Es gab so einen Prozeß in Schwerin, und die sind wirklich zu dieser Strafe verurteilt worden.

TROTTA: In Wirklichkeit sind die Urteile allerdings rückgängig gemacht worden. Doch angesichts der authentischen Liste der verhängten Strafen in anderen Fällen finde ich es legitim, Lockenvitz als Beispiel für ihre Unangemessenheit zu benutzen.

M.W.: Bei Johnson kommt ja ausführlich vieles vor, was lange ignoriert oder auch verdrängt war, die Frühgeschichte der DDR betreffend. Ich meine auch, *Jahrestage* ist eher ein Film zur Geschichte der Migration, dem zentralen Thema des 20. Jahrhunderts, daß die Menschen immer woanders sind, als sie sein wollen oder dürfen oder können oder müssen.

TROTTA: Oft fragt man sich ja: Warum muß ich ausgerechnet in dieser Zeit leben? Daß Gesine, die im März 1933 geboren wird, kurz nach Hitlers Machtergreifung, nun wirklich in eine falsche Zeit und ins falsche Land hineingeboren wurde, darf man annehmen. Auch durch die Zeit kannst du zu einer Heimatlosen werden, nicht erst, wenn du dein Land verläßt oder es verlierst. Die Nazis rauben ihr die Mutter, danach lebt sie unter den Russen und dann in der DDR. Es könnte ihr Land sein, dieses Mecklenburg mit seinen wunderbaren weiten Landschaften und Himmeln, kann es aber nicht sein, weil die Zeitläufte es nicht zulassen. Das ist ihre Tragik, ihre Ohnmacht vor der Geschichte, nicht wahr?

M.W.: Als du die Drehbücher gelesen hast, stelltest du fest, es sind vier Filme mit vier Filmerzählungen. Und danach hast du Johnson noch mal gelesen. Was fiel dir dann auf an Gewinn, an Verlust, was passierte da bei der Korrekturlektüre des Buches?

TROTTA: Na ja, mir fällt auf, daß ich ja 1967/68 selber bewußt gelebt habe, daß ich vieles wiederfinde in der politischen Beschreibung, aber auch als politische Haltung. Gesines und Maries politische Haltung gegen den Vietnam-Krieg aber auch, was die Prozesse gegen die Nazis betrifft in Deutschland. Johnson zitiert ja immer wieder aus der *New York Times* die Gerichtsverhandlungen gegen die Nazis, in denen diese unverständlicherweise freigesprochen werden. Das ist überhaupt eine aufregende Gegenüberstellung: In der DDR werden Menschen für Geringfügigkeiten schwer verurteilt, in der BRD für schwere Verbrechen in der Vergangenheit freigesprochen. Wie könnte sich Gesine also in der DDR oder der BRD heimisch fühlen? Sie muß weiter, weit weg bis in die USA, dem vermeintlich freien Land, und dort wird sie sozusagen »heimgeholt« durch einen anderen Krieg, den Vietnam-Krieg, dem sie ebenso ohnmächtig ausgeliefert ist wie dem ihrer Kindheit. Sie wird auch dort heimatlos, nicht nur, weil es nicht das Land ist, in dem sie geboren wurde, sondern weil das Land sich verhält wie das, aus dem sie geflohen ist. Flucht und Eingeholtwerden! Wohin soll sie denn noch? Sie ist heimatlos auf der ganzen Welt, in der Welt. Ihre Heimat ist nur noch ihre Tochter. Das kenne ich wiederum von meiner Mutter.

M.W.: Wenn man dich früh gefragt hätte, ob du selbst die Drehbücher schreiben möchtest, und du hättest den Mut gehabt, ja zu sagen, hättest du dir dann vorstellen können, daß man einen zusätzlichen – von Johnson nicht gedeckten – historischen Rahmen »Heute« erfindet. Beispielsweise in folgende Richtung: Wie alt wäre Marie im Jahr 2000?

TROTTA: Nein, das hätte ich mir nicht vorstellen können. Dann hätte das Buch ein doppeltes Erzählmaß gehabt. Marie hätte erzählen müssen, wie ihre Mutter ihr, als sie klein war, von ihrer Kindheit in Mecklenburg erzählte. Was hätte sie und die Mutter nach 1968 noch erlebt, vielleicht hätte Marie auch schon wieder eine Tochter haben müssen, der sie ihre und die Geschichte ihrer Mutter ...
Nein, das kann man vielleicht in einem Hörspiel machen, im Film verliert man sich und den Zuschauer.

M.W.: Es war so schon nötig, eine Menge zu erfinden, das wird dir aufgefallen sein. Die Autoren haben für die New-York-Szenen, weil der Roman an dieser Stelle eher aus Gedanken besteht und nicht unbedingt aus Handlungen, einiges erfinden müssen.

TROTTA: Ich glaube, es liegt daran, daß Uwe Johnson in New York mit Frau und Tochter gelebt hat, und da er sehr zurückhaltend war mit Direktbeschreibungen seines eigenen Lebens, hat er diese Szenen eher ausgespart. Er hätte sicher aus seinen eigenen Erfahrungen ein bißchen mehr »Fleisch« hergeben können. Aber das war ihm wohl zu dicht dran.

M.W.: Dieser Film will wissen, wie die Menschen wurden, was sie wurden. Warum ist Gesine so geworden, wie sie geworden ist? Wie greifen Zeitgeschehen und Biographie ineinander?

TROTTA: Das trifft ja wohl für jede Zeit zu. Aber das letzte, das 20. Jahrhundert ist in besonderem Maße eine Zeit gewesen, in der viel in menschliches Leben hineingepfuscht worden ist durch Geschichte, durch Politik, Diktaturen, Ideologien, so daß eigentlich kaum ein Mensch sein Leben nach seinem eigenen Gutdünken hat leben können. Und immer wurden Menschen schuldig und flohen in andere Welten. Erst flohen Menschen vor den Nazis oder versuchten es, dann flohen die

Nazis ihnen nach, und manchmal sogar in dieselben Länder. Ich habe mich oft gefragt, wie Juden es haben ertragen können, die in Südafrika oder Argentinien Schutz gesucht haben und sich plötzlich nach dem Krieg von den Nazis eingeholt sahen. Wie doppelt heimatlos haben sie sich in diesen Ländern fühlen müssen!

M.W.: Das Zurückrufen des Vergangenen, um einfach das Gedächtnis, das kollektive Gedächtnis zu bereichern durch diese Figuren, ist Johnsons bedeutende Art, uns vor dem Vergessen zu bewahren.

TROTTA: Ist das bei Johnson so obsessionell, um das kollektive Gedächtnis zu bereichern, also ist das von ihm als Verpflichtung eines Autors angesehen worden, so präzise und akribisch wie möglich zu berichten? Inwieweit bereichert es ihn, nicht als Autor, als Mensch, daß er alles weiß?

M.W.: Das Obsessive hat sicher mit einem hohen Anspruch an Genauigkeit zu tun, um das theoretisch grundsätzlich Subjektive der Erinnerung zu objektiveren, so daß jedes Detail glaubhaft ist. Das hat seine Parallele in eurer Filmarbeit. Der Filmausstatter hängt dir irgendein Plakat an die Wand, weil es schön bunt aussieht, und du fragst sofort zurück, kann dieses Plakat zu diesem Zeitpunkt schon an dieser Wand gehangen haben, oder ist das nicht erst 10 Jahre später modern gewesen? Da habt ihr die gleiche Sehnsucht, nicht falsch, sondern authentisch sein zu wollen, bei aller Subjektivität.

TROTTA: Obwohl ich da lange nicht so präzise bin wie meine Mitarbeiter. Ich würde da auch mal fünfe gerade sein lassen, wenn die innere Bewegung, der innere Erinnerungsstoff stimmt. Wenn die Emotion stimmt, wäre mir der falsche Knopf egal. Johnson ist das nicht egal. Da mußte ich mir Mühe geben, ihm zu folgen. Ich denke, unsere Erinnerungen zeigen uns die Dinge ja auch manchmal verschwommen. Nicht immer ist alles gleichermaßen präzise, als könntest du, wie bei einer Kamera, den Fokus verstellen, d. h. scharf stellen. Meine Erinnerungsbilder sind manchmal ganz scharf und dann wieder nicht. Und gerade dieses zwischen scharf und unscharf Hinundherpendeln gefällt mir. Bei mir selbst. Aber Johnson hat versucht, alles, alles scharf zu stellen.

M.W.: Es ist ihm gelungen, Figuren und Schicksale so zu beschreiben, daß du sie genau im Ort hast, genau in der Zeit, genau in der Stimmung, der politischen, der psychischen, der emotionalen, und du verstehst plötzlich politische Vorgänge, weil du sie immer durch die Personen wahrnimmst und nicht abstrakt. Für mich ist ja das geheime Thema des Films wie des Buches: »Bleiben und gehen oder flüchten und standhalten.« Das Schlußbild des Films mit diesem beweglichen Meeresrand kommt mir vor wie ein Sinnbild – stehen, vorwärts gehen und wieder zurückmüssen.

Aber ich muß noch einmal zurück auf die Figuren-Erstellung Gesine kommen. Cresspahl und Gesine sind offenbar deshalb zwei Johnsonsche Helden geworden, weil sich an ihnen beiden als Außenseiter die Charakteristik des unangepaßten Angepaßten, des abhängigen Nonkonformisten, des sehenden Blinden, des bürgerlichen Individuums mit dem schlechten Gewissen, des politisch noch Unentschiedenen, aber alles notierenden Zeitgenossen zeigen läßt.

TROTTA: Ich sagte zu Beginn, daß ich neugierig war auf Gesine als alter ego eines Mannes. Ich habe in Suzanne von Borsody vielleicht mehr unbewußt als bewußt eine Schauspielerin gewählt, die lange Zeit von männlichen Regisseuren abgelehnt wurde, weil sie ihnen zu wenig weiblich erschien und zu selbständig und stark, was mich an ihr gerade angezogen hat. Ich finde sie sehr fraulich, und so streng, wie Gesine vielen bei der Lektüre vorkommt, ist sie bestimmt nicht. Ich habe sie als jemand gesehen, der tapfer ist, und Tapferkeit hat ja immer etwas mit Überwindung von Angst zu tun.

M.W.: Also diese Gesine, wie ja auch der Untertitel der Geschichte klarmacht, ist eine Frauenfigur, von der du sofort bei der Lektüre des Drehbuches eine Vorstellung hattest. War das bei ihrem Verhältnis zu ihrem Kind auch so?

TROTTA: Ein wenig habe ich in Gesine auch meine Mutter wiedererkannt. Sie war unverheiratet und hat sich und mich durch eigene Arbeit durchs Leben bringen müssen. Sie war gebildet, aber hatte nicht den Beruf, der ihrer Bildung entsprach. Gesine stellt man sich auch nicht unbedingt als kleine Angestellte in einer Bank vor. Das war bei meiner Mutter ebenso. Abhängig im Beruf und unabhängig im Denken, d. h. unangepaßter als viele andere, muß sie sich trotzdem anpassen, weil sie das Geld braucht für ihr Kind. Gesine ist zwar gegen den Vietnam-Krieg, darf es in der Bank aber nicht zeigen. Widerstand kann sie nur im Kopf leisten. Das ist auch ihr Problem in der DDR.

M.W.: Uwe Johnson hat einmal gesagt: »Ich habe mit Gesine Cresspahl einen Vertrag, ihr Leben wiederzufinden und aufzuschreiben, in einer Form, die sie billigen kann oder die sie billigen würde.« Das ist das Verhältnis des Schriftstellers zu seiner Figur und zu seiner Erfindung. Ich denke mir, das gilt auch letztlich für die Drehbuchautoren und die Regisseurin dieses Films. Seine Figur wiederzuerfinden, neu zum Leben zu erwecken, zu einem Filmleben, und zwar so, daß sie das auch billigen würde. Spürt man das als Verantwortung?

TROTTA: Da man ja weiß, daß Gesine auch gleichzeitig der Autor ist, schimmert natürlich immer auch Johnson durch. Also für mich war Gesine von vornherein eigentlich klar. Ich habe nie das Gefühl gehabt, ich muß ihr gerecht werden. Manchmal hatte ich aber das Gefühl, Johnson lächelt mir sogar zu, und manchmal dachte ich, warum er jetzt wütend an seiner Pfeife raucht und gar nichts mehr sagt. Aber ich habe immer versucht, ihn mir irgendwie versöhnlich zu stimmen.

Martin Wiebel/Peter Steinbach

5 Fragen, 5 Antworten

FRAGE: Uwe Johnsons *Jahrestage* gelten als einer der bedeutendsten deutschen Beiträge zur Weltliteratur des 20. Jahrhunderts. Wie geht ein Drehbuchautor mit diesem Schatten um? Wie überwindet er die Ehrfurcht und findet für seinen Auftrag, eine verstehbare Film-Erzählung zu schreiben, Mittel und Wege?

ANTWORT: Der Drehbuchautor liest es sorgfältig, und wenn es, wie hier der Fall, zur Freundschaft mit dem toten Dichter führt, bekommt er es erst einmal mit der Angst zu tun. Dann grübelt er: Muß das marmorne Werk nun auch noch verfilmt werden? Aber da es einige ernsthafte Menschen gab, die dem Autor Mut machten, nahm er Hammer und Meißel zur Hand, zerschlug alles zu Brocken, suchte die für den Film brauchbaren heraus und setzte sie neu zusammen.

FRAGE: Uwe Johnsons *Jahrestage* sind übervoll an präzise recherchiertem Alltag im mecklenburgischen Mikrokosmos und in der Weltstadt New York. Wie geht ein Autor mit diesem Überangebot um, damit er seinen Auftrag, eine deutsche Familiensaga und eine Mutter-Tochter-Geschichte und eine Heimat-Geschichte zu schreiben, erfüllen kann?

ANTWORT: Dem Autor sind Familiengeschichten, Mutter-Tochter-Beziehungen nicht fremd. Der Autor hat seine Jugendzeit östlich der Elbe erlebt, den Mikrokosmos Leipziger Vorstadt in der vom Dichter beschriebenen Zeit. Einzig in New York hat der Autor nicht gelebt. Mecklenburg kennt der Autor nur wenig, wenn man absieht von Fritz Reuters *Ut mine Stromtid* und einigen Reisen nach Lesen der *Jahrestage*. Aber der Autor kannte auch den Hunsrück nicht und schrieb trotzdem *Heimat*. Das kann er eben – der Autor. Nur erklären kann er es nicht.

FRAGE: Uwe Johnsons *Jahrestage* sind – ergänzt um seine früheren Bücher – das literarische Gedächtnis der gesellschaftlichen Entwicklung von der Weimarer Republik bis zur Zeit der Revolte, vor allem aber der Jugendzeit der DDR in Zeiten des Stalinismus und der Zeit vor dem Bau der Mauer. Wie bringt der Autor sein Gedächtnis in diese Erinnerungswelt ein?

ANTWORT: Der Autor hat, glücklicherweise, ein fast fotografisches Gedächtnis. So weiß er, wie das Wetter im Jahre 1945 war, wie die Russen rochen, die der Dichter so wahr beschrieben hat. Das Herz hüpfte dem Autor, als er Wassergahn kennenlernte. Er wußte ganz genau, hier schrieb einer aus erster Hand Erlebtes auf. Da brauchte man sich nur einzuklinken, und man war zu Hause in jenen Zeiten. Der Autor liebte vor allem diesen Teil der Erzählung, weil es auch ein Stück seines Lebens war. Dem Autor wurde nach und nach klar, wie sehr ihm die Russen fehlen, jetzt, wo sie nicht mehr da sind – auch eine Erfahrung beim Schreiben eines Drehbuchs.

FRAGE: Uwe Johnsons *Jahrestage* sind Erinnerungsarbeit ohne falsche Versöhnlichkeit denen gegenüber, die Vergangenheit verdrängen, zerstören und vernichten wollen. Er hat versunkene Zeit heraufgeholt und ins Gegenwärtige eingeschmolzen. Wie steht der Autor des Drehbuchs zu dieser Haltung Johnsons, und wie hat er diese in seiner Arbeit gefunden?

ANTWORT: Aber was kann es anderes geben in unserem Beruf, als zu erzählen, was war, nichts hinzuzufügen, zu schwätzen – aber auch die tiefen und mächtigen Gefühle zu erkennen, um sie vorzuführen, auf daß sie von den Zusehern als jene erkannt werden, und man sich möglicherweise schämt, so unbefangen zu leben, wie heute Zeitgeist allenthalben lebt? Nein, keine Belehrung! Unterhaltung, um der Geschichte willen, die nicht vergessen werden darf, auch um des Dichters willen, diesen wunderbaren Geist. Und auch hier wurde dem Autor klar, wie sehr ihm die Dichter fehlen.

FRAGE: Uwe Johnsons *Jahrestage* gelten als eine große Paraphrase über Politik und Verbrechen, über den Versuch des Menschen, sich zu befreien, über Heimat und Heimatlosigkeit, über die Frage flüchten oder standhalten. Worin sieht der Autor für sich den ihm wichtigen »roten Erzählfaden« in seiner Adaption?

ANTWORT: Man träumt so gern vom Ideal, und schnell seufzt man sich in die Wirklichkeit, um festzustellen, daß es im Grunde immer nur um Gerechtigkeit geht. Gerecht zu werden allem und jedem? Wählt man da nicht immer, was einem am nächsten ist? Oder alles aus jedem Kreis, der einem zugänglich war und ist? So eng ist das Leben, wenn man es genau besieht, nur der einzige Ort, an dem man sich bewegt hat, alles andere ist vom Hören und Sagen, aus zweiter Hand und oft zu bezweifeln. Ach, Gerechtigkeit, die Welt wird nicht zur Tat aufbrechen, wenn man dich, Redensart, beim Worte nimmt. Aber den Begriff hinüberzuretten in einen Bericht, eine Geschichte, einen Film, wie wir ihn nach des Dichters Werk versuchten, das war der rote Faden des Autors. Zugegeben – manchmal toller als kühn.

Brigitte Martens-Stüwe

Meine Schwester Gesine

»Du hattest damals so eine lütte Schwester, die hieß GESINE, das war eine stille Zierliche. Den Namen wird sie wohl noch haben, und das helle Haar, wenn auch nicht mehr so weiss.« Das schrieb mir Uwe Johnson in seinem Brief am 3. 2. 1961.

Damals hatte ich mich nur gewundert, daß er sich an dieses kleine Mädchen (geb. 17. 11. 1943), das während unserer gemeinsamen Oberschuljahre (1950-1952) in der Güstrower John-Brinckman-Schule gerade eingeschult worden war, überhaupt noch erinnern konnte, ja sogar noch den Vornamen wußte.

Vielleicht hat ihm dieser Name Gesine, der in Mecklenburg nicht geläufig war, gefallen. Meine Mutter, Gertrud Martens, geb. Stegen, die in der Lüneburger Heide, in Bad Bevensen, aufgewachsen war, brachte diesen Namen mit in's Mecklenburgische. Es muß einfach dieser Name Gesine gewesen sein, denn als »Frau« konnte meine Schwester mit ihren 7-8 Jahren für Uwe noch nicht von Interesse gewesen sein. Uwe Johnson hat aber noch in zwei weiteren Briefen an mich meine Schwester erwähnt. Einmal, in seinem Brief vom 31. August 1963, nachdem wir (d.h. meine Eltern, meine Schwester, zu der Zeit schon 19 Jahre alt, und ich) uns mit ihm anläßlich eines »Mecklenburger Treffens« in Ratzeburg getroffen hatten, schrieb er: »Grüß Deine nette Schwester ...«

Am 25. März 1964 schickte Uwe mir zwei Bücher. Er fügte einen kleinen Brief bei, in dem es heißt: »Eins von den beiden Büchern ist für dich, und eins ist für deine werte Schwester Gesine.«

Er fragte in diesem Brief auch nach dem Rasthaus am Rat-

Frauke, Brigitte und
Gesine Martens (v. l. n. r.)

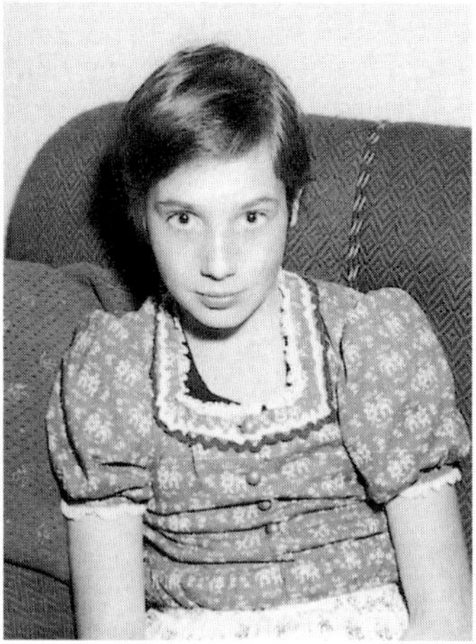

Gesine Martens im
Alter von neun Jahren

zeburger See. Es war das bis heute noch existierende »Fährhaus Rothenhusen« an der Wakenitz, einem Flüßchen, das damals die Grenze zur DDR nach Mecklenburg bildete.

Obwohl ich noch eine Schwester – Frauke – habe, hat er diese, die er auch kannte und die nur vier Jahre jünger ist als ich, niemals erwähnt. Ich bin fest davon überzeugt, daß der Name seiner Titelfigur der *Jahrestage* – nämlich Gesine – auf den meiner Schwester Gesine zurückzuführen ist.

Johnson, Berlin Friedenau,
Postfach 11 (Telefon 855388) 3261

Liebe Brigitte,
ich weiss noch sehr wohl wie wenig ich die hübsche kleine Anrede mochte, die du den unmündigen Kindern im Bus beigebracht hast: so hatten die nichts von der Landschaft, in die

wir sie doch eigens fuhren zur Erholung. Kannst du mir etwas über den Abend sagen, an dem wir im Dunkeln vor der selliner Scheune sassen und zusahen wie (was für welche) aufgestörte Gestalten sich (mit welchen Absichten) hastig bewegten, und was ist daraus geworden? ich glaube wir kamen uns in unserem Stillsitzen sehr vernünftig vor: wieso? Sonst weiss ich aber unter welchem Namen du geboren bist, und du hattest damals eine lütte Schwester, die hiess Gesine, das war eine Stille Zierliche. Den Namen wird sie wohl noch haben, und das helle Haar wenn auch nicht mehr so weiss.

Hingegen bin ich nicht seit langer Zeit verheiratet und habe auch nicht Kinder um mich zu kriechen (womöglich auf einem mottigen Eisbärenfell), mit denen ich nämlich auf den Rummel gehen könnte oder ein Eis essen oder dicke gelbe Bären stehlen im besten Warenhaus am Platze: da wüsste ich noch mehr. Vorläufig komme ich aus mit einem grossen schrägen Fenster über den Dächern, da ist viel Nebel, jetzt zum Beispiel schneit es, durch klarere Luft kann man bis zur Gedächtniskirche sehen aber nicht bis zum Krakower See. An dem Bild freut mich auch der Vordergrund: dass du dich an das miesepetrige verkniffene Gesicht erinnerst. Von den andern habe ich seit mehreren Jahren nichts gehört ausser dass Ingrid Helms jetzt wohl anders heisst und über Hamburg verschwunden ist; und Heinz Lehmbäcker, der beim Deutschen Fernsehfunk in Ostberlin sich vielleicht so oder so beachtlich macht, schreibt mir nicht mehr seit meinem Umzug, er mag aber auch meine Postkarten gar nicht kriegen.

(Einmal war es mir unheimlich jemand von der Schule wiederzufinden: in Bremen hatte eine ›Angelika Schmiegelow‹ sich im Hotel angesagt, und mir war als hätte ich die einmal geohrfeigt beim Aufsicht-Führen auf dem Unteren Flur. Da sperrten mich zwei Mädchen in ihre Zehnte Klasse und hielten die Tür von aussen zu, während ich oben Mü sitzen wusste mürrisch vor dem Klassenbuch. Sollte es die sein? Dann kam sie, aber ich hatte sie nicht geohrfeigt, wie kam ich bloss darauf? und wir fanden dann beide nicht heraus: wen denn nun.) Dagegen ist es natürlich eine reine Freude mit einer geborenen Martens, die in der Hafenstrasse gewohnt hat im fünfzehnten Haus und meint dass ich das am Ende vergessen hätte.

Neulich hatte mich eine berliner Schulklasse eingeladen zum Reden über alles während der Unterrichtszeit. Denn der Lehrer hatte den Zweiten Teil von Goethes Faust angekündigt. Da wollten sie sich lieber unterhalten über meine Satzzeichen, von denen so viele fehlen (meinen Sie das ulklig, oder –?). Der Lehrer sass still dabei und hielt die Hände auf der Aktentasche, die er nicht aufkriegen konnte, und ergab sich ganz. Diese jungen Herren, denen immer noch was Längeres einfiel (bis sie nämlich auch die zweite Stunde am Ende hatten), habe ich beneidet: denn sie sind viel mehr durch die Wissenschaften gehetzt worden als wir, vor ihren Augen passieren mehr und heitere Ereignisse, und jeder ist mindestens einmal in Schweden oder Portugal gewesen; wir damals haben trocken Brot gegessen immer in dem selben Haus angebunden: mit einer hiesigen Abiturklasse verglichen. In allem übrigen sind wir natürlich überhaupt nicht zu vergleichen: denn niemand hat heute noch ›Erzieherpersönlichkeiten‹ (nicht wahr), die auf noch so dicke Glückwünsche nicht antworten wie das Häschen in der Grube, oder einen, der betrübt den Kopf schüttelt (wenn einer sich beim besten Willen nicht auf den Vornamen des Kaspischen Meeres besinnen wollte, ich habe nämlich gestern Nasenbluten gehabt) und ganz und gar erbärmlich sagt: Also. Also es sind doch immer die selben. Immer! die selben . . .

Darüber würde ich gern einmal wieder reden, und wenn ich nach Lüneburg komme, sehe ich bei euch nach dem Rechten und nach dem linken, denn um den muss sich auch mal einer kümmern. Am 19. März bin ich in Lübeck, da wird Lüneburg wohl weniger weit entfernt sein als sonst; das weiss ich aber noch nicht gewiss.

Wie siehst du heutzutage aus? Schick doch mal eine Fotografie, so eine, weisst du: Mudding sitzt brav auf dem Sofa, denn die Verwandtschaft ist zu Besuch gekommen.

Mit herzlichen Grüssen, die du dir auch wünschen kannst in verschiedenfarbiger Lackierung,

Uwe.

in Friedenau 31 August 1963

Liebe Brigitte,
meine liebe Frau bedankt sich für deine Grüsse und glaubt sie ebensowenig wie die Behauptung: du kenntest sie doch. Denn wenn Epi dunkle Bilder von einem ›zierlichen, nbüschn asiatischen und hochstimmigen Wesen‹ beschwört: sagt nun wieder sie: kannst du nur zugestimmt haben, um der Sache endlich den Hals umzudrehen, nachdem du sie grossgezogen hattest mit lauter Zweifeln ob es denn meine liebe Frau überhaupt gibt.

Zwar verfügt sie über Beweise, nach denen sie einmal durch dein Vorleben kam. Damals wurde sie von dir ›Schmidtchen‹ gerufen und empfand das als eine Roheit gegen den denkwürdigen Namen Schmidt, und sie findet denn auch heute noch nicht, sie hätte mit dem Erwerb des meinen einen Fischzug gemacht, mit dem man zufrieden sein kann.

Zweitens, sie hat dir und Ingrid Helms einmal, wider Willen, den Rang abgelaufen. Ihr wart zusammen in der Heiligengeistschule, allerdings in parallelen Klassen, und Ingrid und du hattet das Amt bei der Schulspeisung im Winter 1945/46. Da kam in der ersten Pause der Bäcker und schüttete die Brötchen in eine grosse dunkelbraune Weidenkiepe, die musstet ihr dann verteilen ans hungrige Volk. Nun wurde meine liebe Frau (so nenn ich sie lieber gleich: es ist bequemer) aber einmal die Beste, auch Vertrauensschülerin oder wie das hiess, und bekam also euer Amt. Sie hatte es nicht haben wollen. Ihr wart vielleicht da gerade nicht so auffällig rühmenswert im /Unter-

richt. Nun war sie damals ähnlich vergesslich wie heute (da sie mitunter in die Stadt geht und mich von da aus anruft mit der Frage was sie denn eigentlich besorgen wollte), und sie vergass es drei Tage lang, regelmässig mit der Kiepe vor dem Bäcker zu erscheinen, so dass die Rektorin nur noch durch die Nase schnaufte und grobe Töne sprach von /wegen der Unzuverlässigkeit der damaligen Jugend, die hatte ja auch keine Ehrbegriffe, wenn ich es recht verstehe, ich meine euch, die Jugend vom Dienst. Und beim dritten Mal zeigte Klein Elisabeth sich gar nicht mehr, mochte den Anpfiff nicht persönlich entgegennehmen, stand hinter der Tafel, liess die Rektorin, Elisabeth Müller, rufen und ihre Sprüche klopfen. Sie stand da, war blutrot im Gesicht und malte zwecklos was auf die Rückseite. Dann kam sie hervor und liess sich von der Klasse fragen: ob sie vielleicht gedacht habe man hätte sie nicht sehen können durch das Gestell? In dem Moment auf dem Korridor bekamt ihr, du und Ingrid, das beliebte Amt zurück von Frau Müller, die vielleicht ihre Ehrbegriffe knistern hörte. Später kamt ihr zusammen in die Hafenschule, du und Ingrid in eine, Sabine Romberg und Schmidtchen in die andere 7. Klasse. Im Jahr darauf ging Schmidtchen weg aus Güstrow, so dass ich m.l. Frau erst acht Jahre später kennenlernen konnte und erst einmal Brigitte Martens in mein Leben trat, an die ich hier gerade schreibe, so kann es kommen.
– Das hat die Martens doch längst vergessen, die hat doch andere Sorgen: sagt sie, und wir frühstücken weiter.
– Die hat keine Sorgen: sage ich nach reiflicher Überlegung, und eben das wünschen wir dir beide.

Ihr sollt jedenfalls uns anrufen, wenn ihr in Westberlin /seid. Die Nummer steht im Buch. Dann wollen wir euch einen kochen, einen zeigen und einen eingiessen.

Grüss deine nette Schwester.

[...], deinen Mann, deine Eltern. Das war alles recht und billig in Ratzeburg. Nur Epi muss es immer schwer haben.

Uwe.

Uwe Johnson, Postfach 11, 1 Berlin 410
25 Mrz 1964

Liebe Brigitte:
Eins von den beiden Büchern ist für dich, und eins ist für deine werte Schwester Gesine.

Erinnerst du dich: im vorigen Jahr am 17. Juni haben wir am Ratzeburger See zu Mittag gegessen, wo die Wakenitz anfängt. Weisst du wohl wie der Gasthof heisst, und zu welcher Ortschaft er gehört?

Vielleicht ist dir aufgefallen dass ihr immer noch nicht in Berlin wart, und ich weise eigens darauf hin, weil wir euch doch einen kochen wollen und einen zeigen.

Artig grüsst dich ein Kind aus deiner Schule,

Uwe.

Peter Haubold

Die Figuren – Lesarten für den Film

New York 1968

GESINE CRESSPAHL
- lebt seit 1962 zusammen mit ihrer Tochter Marie in New York.
- arbeitet in einer Bank und steigt auf; aus der kleinen Angestellten wird die wichtige Helferin ihres mächtigen Chefs de Rosny, für den sie heimliche Dollarkredite für den »Prager Frühling« einfädeln soll.
- hat Schwierigkeiten im Umgang mit Männern. Weil ihre große Liebe Jakob Abs, der Vater von Marie, quer über die Gleise ging und dabei zu Tode kam, will Gesine keinen neuen Schmerz. Ihr Verehrer D. E. (Dietrich Erichson) wirbt um so hartnäckiger um Heirat und wenigstens Zusammenleben. Als Gesine endlich in die Eheschließung einwilligt, stirbt auch Erichson.
- pflegt Umgang mit den Toten, Jakob erscheint ihr bisweilen. Doch hält sie sich deshalb nicht für verrückt, sondern bloß für sensibel im Umgang mit dem Vergangenen.
- erzählt ihrer Tochter ihre Lebensgeschichte zwischen Mecklenburg und den USA:
  - geboren am 3. 3. 1933 in Jerichow;
  - aufgewachsen unterm Hakenkreuz;
  - wegen religiöser Wahnvorstellungen der Mutter Lisbeth Cresspahl beinahe zu Tode gekommen;
  - enge Bindung an den Vater Heinrich Cresspahl, der während des Krieges für die Engländer spioniert;
  - nach der Verhaftung des Vaters durch die Sowjets auf sich allein gestellt;

- verehrt Jakob und lernt zu warten, bis er sie nicht mehr als kleines Mädchen ansieht;
- lernt tanzen und sich anzupassen im sozialistischen Schulsystem;
- gerät mit ihren Jugendfreunden Pius und Lockenvitz in Opposition zu Hammer und Zirkel;
- wird zusammen mit ihrer Freundin Anita verhaftet und verläßt die DDR;
- vermag sich auch mit dem kapitalistischen Gesellschaftssystem nicht anzufreunden und emigriert nach New York;
- lebt hier bescheiden auf der Suche nach Heimat und einem Leben, das ihr gestattet, noch Ideale zu besitzen.

MARIE CRESSPAHL
- geboren im Juli 1957 in Düsseldorf, ist inzwischen New Yorkerin mit Leib und Seele. Sie besucht eine christliche Schule und leidet unter der Intoleranz der Nonnen, die sich Lehrerinnen nennen.
- ist Gesines geduldigste und neugierigste Zuhörerin und lernt dabei ein selbständiges Leben. Sie will von ihrem toten Vater hören und einen richtigen Vater haben. Um Gesine und D. E. zusammenzubringen, erfindet sie manche List.
- wünscht sich ein Fernsehen, um am richtigen Leben teilnehmen zu können. Das richtige Leben sind der Krieg in Vietnam und die politischen Morde an Robert Kennedy und Martin Luther King. Hält Demonstrationen für eine sinnvolle Form des Protests und ärgert sich über ihre Mutter, die damit ihre Schwierigkeiten hat.
- hängt an ihren Freundinnen Rebecca und Marcia und hat trotzdem Streit mit ihnen. Unter anderem wegen mangelndem Patriotismus und Engagement für die schwarze Mitschülerin Francine.
- ist aufgrund mütterlicher Prägung frühreif und altklug und weiß für ihr Alter erstaunlich viel.

JAKOB ABS

- geboren 1928 und bereits gestorben, wenn er in New York auftritt.
- kam 1945 als Flüchtling mit seiner Mutter aus Pommern und wurde im Haus Cresspahls einquartiert. Nach Cresspahls Verhaftung zwangsläufig in die Rolle des Haushaltsvorstands gedrängt.
- behauptet sich auf dem Schwarzmarkt, arbeitet nach dem Krieg bei der Reichsbahn und wird später Streckendispatcher.
- glaubt trotz allem an den Sozialismus als das überzeugendere Gesellschaftssystem und entscheidet sich, trotz oder wegen eines Besuchs bei Gesine im Westen, für die Rückkehr in die DDR.
- braucht viele Jahre, bis er in dem einstigen Kind Gesine die Frau entdeckt. Als die Liebe ausbricht, ist es zu spät. Zerrieben vom Machtkampf der politischen Blöcke, überwacht und beschattet von der Staatssicherheit, haben Gesine und Jakob keine gemeinsame Zukunft.
- ist immer quer über die Gleise gegangen, bis er von einer Rangierlok überfahren wird.

D.E. (DIETRICH ERICHSON)

- stammt ebenfalls aus Mecklenburg und arbeit für die NATO. Hat der Vergangenheit abgeschworen und entwickelt ein Frühwarnsystem gegen sowjetische Angriffe. Ist daher viel auf Reisen und sehnt sich um so mehr nach einem geregelten Leben an Gesines Seite.
- liebt gutes Essen, lebt zusammen mit seiner Mutter in einem exquisiten Landhaus, fährt einen Bentley und vertraut überraschenden Auftritten.
- weil selbst illusionslos geworden, kann er Gesines vage Hoffnung auf einen humanen Sozialismus nicht mehr teilen. Riskiert deswegen sogar die Trennung.
- stirbt bei einem Flugzeugabsturz über Skandinavien.

ANITA GANTLIK

- ist Gesines Freundin seit Schultagen. Wurde als junges Mädchen von Rotarmisten vergewaltigt und kommt seither von den Russen nicht mehr los. Lebt in Westberlin, unterstützt die APO und ist gleichzeitig Fluchthelferin.
- ist bis heute Gesines Vertraute in Herzens- und sonstigen Angelegenheiten, in dringenden Fällen reist sie sogar nach New York.

DE ROSNY

- amerikanischer Businessman, Vizepräsident der Bank, in der Gesine arbeitet. Reich, oberflächlich, mäßig kompetent, dennoch erfolgreich. Tarnt seinen Prager Dollardeal, den Gesine einfädelt, als Affäre mit dieser Mitarbeiterin, die manchmal ernst zu sein scheint. Undurchschaubar, überrascht Gesine mit immer neuen Prüfungen wie dem Test am Lügendetektor. Enge Bindung nur an seinen schwarzen Chauffeur Arthur.

MRS. FERWALTER

- jüdische Nachbarin der Cresspahls, Überlebende des Holocaust. Verströmt trotz eintätowierter KZ-Nummer Wärme und Herzlichkeit im Großstadtdschungel von Manhattan.

REBECCA FERWALTER

- Mitschülerin Maries und gelegentliche Freundin.

MARCIA

- Mitschülerin Maries, beschimpft die Freundin als Kommunistin.

FRANCINE

- schwarze Alibischülerin, die Maries Schule staatliche Zuwendungen sichert. Stammt aus elenden Verhältnissen im Ghetto und kann mit der Barmherzigkeit der Weißen nur schwer umgehen.

SISTER MAGDALENA

- Lehrerin im Nonnengewand, Anhängerin schwarzer Pädagogik.

Mecklenburg 1933 – 1962

HEINRICH CRESSPAHL

- Vater von Gesine, geboren 1888, Tischler von Beruf.
- einst überzeugter Sozialdemokrat, emigrierte er in den Zwanziger über die Niederlande nach England. Wird wie von einem Blitz getroffen, als er die wesentlich jüngere Lisbeth Papenbrock sieht. Macht sich zum Narren, bleibt in Jerichow und hält um Lisbeths Hand an.
- will in England leben und kehrt trotz der Nazis endgültig nach Deutschland zurück, als Lisbeth Mutter wird.
- rettet Gesine vor Lisbeths Wahn und ist nach deren Tod treusorgender Vater, der Gesine das Lügen und das Schweigen beibringt, um zu überleben.
- arrangiert sich unterm Hakenkreuz, baut am Jerichower Militärflughafen mit, spioniert aber für die Briten. Wird deshalb nach Kriegsende von den Engländern zum Bürgermeister ernannt.
- setzt dieses Amt unter sowjetischer Herrschaft fort. Säuft mit dem russischen Kommandanten Pontij, um das Schlimmste zu verhindern, wird aber dennoch Opfer undurchschaubarer Gesetze. Wird von den Sowjets in einem ehemaligen KZ interniert und kehrt nach Jahren als gebrochener Mann zurück.

– verbringt seinen Lebensabend in Jerichow und begreift weit mehr, als viele Menschen ihm noch zutrauen, ist dabei aber noch wortkarger geworden als zuvor.

LISBETH CRESSPAHL, GEB. PAPENBROCK

–jüngste Tochter des reichen Getreidehändlers, geboren 1906. Verdreht Cresspahl den Kopf, wandert mit ihm nach England aus und kehrt, krank vor Heimweh, auf eigene Faust zurück, um ihre Tochter zur Welt zu bringen.
– luchst ihrem Vater ein Haus ab und bewegt Cresspahl dadurch zum Bleiben.
– ist streng religiös und verzweifelt am Widerspruch von Glauben und Wirklichkeit. Steigert sich in Schuldgefühle und hält sich für verantwortlich für das Leiden rings um sie. Würde ihre Tochter gerne opfern, um ihr Leid, Schuld und Sünde zu ersparen.
– ohrfeigt auf offener Strasse den nationalsozialistischen Bürgermeister Jansen, als dieser ein jüdisches Kind erschießt.
– begeht anschließend Selbstmord.

ALBERT PAPENBROCK

– deutschnationaler Getreidehändler, reichster Mann in Jerichow. Regiert seine Familie mit patriarchalischem Gestus. Mag weder Nazis noch Sozialisten.

LOUISE PAPENBROCK

– frömmelnde Gemahlin von Albert.

HORST PAPENBROCK

– leidet unter dem autoritären Vater und kompensiert seine Ohnmacht durch aktives Hitlertum.

MUTTER ABS

– Mutter von Jakob, wird Muttterersatz auch für Gesine. Könnte sich ein Leben als Siedler mit Cresspahl vorstellen. Gerät in Panik, als die Staatssicherheit sie wegen Gesine anspricht und flieht in den Westen.

DR. SEMIG

– jüdischer Tierarzt in Jerichow. Taufpate Gesines, gerät wegen Berufsverbots in die Krise, weigert sich aber hartnäckig, zu emigrieren. Erst sanfter Druck der Freunde läßt ihn auswandern.

DORA SEMIG

– hält ihrem Mann auch in schweren Zeiten die Treue.

PETER WULFF

– Gastwirt in Jerichow, Freund von Cresspahl. Wie dieser ehemaliger Sozialdemokrat und Kämpfer gegen reaktionäre Kräfte. Gibt Cresspahl Ratschläge und übt Kritik. Hält trotz Differenzen an schwierigen Freundschaften fest.

WILHELM BRÜSHAVER

– Pastor in Jerichow. Beerdigt die Selbstmörderin Lisbeth und redet sich an ihrem Grab um Kopf und Kragen. Wird deshalb von den Nazis interniert und verliert seine Zähne, nicht aber seinen Glauben. In der Nachkriegszeit vorsichtige Freundschaft mit Cresspahl.

AGGIE BRÜSHAVER

– Frau des Pastors, überbrückt die Gräben zwischen dem Gottesmann und dem Tischler Cresspahl, der zuviel falschen Glauben erleben mußte.

OTTJE STOFFREGEN

– linientreuer Lehrer in Jerichow. Hätte selbst gern Lisbeth geheiratet und läßt seine Enttäuschung mit dem Rohrstock an den Kindern aus.

JANSEN

– Bürgermeister in Jerichow während der Naziära, ist scharf auf arische Schäferhunde, behauptet sich durch grenzenlosen Opportunismus.

FRIEDA KLÜTZ

– Telefonistin und Klatschbase in Jerichow, spuckt Juden an und verbreitet üble Gerüchte.

PONTIJ

– sowjetischer Kommandant in Jerichow. Hat seinen Sohn im Krieg verloren und ertränkt seine Trauer in russischem Wodka. Vertraut den Segnungen des Kommunismus, erläßt widersprüchliche Befehle, droht mit Erschießung wegen Ungehorsams und wundert sich, daß Bürgermeister Cresspahl damit nicht zurechtkommt.

WASSERGAHN

– sowjetischer Soldat mit Schwierigkeiten der Aussprache des Deutschen, daher rührt sein Name. Vermittelt zwischen Cresspahl und Pontij, macht außerdem Geschäfte mit Jakob.

BETTINA RIEPSCHLÄGER

– Das Blonde Gift genannt. Lehrerin auf sozialistischer Parteilinie, wittert Verrat und Obszönitäten ihrer Schüler. Kauft heimlich in Westberlin ein und wird nicht nur deshalb zur meistgehaßten Pädagogin.

PIUS PAGENKOPF

– Mitschüler Gesines im Gymnasium, Tanzpartner, Vertrauter, Freund und Arbeitsgemeinschaftspartner. Unterläuft sozialistische Ideale mit Ironie und Witz.

DIETER LOCKENVITZ

– Mitschüler Gesines im Gymnasium, zeitweilig verliebt und ebenfalls der schulischen Arbeitsgemeinschaft zugehörig. Sieht die Dinge sehr ernst.

ROHLFS

– Angehöriger des Staatssicherheitsdienstes, bekundet intensives Interesse an Gesine, als diese in Düsseldorf für die NATO arbeitet. Appelliert an sozialistische Ideale, um Jakob auf seine Seite zu ziehen, und hilft indirekt, aus Jakob und Gesine ein Paar werden zu lassen

Christoph Busch

Daughters have human feelings, too. Für daß ich zurückkomme.

Bisher unbekanntes Dokument zum Leben der Cresspahls in New York entdeckt.

Während der Recherchen zum Drehbuch für die Verfilmung der »Jahrestage« kam es in New York auch zu einer Begegnung mit Rebecca Ferwalter, die den Autoren bisher unbekannte Aufzeichnungen ihrer Freundin Marie Cresspahl von 1968 anvertraute und folgende Erläuterungen gab:

Gespräch mit Rebecca Ferwalter am 5. Januar 1995
(Übersetzt aus dem Amerikanischen)

Im August 1968 ist meine Freundin Marie mit ihrer Mutter nach Europa geflogen. Meine Mama hat in der Zeit auf die Katze der Cresspahls aufgepaßt. Wenn ich mich richtig erinnere, hieß die »Memory«. Ja, stimmt: Wir haben immer »Memo« gesagt. Ein eigensinniges Tier war das ...

Jedenfalls, damals hat Marie gesagt, daß sie nur kurz Urlaub machen wollen. Darum habe ich mich auch gewundert, als sie mir eine mit Bindfaden verschnürte Kladde gab und erklärte: Ich sollte die gut für sie aufbewahren, »für daß ich zurückkomme«. Sie hat immer schon ein bißchen anders als ich geredet. Meine Mama hat gemeint: »Ist gute europäische Erziehung.« Aber ich glaube, das kam bloß von ihrer Mutter, die hat nämlich furchtbar viel über alles nachgedacht ...

Jedenfalls, zurückgekommen ist Marie ja. Aber sie wollte

die Kladde gar nicht wiederhaben: Weil sie selbst nach allem, was passiert war, eine andere sei und – anders als ihre Mutter – möglichst wenig wiederholen wolle. Das verstehe, wer will. Aber der D. E. war ja auch wirklich ein wunderbarer Mann. Obwohl er meine Mama anfangs an ihre schlimme Zeit mit bösen Deutschen erinnert hat. Er war auch so groß gewachsen und kräftig. Aber dann hat Mama ihn richtig gemocht, mehr als Gesines Chef ...

Jedenfalls, umgezogen ist Marie auch. Weil diese Wohnung am Riverside-Drive – Ridri haben wir als Kinder immer gesagt –, weil die Wohnung sie und ihre Mutter an die Vergangenheit gebunden hätte. Da haben wir uns halt aus den Augen verloren. Ich bin dann ja Schwimmlehrerin im Marseille-Bad geworden ...

Jedenfalls, wenn Sie jetzt das Leben meiner besten Freundin verfilmen wollen, sollen Sie alles wissen, was Ihnen hilft. Ich mußte schon lange suchen. Aber dann habe ich Maries Kladde tatsächlich wiedergefunden, im Keller, im Karton mit den »Readers Digest« von meiner Mama. Ich meine, bevor ich irgendwas erzähle, was dann hinterher nicht stimmt ...

Jedenfalls, ich hab's selber nie gelesen. Weil ich nur ein paar Worte Deutsch kann, von Marie: Dumm wie eine Badgast. Oder: Du lükst so schen. (lacht) Vorsikt an der Bahnsteigkant.

*

In Anbetracht der umfangreichen und intensiven Johnson-Forschung schien den Autoren Skepsis gegenüber diesem überraschenden neuen Dokument angebracht. Daher haben wir uns die Mühe gemacht, die Aufzeichnungen mit den Angaben in den »Jahrestagen« abzugleichen und entsprechende Seiten-Verweise in den Text einzuarbeiten. Für uns steht angesichts der Fülle der Übereinstimmungen zwischen Maries Aufzeichnungen und denen des Schriftstellers Uwe Johnson die Echtheit des Heftes zweifelsfrei fest. Und wir freuen uns, diesen Text der Öffentlichkeit vorstellen zu können: einen Text, der ohne die Verfilmung der »Jahrestage« nicht ans Licht gekommen wäre.

Maries Aufzeichnungen

New York

Ich heiße Marie Henriette Cresspahl und bin am 21. Juli 1957 in Düsseldorf geboren. 1961 hat meine Mutter Gesine Cresspahl mich einfach mit nach New York genommen. Da war ich noch klein und wollte sofort nach Deutschland zurück (387). Aber jetzt bin ich schon über elf und will überhaupt nicht mehr weg aus New York. Ich möchte nirgend woanders leben (259). Ich vertraue diesem Land, auch wenn ich meinen Kummer mit dem Präsidenten habe (494). Am liebsten wär' ich sogar hier geboren (189). Aber das hat meine Mutter nicht hingekriegt. Warum, weiß ich erst seit kurzem.

Meine Liebe zu New York fing schon nach einem halben Jahr an, als die Kassiererin im Supermarkt mir zum zweiten Mal einen Dollar-Schein vor die Augen hielt, mich nach dem Mann darauf fragte und ich seinen Namen wußte: George Washington (387). Inzwischen fahr ich längst alleine U-Bahn (367) und erkunde die neuen Fahrpläne. Obwohl meine Mutter sich immer noch Sorgen macht, weil in der »New York Times« immer so wilde Geschichten über die U-Bahn stehen (372). Aber ich erkenne Rauschgiftsüchtige und Betrunkene sofort und lasse mir auch die Einkaufskarre nicht klauen (1663). Ich bin sogar stolz auf New York: Hier werden so viele Weihnachtspäckchen ausgetragen wie in ganz Frankreich (423).

Mein Amerikanisch ist besser als das meiner Mutter (1023, 1358). Darum brauch' ich auch nicht die »New York Times« zu lesen, um zu wissen, was los ist. Wegen Marihuana und so weiter frag ich einfach unsere Fahrstuhlführerin Esmeralda (292). Auch über rape weiß ich schon lange Bescheid (1067), obwohl meine Mutter unserer besten Freundin Anita schreibt, daß sie mich darüber aufgeklärt hat (1547). Und wenn wir im feinen Air-Port-Restaurant auf unseren D. E. warten, benehme ich mich sicherer als meine Mutter (1086).

Am liebsten würde sie hier ein Haus kaufen. Am besten auf dem Lande, auf Staten Island vielleicht. Weil sie das an Mecklenburg erinnert, wo sie selber Kind war (1223 ff.). Wo sie aber eigentlich auch nicht wieder hinwill, weil da nur noch die Gegenden übrig sind, aber nicht die geliebten Menschen (1008). Ihr gefallen ja inzwischen auch manche Sachen in New York. Nicht nur ihre verehrte »New York Times«, sondern zum Beispiel auch die roten Wagen der Feuerwehr (1882). Darum lache ich bloß, wenn sie mal Bücher liest wie »Die Einsamkeit des Menschen in der modernen amerikanischen Gesellschaft« (1812). Und wenn sie trotzdem mal das Heimweh überfällt, spielen wir einfach »Sseidomanoe« (1482 ff.) und fliegen auf unseren Wünschen überallhin.

Freundinnen

Ich habe mehr als zwei Dutzend Freundinnen und Freunde in New York, große und kleine (24). Meine beste Freundin ist Rebecca Ferwalter. Sie ist so alt wie ich, und ihre Mutter hat einen Teil ihres Lebens in den Konzentrationslagern der Deutschen verloren. Aber Mrs. Ferwalter glaubt, daß es Gottes Schluß war, was die Deutschen den Juden getan haben (792). Außerdem sieht sie bei meiner Mutter und mir nicht das Deutsche, sondern nur das gute Europäische (47, 789).

Darum darf ich mit Rebecca spielen, im Park oder im Marseille-Bad. Da tauchen wir um die Wette nach unseren Schrankschlüsseln (488). Leider kann Rebecca nicht mitkommen, wenn ich jeden Samstag mit der South Ferry fahre: Weil Juden am Sabbath nicht reisen dürfen. Und ihre Eltern sind richtige Orthodoxe (585). Die denken wie im Alten Testament, daß sie mit Züchtigen Liebe beweisen. Darum hat Rebecca große Angst vor ihrer Mutter, wenn sie mal Eis ißt, obwohl sie es wegen Gott nicht darf (791). Aber Weihnachten hat Rebecca es besser als ich: Chanukka geht acht Tage, und sie bekommt jeden Tag etwas geschenkt (501).

Meine schwerste Freundin ist Francine. In meiner Klasse

sind nur weiße Mädchen. Um Zuschüsse von der Regierung zu bekommen, haben die blöden Nonnen ein schwarzes Mädchen geholt und ausgerechnet neben mich gesetzt (218). Francine wohnt gar nicht weit weg von uns in der 103. Straße West. Aber mit ihrer ganzen Familie in einem Zimmer. Und ihr Bruder hat versucht, es mit ihrer Schwester zu machen (345 f.). Darum ist sie meistens auf der Straße und weiß vieles nicht im Englischen oder beim Rechnen oder wo Montreal liegt (219). Ich habe ihr geholfen. Nur aus Anstand!

Aber Francine wurde deshalb immer netter zu mir, und meine echten Freundinnen dachten, ich mach das aus Liebe zu ihr (220). Darum habe ich Halloween auch keine Party bei mir gemacht, obwohl ich es mir vorgenommen hatte (221). Ich bin lieber mit meinen weißen Freundinnen auf Marcias Party gegangen. Zu der nach Hause dürfen nämlich keine gefärbten Kinder kommen (249). Meiner Mutter habe ich meine Sorgen mit Francine und meinen Freundinnen erst nach sieben Wochen erzählt (219), weil sie sich immer so aufregt, wenn es um die Behandlung von Negern im allgemeinen geht (221). Diesmal hat sie mir aber ganz ruhig den Tip gegeben, ich soll meine Freundinnen um Hilfe für Francine bitten, damit sie glauben, daß ich es wirklich nur aus Anstand mache (221).

Von da an fiel mir das Helfen leichter. Ich bin sogar mit Francine in die Städtische Bibliothek in der 100. Straße, damit sie dort sitzen und arbeiten kann. Sie ist immer besser im Unterricht geworden (347). Als ihre Mutter in eine Messerstecherei geraten ist, hat Francine uns angerufen, daß wir sie da rausholen (705).

Ihr Wohnen mit uns war schwer. Weil unser Hausmeister, selber ein Gefärbter, damit unzufrieden war (705). Weil wir sie so schnell sauber haben wollten, daß sie sich ganz schnell schmutzig fühlte. Weil ich eine eigene Schreibmaschine habe und ein eigenes Zimmer (441). Weil ihre Hände nicht gewohnt waren an Mikado und Essen mit Messer und Gabel (706). Als sie endlich fast bei uns zu Hause war, hat ein Fürsorger sie geholt, weil ihre Mutter das wollte (769 ff.). Nach einiger Zeit ist sie auch nicht mehr zur Schule gekommen. Ich bin mit Gesine im Slum suchen gegangen. Aber wir haben Francine nicht wiedergefunden (841 ff.). Darum habe ich meinem letzten Geburtstag auch keine Party gemacht: Weil ich sie nicht einladen konnte (1591).

Seit Francine weg ist, geht es wieder leichter mit Rebecca. Denn solange Francine bei uns war, hat Rebecca sich höchstens mal für zehn Minuten in unsere Wohnung getraut. Ihre Mutter hat ihr angst gemacht vor den Schwarzen und ihren Häusern (707). Später durfte Rebecca überhaupt nicht mehr kommen (792). Ihre Mutter glaubt nämlich im Ernst, daß Gott die Neger nur gemacht hat, damit sie in Armut und Sünde leben (791).

Schule

Meine Schule hat Gott jedenfalls gemacht, um mich zu ärgern. Denn was mir in New York überhaupt nicht gefällt, ist die katholische Nonnenschule, auf die ich gehen muß. Da darf man nicht mal eine Uhr tragen (1590), und Sister Magdalena ist eine Sau (24)! Das darf meine Mutter nicht hören. Sie spart sich nämlich das Geld für diese feine Schule von ihrem kleinen Gehalt als Bankangestellte ab, damit ich später feine Universitäten besuchen kann.

Fromm ist meine Mutter trotzdem noch lange nicht. Im Gegenteil: Obwohl es bisher in ihrem Leben nicht mit dem Sozialismus geklappt hat, nimmt sie seine Versprechungen immer noch beim Wort (818) und will auf den individuellen Protest nicht verzichten (340). Und dann wundert sie sich, daß ich dauernd Ärger mit Sister Magdalena habe. Bloß weil ich in einem Aufsatz über einen Brand bei uns gegenüber geschrieben habe, daß ich mir so den Krieg in Viet Nam vorstelle (179). Oder weil ich wütend war, wie die Eroberer mit den Indianern umgegangen sind (312). Den Vergleich der Fähigkeiten Präsident Johnsons mit denen Bugs Bunnies hatte ich sogar aus der »New York Times« (315). Trotzdem hat Sister Magdalena Gesine vorgeladen und ihr einen Psychologen empfohlen. Jetzt soll ich mich bei dem alten Ungeheuer auch noch entschuldigen.

Politik

Meine Mutter kann eben ganz schön konsequenzlos sein. Vor allem bei der Politik: Sie ballt in amerikanischen Flugzeugen die Faust zum sozialistischen Gruß, daß ich mich schäme (1841). Und sie sagt, die Sowjets nach dem Krieg in Deutschland seien eine gute Schule für sie gewesen (1001), die sie nicht missen möchte. Sie behauptet sogar, den Sozialismus dem Kapitalismus vorzuziehen. Aber sie arbeitet in einer kapitalistischen Bank (1025)! Vielleicht traut sie sich deshalb nicht, mit mir auf eine Demo gegen den Viet-Nam-Krieg zu gehen und findet immer neue Ausreden (206 ff.). Unsere beste Freundin Anita in West-Berlin ist viel radikaler (988 ff.). Die läßt sich von Polizisten von der Straße spritzen. Meine Mutter läßt sich schon von kleinen Ungenauigkeiten in einem Flugblatt abschrecken (1095).

Einmal ist sie trotzdem in demo-tauglicher Kleidung mit mir gekommen (1069). Aber der Auftritt verkleideter amerikanischer Mädchen als Vietnamesinnen, die mit Wasserpistolen erschossen wurden, war ihr peinlich. Mir auch ein bißchen (1073). Trotzdem soll sie nicht immer so pingelig sein. Wenn ich Geld für vietnamesische Kinder spenden will, sagt sie, daß das bloß Mitleid ist und darum falsch (1407). Wenn ich Bettlern ein bißchen Geld gebe oder wenigstens eine U-Bahn-Münze, meckert sie, weil Caritas und Reform die Gesellschaft nicht verändern (887-8). Dabei gibt sie heimlich selber Bettlern Geld und nennt es einfach »privat« (1203). Das Leben mit meiner Mutter ist nicht leicht. Aber das denke ich mir lieber auf englisch (1024).

D. E.

Wenn ich meine Mutter mal überhaupt nicht mehr verstehe, dann rede ich mit unserem D. E. über sie (1544). Der heißt eigentlich Dietrich Erichson. Ich nenne ihn immer nur »D. E.«. Weil das auch »Dear Erichson« heißen kann (44, 534, 1880). D.E. ist Professor, kann aber auch gut spielen, zum Beispiel mit Geheim-Kodes (43) und sogar mit schwarzen Kindern wie Francine (709). Er kann auch gut Sachen erklären, zum Beispiel, warum man nach Gewittern leichter atmet (1584). Und daß Weißbuchen wie die kleine bei uns im Park auch für Baumwände in Versailles benutzt wurden (1592). Von ihm habe ich auch gelernt, daß man im Funksprechverkehr mit Gott und den Menschen ebenso richtig »Amen« oder »over and out« sagen kann (342). Außerdem weiß er noch bösere Schimpfwörter für Politiker als ich (1090). Deshalb gehe ich auch gerne mit auf dem Rücken verschränkten Händen wie er hinter ihm her (342), wie Gesine es bei ihrem Papa gemacht hat.

Darum holt Gesine auch D. E. zur Hilfe, wenn sie mit meiner Erziehung nicht weiterweiß, wie beim Mord an Robert Kennedy, als ich so furchtbar traurig war (1317, 1324). D. E. hat bloß mit mir ferngesehen, was ich ja sonst nicht darf. Aber nebenbei hat er Sachen über die Kennedys und das Trauer-Theater gesagt, bis ich nicht mehr fernsehen und den Namen Kennedy nicht mehr hören wollte (1369). Da hat meine Mutter Angst bekommen, daß er mich besser erzieht und sie mich verliert (1324). Obwohl ihr D. E. sogar schriftlich gegeben hat, daß ich ihr Kind bleibe (818).

D. E. findet das Wort »Liebe« viel zu verbraucht, um es bei meiner Mutter zu gebrauchen (815). Aber er wünscht sich schon lange, richtig mit uns zu leben, nicht nur als Gast (340). Am liebsten möchte er, daß wir ihn heiraten (537). Ich würde ihn ja sofort heiraten (1091). Wir sehen sowieso oft aus wie eine Familie zu dreien (1089). Meinen Namen könnte ich auch behalten (1594), und ich brauchte nicht mehr meine komische

Freundin Marcia zu besuchen, um nachzuprüfen, wie das Leben mit einem Vater ist (1423). Außerdem trainieren meine Mutter und D. E. seit 6 Jahren. Darum kann das nur gutgehen mit den beiden (1594).

Aber meine Mutter Gesine kann das kleine Wort »ja« nicht sagen (1091). Obwohl sie D. E. auch gegenüber unserer besten Freundin Anita in den höchsten Tönen lobt: Er fürchtet kein Vertrauen (1544). Aber er leitet aus seinen Besuchen bei uns auch keine Rechte ab (341). Denn er will uns nicht verändern (1544). Er gibt nicht an mit seinem Geld (1542). Er würde es nur unauffällig nutzen, uns den Haushalt leicht zu machen. Und eigentlich wünscht sich Gesine, ein bißchen zu sein wie er: weniger empfindlich für sich und mehr für andere (866).

Ich könnte ja verstehen, wenn Gesine sich wegen D. E.s Beruf nicht traute. Denn er arbeitet für das Frühwarnsystem der Nato und ist vielleicht ein künftiger Kriegsverbrecher (1095), was er aber selber nicht so sieht (340). Ich wünsch' mir auch manchmal, daß er lieber was gegen den Krieg in Viet Nam unternimmt, zum Beispiel gegen die Schrapnellbomben (145).

Jakob

Aber meine Mutter hat ganz andere Gründe: Sie hat Angst, sich noch einmal auf jemanden einzulassen, weil sein Tod ihr wieder weh tun könnte. Wie der Tod meines Vaters Jakob. Nur auf mich läßt sie sich ein (388). Obwohl sie wegen D. E. Jakob nicht vergessen müßte. Denn D. E. achtet selber immer darauf, ob meine Erziehung Jakob recht wäre (1324). Und anders als anderen Männern macht es D. E. nichts aus, daß mein Vater immer noch bei meiner Mutter ist (1755).

Das ist manchmal so schlimm, daß sie mit ihm redet (315, 1402) und mit anderen Toten (541), deren Stimmen sie angeblich hört (1539). Als wär' sie verrückt (1255). Aber mit mir wollte sie bisher nicht über meinen Vater reden. Angeblich wußte sie nur das Notwendigste über ihn (387). Ich durfte nicht mal an die Schachtel mit den alten Fotos gehen. Ich habe mir trotzdem heimlich eine Kopie von einem Bild mit meinem Vater gemacht. Da steht er vor einer Lokomotive (23). Und ich habe darauf bestanden, daß sie endlich erzählt (143).

Wassertonnen

Und dann hat sie angefangen zu erzählen, streng vertraulich (1754). Aber sie hat nicht bei meinem Vater angefangen, sondern bei ihren Eltern. Weil es bei denen mit dem Schmerz angefangen hat: Meine Oma hat meinen Opa mit Liebe und dem Baby Gesine von England nach Nazideutschland zurückgeholt. Das hat Oma dann leid getan. Und weil sie so fromm war und keinen anderen Ausweg wußte, hat sie erst meine Mutter in einer Wassertonne zu ertränken versucht und dann sich selbst verbrannt. Von da an war Gesine alleine mit ihrem Vater wie ich jetzt mit ihr.

Mir hat manchmal überhaupt nicht gefallen, was meine Mutter erzählt hat (298). Meine Mutter ist vom Erzählen einmal sogar richtig krank geworden (750 ff.). Da konnte ich verstehen, daß sie sich so lange nicht erinnern wollte.

Manchmal haben wir aber aus dem Erzählen auch ein Spiel gemacht und uns gegenseitig Fallen gestellt (1350, 1369). Manchmal hat meine Mutter auch einfach was in der Gegenwart geklaut (670 f.). Zum Beispiel das mit den versteckten Eiern in der Milchkanne. Bloß weil unsere Küche noch nach den Eiern roch, die mir in der Pfanne explodiert waren (1654). Das Erfundene habe ich oft mit Testspielen herausgefunden (454 ff.).

Doch meine Angst vor neuen Wassertonnen-Geschichten ist geblieben. Wenn ich die kommen sah, wollte ich die lieber nicht hören (1067, 1342, 1654). Aber ich wollte auch groß sein und nicht feige (1844). Manchmal hätt' ich besser nicht so angegeben (1845).

Vater

Zum Beispiel, wie die Russen Opa verhaftet und gefoltert haben. Da hätte ich lieber gehabt, daß meine Mutter lügt (1215). Und mit meinem Vater war das auch oft traurig: Zuerst hat er gar nicht gemerkt, daß Gesine ihn geliebt hat, weil sie noch so jung war. Und als es dann endlich geklappt hat, da ist er am nächsten Tag von einer Lok überfahren worden.

Deshalb wollte meine Mutter damals Selbstmord machen. Aber sie hatte von Oma gelernt, daß das ein »absurder Akt« ist (1539), und ich war ihr Baby und habe ihr das verboten (1868).

Mutter

Sie wird so was niemals machen, solange ich lebe (1749)! Obwohl ich inzwischen viel selbständiger bin als früher. Seit 11 Jahren arbeite ich daran (1020). Die Zeiten der »Symbiose«, das Wort hab' ich extra nachgeschlagen, sind vorbei (1868). Meine Mutter bildet sich zwar immer noch ein, sie könnte meine Gedanken lesen (1540). Sie kennt mich ja ganz gut und kann mich manchmal reinlegen (810). Aber in- und auswendig kennt sie mich schon lange nicht mehr (1301)! Ich passe sogar manchmal auf sie auf (522), I am keeping a watch on her (1008)! Und wünsch' ihr, daß sie jede Nacht so lange schlafen darf, wie sie es braucht (1657). Denn ich will nicht ohne Gesine sein (1555) und bin froh, daß ich sie habe (1832), meine »kampftüchtige Amphibie« (1831).

Kommunistischer Frühling

Während Gesine angefangen hat, von früher zu erzählen, hat noch etwas anderes angefangen: In Prag, das ist in Europa, haben sie einen sogenannten Frühling erklärt. Das soll ein neuer Sozialismus werden, wo jeder eigene Kühe haben darf. Meine Mutter hat alles darüber in der »New York Times« genau gelesen, skeptisch wie immer (51).

Eines Tages hat ihr Chef, der große de Rosny, sie höchstpersönlich ausgehorcht (82 ff.) und sie dann gefragt, ob sie für die Bank einen geheimen Millionen-Dollar-Kredit nach Prag vermitteln will (460 ff.). Weil sie sich doch von klein auf mit Kommunisten auskennt (620). Ich war stolz auf meine Mutter und mich, weil wir so eine Auszeichnung mit Villa und Chauffeur schon lange verdient haben. Und weil der Auftrag geheim bleiben soll, wie die Spionage Gesines mit ihrem Vater für die Engländer im Zweiten Krieg der Welt. Jetzt habe ich mit meiner Mutter auch ein secret (466). Außerdem ist de Rosny gar nicht so schlimm, wie meine Mutter immer gesagt hat. Er hat mir selbst erklärt, daß auch die Banker den Krieg in Viet Nam beenden möchten, wegen ihrer human feelings (465).

Hochzeit

Unser D. E. kennt die »Kommunisten« auch von Kindesbeinen an (340). Darum hat er sich Sorgen gemacht, daß der Auftrag erstens gefährlich ist, und zweitens gar nicht geht (682-83). Vielleicht war er aber auch ein bißchen eifersüchtig. Denn zur Tarnung seiner Investition hat de Rosny meine Mutter wie eine Geliebte behandelt (793, 1467). D. E. wollte zuerst sogar, daß Gesine in der Bank kündigt und wir bei ihm leben (683).

Aber dann hat er verstanden, daß Gesine bloß nicht aufgegeben hat, die Versprechungen des Sozialismus beim Wort zu nehmen (818). Sie will in Prag wieder mal etwas für einen Sozialismus tun, der den Namen verdient: Mit der Freiheit, zu reisen, zu reden und über die Produktionsmittel zu bestimmen, auch für den Einzelnen (690).

Die beiden haben einen Kompromiß gefunden, der mir gut gefällt: Wenn wir heil aus Prag herauskommen, wird geheiratet. Die Liebe zum Sozialismus muß Gesine trotzdem nicht aufgegeben (683). Seitdem tut Gesine jeden Tag etwas für ihren Sozialismus (1095), ihr kanadisch-sozialistischer Weizen blüht (1090). Und D. E. hat uns dreien zu meinem Geburtstag eine gemeinsame Wohnung geschenkt (1593). Da werde ich dann eben ein bißchen mehr allein leben lernen (1594). Ab September, nach unserer Hochzeit (1334).

Aus Liebe

In den letzten Tagen habe ich ein bißchen Angst bekommen. Gesine hat so schlimme Sachen von den Russen erzählt. Wenn die nun doch Luftlandetruppen schicken nach Prag, wie D. E. fürchtet (1594)? Ich würde mich gerne noch einmal mit ihm besprechen (1806). Aber er ist schon dienstlich nach Europa geflogen. Wenn wir bloß hierbleiben könnten (1812)!

Aber ich habe schon eine Abschiedsparty für meine Freundinnen gemacht (1785, 1876). Die sollen nicht denken, daß ich feige bin. Meine Mutter hat so viele schlimme Sachen überlebt. Da werd' ich doch eine kurze Reise nach Prag aushalten! Jedenfalls wünsch' ich Gesine und mir, daß es schnell geht mit dem Sozialismus und gut.

Und wenn es diesmal wieder schiefgeht, muß sie es eben später noch mal versuchen. Wie mit ihren Männern. Das hab ich nämlich vom Erzählen gelernt: Ohne Liebe geht es nicht. Auch wenn sie schwer ist. Und Liebe gibt es nicht nur zwischen zwei Menschen, sondern zu den Menschen überhaupt, damit es denen besser geht. Das nennt man dann anständige Politik. Diese Liebe ist noch schwerer: Weil man dabei einsam sein kann, und weil es oft so aussieht, als würde sich alles wiederholen, nur leicht anders.

Wenn ein Mensch aber zufrieden mit sich sein will, muß er trotzdem die Liebe immer wieder versuchen. Darum ist meine Mutter trotz aller Wassertonnen-Geschichten so selbstbewußt (1751) geblieben! Wenn man aber aufgibt und sich rausredet, ist man ein »Kleinbürger« (341) und kriegt auf keinen Fall ein happy end für sich.

Nur eins will ich besser machen als Gesine: Wenn ich mich zum ersten Mal richtig verliebe, werde ich das schneller wissen als sie. Weil ich nicht mecklenburgisch bin (998) und in New York leben werde.

New York, den 18. 8. 1968

Felix Moeller

»Jahrestage« – Zeitgeschichte im Film und im Roman

I.

Bei Uwe Johnsons *Jahrestagen* handelt es sich bekanntermaßen nicht um einen klassischen historischen Roman. Die kompliziert verwobenen Erzählstrukturen und -perspektiven aus Alltags- und Weltgeschichte, die verschiedenen Zeitebenen, Identitäten und Erzähltechniken verschaffen der fiktionalen Autobiographie eine Ausnahmestellung in der Nachkriegsliteratur. Auch Historiker hat Johnsons literarischer Umgang mit Geschichte fasziniert. Die Analysen des Werks sind Legion.

Der historiographischen Dimension des Werks hatte eine Verfilmung Rechnung zu tragen. Selten sind die Informationsquellen eines Autors, sein historisches Material und seine Vorlagen so detailliert nachgewiesen und untersucht worden, nicht zuletzt dank der Überlieferung von Johnsons Bibliothek und seiner umfangreichen Ausschnittsammlungen im Uwe Johnson-Archiv in Frankfurt am Main: Allein die New-York-Ebene des Romans, »das amerikanische Bewußtsein Gesine Cresspahls«, war »konserviert in Ausschnitten aus der New York Times und etwa sieben Metern anderer Literatur«.[1]

Als hervorragendste dieser Quellen fungiert also die *New York Times*, die für Uwe Johnson aufgrund seiner Erfahrungen mit den reglementierten DDR-Medien geradezu ein Symbol – freilich nicht ohne Einschränkungen – einer unabhängigen freien westlichen Presse darstellen mußte.

Daraus ausgewählt und in zwölf Ordnern archiviert wurden Nachrichten, Berichte, Kommentare, und zwar mit doppelter Subjektivität – der des Autors *und* der der Hauptprotagonistin Gesine Cresspahl. Denn Johnson beharrte darauf, »was da vorgeführt wird an täglichen Meldungen der New York Times«, sei die Lektüre der Gesine Cresspahl, »das sind Sachen, die *sie* interessieren, also nach *ihrem* psychologischen oder politischen oder anderen Werdegang, das würde ich vielleicht gar nicht ausgesucht haben in vielen Fällen«.[2]

Johnsons Montage – eine Bezeichnung, die er nicht besonders mochte – der Berichte und Kommentare der *New York Times* ist auch nicht bloß eine tägliche Presseschau; die Zeitungsmeldungen wirken vielmehr oft als Ausgangspunkte und Verteiler für das folgende Tageskapitel, sie sind »in ihrer sprachlichen oder gedanklichen Struktur auf das Geschehen der Geschichte des Tages ausgerichtet«,[3] strukturieren und wecken bei Gesine bestimmte weiterführende Assoziationen.

Diese Hinweise auf die eigene Wahrnehmung durch Gesine schützten den Autor freilich nicht vor Kritik an der Tendenz seiner Auswahl aus »all the news«, weil auch die Kunstfigur, nachdem man ihren Blickwinkel und die Farbtönung ihrer (weiblichen) Brille kennengelernt hat, gewisse Themen erstaunlich peripher abhandelt, so etwa die Studentenunruhen in Westberlin oder den Pariser Mai-Aufstand.[4]

Doch Johnson wollte eben keine korrekte Zeitchronik liefern; und so könnte er es mit Gelassenheit sehen, daß viele seiner aus den aktuellen Nachrichten übernommenen Informationen und Beurteilungen mit später gewonnenen Erkenntnissen nicht mehr übereinstimmen.

2.

Für die Drehbücher der *Jahrestage*-Verfilmung war die Zeitebene New York 1967/68 und ihre Einbeziehung zeitgeschichtlicher Dokumente ein entscheidender Komplex. Aus Zeitungstexten mußten Bilder werden, es galt, Artikel und Berichte zu visualisieren. In der Zeit, die Gesine ihrer Tochter erzählt – Mecklenburg zur Zeit des »Dritten Reichs« und während der DDR –, wird Geschichte gelebt und erlebt, muß also nicht dokumentiert werden. Dagegen werden bei Johnson, und so auch im Film, die Zeitumstände im Amerika der Jahre 1967/68 stark medial und indirekt vermittelt.

Selbst heute noch ist man verblüfft, wieviel Weltgeschichte sich in den 366 von Johnson beschriebenen Tagen konzentriert hat, zweifellos eines der ereignisreichsten und wichtigsten Jahre des 20. Jahrhunderts. Dies konnte Johnson, als er den Plan zu dem Werk fasste, noch nicht wissen, und auch im Januar 1968, als er die Niederschrift begann und für ihn der erste und der letzte Tag bereits feststanden, konnte er nur ansatzweise erahnen, wie »reich beschenkt von der Wirklichkeit«[5] er sich als Autor schließlich fühlen konnte. In die Zeit, über die die *Jahrestage* auf der New York-Ebene vom 20. August 1967 bis zum 20. August 1968 erzählen, fielen die Höhepunkte des Vietnamkriegs, der Rassenunruhen und Studentenproteste, die Ermordung Robert Kennedys, Martin Luther Kings, der Tod Che Guevaras, der Prager Frühling und der Einmarsch des Warschauer Pakts in die ČSSR.

Neben der *New York Times* als »einer Art Familienmitglied der Cresspahls«,[6] eben als die »Tante Times«, stützte Johnson sich bei seiner tagesaktuellen Konstruktion auf weitere Medien: das wöchentliche Nachrichtenmagazin *Newsweek*, auf das Network von NBC, weiterhin die New Yorker Radiostation WCBS und den *Times*-Radiosender WQXR, wobei der Rundfunk bei den Cresspahls in New York weit weniger Bedeutung hat als Zeitung und Fernsehen. Johnson setzte allerdings nicht nur auf Texte, er hat auch stark mit Bildern gearbeitet, so wenn Gesine ihrer Tochter Marie das weltbekannte Foto von der Erschießung eines Vietcongoffiziers durch den südvietnamesischen Polizeichef, das die *New York Times* am 2. Februar 1968[7] auf der Titelseite brachte, ausführlich beschreibt. Oder durch die Bilder von unter dem Vietnamkrieg leidenden Kindern, den unschuldigsten Opfern, die Marie aus der *New York Times* ausschneidet.

Drehbuchautoren und Regie war von Anfang an klar, daß die dokumentarische Ebene nicht nur als beliebiges Zeitkolorit im Hintergrund mitlaufen durfte, sondern gemäß Johnsons Roman einen besonderen Stellenwert haben mußte. Um den Zuschauern auch nur andeutungsweise ein Gefühl zu geben, was in dieser außergewöhnlichen Zeit die Menschen bewegt hat, welche Eindrücke und Ereignisse Johnson/Gesine als zentral ansahen und was ihr Amerikabild geprägt hatte, sollten Themen wie Vietnamkrieg, (Slum-)Kriminalität, Rassismus, Armut, politische Morde, gespaltene Gesellschaft auf einer dokumentarischen Ebene angemessen zu sehen sein. Nur das (europäische) Thema des Prager Frühlings wird in Gesprächen zwischen Gesine und Vicepresident de Rosny auf der reinen Dialogebene abgehandelt. Die Entwicklung in Dubčeks ČSSR wird auch von Johnson im Verlaufe des Romans zu Lasten des Vietnamkomplexes immer konsequenter in die Handlung eingebaut, ja, im vierten Band, der die Zeit von Juni bis August 1968 abdeckt und im Abstand von zehn Jahren nach dem dritten Teil erschien, ließ Johnsons Interesse für den Vietnamkrieg und die politischen Ereignisse in den USA merklich nach.

Johnson bietet für all diese Geschehnisse Nachrichtendetails im Überfluß. Für den Film galt allerdings die Einschränkung, daß New York nur eine Handlungsebene darstellte und nicht mit Dokumenten, seien es die *New York Times*, *Newsweek* das *Time Magazine* oder eben Fernsehbilder, überladen werden sollte. Abgesehen davon, daß die Anfertigung eines Reprints einer historischen Ausgabe der *New York Times* immerhin etwa 800 DM kostet, war es schlecht möglich, ständig Zeitungsschlagzeilen in die Kamera zu halten.

Darüber hinaus engte die strikte, berühmt-berüchtigte Sendervorgabe von 88 Minuten 30 Sekunden pro Folge den Spielraum für Dokumentarisches weiter ein, und horrende Lizenzgebühren amerikanischer Film- und Fernseharchive von bis zu

40 $ pro Sekunde für gute »stock footage« taten ein übriges. Aus dem vollen konnte man nicht schöpfen, lizenzfreies Material hatte Priorität, und die besten Aufnahmen waren leider nicht immer bezahlbar. An den Phantasiepreisen amerikanischer Lizenzgeber scheiterte auch die Idee, die von Marie geliebte Comicfigur Bugs Bunny in einem TV-Cartoon auftreten zu lassen – allein dafür wären etwa 5000 DM fällig gewesen.

Die Dokumentaraufnahmen konnten und sollten nicht eingeschnitten werden, sondern auf zeitgenössischen Fernsehgeräten zu sehen sein. Marie Cresspahls Begeisterung für das Medium kam dem entgegen. Sie schaut bei Doorman Robinson, da Gesine im Apartment der Cresspahls bis zur Ermordung von Senator Robert Kennedy im letzten Teil keinen Fernseher zuläßt. Mitunter erwies sich das Vorhaben, Betacam-Kassetten auf dreißig Jahre alten Fernsehern in guter Qualität einzuspielen, als kompliziertes Unterfangen, bei dem das Kamerabild pro Sekunde, die Bildzeilenschaltung sowie Dialog und TV-Ton regelmäßig auseinanderzulaufen drohten.

Für einigen Diskussionsstoff sorgte die Frage, ob man das US-Fernsehen in englischer oder in deutscher Sprache laufen lassen sollte. Für eine Mischung aus originalen und englisch nachsynchronisierten Berichten sprach, daß es nur so gelingen konnte, die Atmosphäre der Zeit richtig wiederzugeben und wichtige O-Töne und »soundbites« anzubringen. Das wog in diesem Fall schwerer als Verständnisprobleme von ein paar Prozent der Zuschauer, und so blieb der Verfilmung glücklicherweise eine Art Tagesschau am Hudson erspart.

3.

Die eingesetzten Dokumente im Film spiegeln die von Johnson vorgegebenen historischen Eckpunkte wider: Es beginnt im August 1967 mit Luftangriffen auf Vietnam – bei Johnson am 21. August 1967 als *New York Times*-Bericht, im Film mit

Bildern auf dem Fernseher von Doorman Robinson, und endet mit dem Einmarsch der Warschauer Pakt-Truppen in der ČSSR am 20. August 1968 in Form einer Schlagzeile des Berliner *Tagesspiegels*.

Vietnam bleibt ein zentrales Thema. Regelmäßig meldet Gesines *New York Times*-Lektüre die neuesten Gefallenenzahlen aus Vietnam, mal tägliche, mal wöchentliche Zahlen, mal die monatliche »death toll« und natürlich immer wieder die Gesamtaufstellung der Kriegstoten. Bis Ende 1967 waren bereits 15 997 amerikanische Soldaten in Vietnam getötet worden. Auch Marie sieht in Robinsons TV die US-Marines beim sogenannten »body count«, dem täglichen Zählen der Opfer, während die Kamera der Berichterstatter über die aufgereihten Leichen schwenkt.

Unübersehbar bringt Uwe Johnson die Brutalisierung des Vietnamkriegs mit den zunehmenden Rassenunruhen und militärischen Einsätzen der Nationalgarde gegen »Negeraufstände« in den USA in Zusammenhang, vehement jedoch bestritt er Bezüge und Parallelen zwischen den Zuständen in der Nazi-Diktatur und dem gewalttätigen Amerika zur Zeit des Vietnamkriegs. Nur was die Art der Kriegsführung betrifft, weicht er diese Haltung an manchen Stellen auf, nicht zuletzt mit dem Hinweis: »Einen Luftwaffengeneral haben die Amerikaner zum Verbündeten [der südvietnamesische General und Premierminister Nguyen Cao Ky], der nennt als sein politisches Vorbild Adolf Hitler.«[8]

Fernsehbilder unterdrückter und gedemütigter Schwarzer konfrontieren Marie ebenso mit einer rassistischen Gesellschaft wie in der Realität Erlebnisse mit dem schwarzen Doorman Robinson und der kleinen Francine, einer ihrer Mitschülerinnen. Höhepunkt aber ist die Ermordung des Schwarzenführers Martin Luther King.

Dieser Mord und auch der Anschlag auf Robert Kennedy bedeuteten für Johnson zweifellos die Entsprechung auf nationaler Bühne zu dem, was sich an alltäglicher brutaler Gewalt und Kriminalität im Land und besonders auf den Straßen von New York abspielte. Beide Attentate sind wiederholt als besondere Zäsuren in dem Roman herausgestellt worden. Solche tiefen Einschnitte und nationalen Tragödien literarisch unmittelbar zu verarbeiten war für Johnson ganz offensichtlich belastend, diese Ereignisse seien förmlich »von der Wirklichkeit in das Buch hineingezogen worden, und wiederum zu meinem Bedauern und Ärger... Das ist mir in den Plan hineingetan worden.«[9]

Vom Mordanschlag auf Martin Luther King am 4. April 1968 gibt es keine Livebilder, nur Photos und Reportagen vom Ort des Geschehens, dem Lorraine Motel in Memphis, Tennessee. Im Roman (S. 958) sieht Marie, entgegen Gesines Vermutung, keine Fernsehbilder vom Mord an King, dafür erwähnt sie die prophetische Rede Kings am Vorabend seiner Ermordung, die später als Andeutung von Todesahnungen interpretiert wurde. Zu Beginn des fiktiven TV-Nachrufs im Film, den Marie in Robinsons schäbigem Quartier sieht, hört man, wie Robert Kennedy, der wenige Wochen darauf selber einem Anschlag zum Opfer fällt, während einer Rede im Schwarzenghetto von Indianapolis seinen entsetzten Zuhörern die Nachricht vom Tod Kings mitteilt. Der Bericht enthält auch eine kurze Passage aus der berühmten »I have a dream«-Rede. Dr. Kings Traum ist, daß eines Tages »little black boys and black girls will be able to join hands with little white girls and white boys as sisters and brothers« – und Marie könnte dies durchaus auf sich und Francine beziehen. Sie sieht auch Bilder von King, der zwei kleine Kinder an der Hand zu einer »segregated school« führt. Kinder sind überhaupt auf der Dokuebene des Films sehr präsent: an dieser Stelle wie auch als Opfer des Krieges auf Maries Bildausschnitten oder als napalmverbrannte Leichen in den Fernsehnachrichten. »Das gibt weißes Blut auf den Straßen«, prophezeit Robinson der vom Tod Kings schockierten Marie. In den Tagen nach dem Anschlag gab es in 110

Städten der USA gewalttätige Unruhen, 39 Menschen wurden dabei getötet, 2500 verletzt und über 75 000 Mann der Nationalgarde patroullierten durch die Städte.

Vom Anschlag auf Robert Kennedy nach seiner Vorwahl-Siegesrede im Embassy Room des Hotel Ambassador in Los Angeles am 5. Juni 1968 wurden dramatische Bilder aufgenommen, die dem legendären Zapruder-Film von der Ermordung John F. Kennedys 1963 kaum nachstehen: in Farbe und aus unmittelbarer Nähe. Schüsse fallen, der Ton ist schlecht, die Kamera verwackelt. Kennedy liegt blutend am Boden, er stirbt 25 Stunden später.

Gesine sieht die Bilder tagsüber im Fernseher ihres bevorzugten Diners – im Roman blendet der Fernseher in einem Schaufenster nur das Wort »shame« ein – und es entsteht der Eindruck, sie erlebe den Mord live mit. Ein kleiner Kunstgriff, der im Film sicher erlaubt ist: In New York war es zum Zeitpunkt des Attentats finstere Nacht.

Für Marie – wie für Millionen Amerikaner – war Kennedy ein strahlender Held, »ein Politiker, den sie zu ihren Freunden zählt« (Johnson) und der den Vietnamkrieg beenden wollte. Sie projiziert ihre kindlichen Hoffnungen auf Frieden in Vietnam ganz auf den charismatischen Bruder des ermordeten Präsidenten, obwohl Kennedys Rivale um die Präsidentschaftskandidatur der Demokraten, Eugene McCarthy, der viel konsequentere Antikriegskandidat war.

Die Wirkung auf die elfjährige Marie ist für Uwe Johnson der Grund, den Mord so ausführlich zu behandeln: Robert Kennedys Tod ist für ihn in erster Linie die »heftige Schmerzreaktion eines Kindes, das sich gerade diesen Senator aus New York zum gewünschten Freund von Ferne ausgesucht hat«.[10] In der Tat bringen die letzten Worte Robert Kennedys programmatisch vieles von Gesines und Maries politischem Empfinden auf den Punkt und verdeutlichen, warum der Verlust so heftig wirkt. Gesine hört sie undeutlich, weil noch versunken in ihr Buch: »I think we can end the divisons in the United States ... the violence, the disenchantment with our society, the divisions, whether it's between blacks and whites, between the poor an the more affluent, or between age groups, or over the war in Vietnam – that we can start to work together again.«

Der Kennedy-Mord wirkt so tief, dass Gesine in diesen Wochen gar auf ihre Reisen in die Vergangenheit verzichtet; im Buch sind die Tage vom 5. 6. bis 8. 6. 1968 ganz von diesem Ereignis geprägt, einschließlich einer ausführlichen von Marie angefertigten Biographie des New Yorker Senators.

Viele Geschehnisse, die Uwe Johnson ausgiebig schildert und die auch vom Drehbuch sehr bewußt aufgenommen worden waren, konnten mangels adäquater Bilder, meist aber wegen der strikten Laufzeitvorgaben in den Film nicht aufgenommen werden. So mußte auch auf die von Johnson über mehrere Seiten ausgebreitete akribische Schilderung der viertägigen und täglich bis zu 15 Stunden von NBC live übertragenen,[11] von Maria mit großer Anteilnahme verfolgten Beerdigungszeremonie Senator Kennedys verzichtet werden.

Johnson liefert eine genaue Protokollierung dieses enormen Spektakels, von der Aufbahrung in der St. Patricks Cathedral bis zur Überführung zum Heldenfriedhof in Arlington und notiert kuriose Details, wie etwa das sonderbare Verhalten von Jackie Kennedy auf den Stufen der Kathedrale. Johnsons Roman wird hier insofern zur historischen Quelle, als die denkwürdige Übertragung von NBC und offenbar auch von den anderen networks nicht archiviert worden ist – zumindest nicht in voller Länge. Wie subjektiv Johnsons Beobachtungen wirklich waren, hätte man nur anhand einer Aufzeichnung feststellen können.

Nicht fehlen durfte dagegen der amerikanische Präsident Lyndon B. Johnson: Man sieht den obersten Kriegsherren bei einer Ordensverleihung auf einem US-Militärstützpunkt in Südvietnam. Jener Präsident, den Marie in einer ausführlichen inneren Gerichtsverhandlung der Lüge über den Kriegsgrund – die Tonkin Gulf Resolution, die aufgrund einer angeblichen Aggression Nordvietnams zustande kam – überführt.[12] Verzichtet werden wiederum mußte – es sollte schließlich kein Dokumentarfilm werden – auf Ausschnitte der berühmten Rede Lyndon B. Johnsons vom 30. März 1968, in der der vom Krieg zermürbte Präsident eine erneute Kandidatur ausschloß. Uwe Johnson analysiert in den *Jahrestagen* diese Rede[13] und entwirft ein bestechendes Psychogramm des resignierenden US-Präsidenten. Zwangsläufig fragt man sich, ob es den Schriftsteller irritiert hat, in den USA ein Namensvetter des ungeliebten Präsidenten zu sein.

Wenn Paul Valéry Geschichte als die naivste Form der Literatur bezeichnet hat, so ist umgekehrt Uwe Johnsons Literatur sicher eine der vollkommensten Darbietungen von Geschichte. Poetisches Kunstwerk und Geschichtsbericht in einem, »bewahren« die *Jahrestage* Geschichte auch in der Fiktion. Zeitgeschichte greift kunstvoll in Alltagsgeschichte, und das Leben der Personen ist gleichsam Fortsetzung und Ausführung der großen zeitgeschichtlichen Ereignisse. Kein Nichtamerikaner hat das Leben im Manhattan so genau beschrieben, und kein Geschichtsbericht und keine Dokumentensammlung reicht, wie Hans Mayer ausgeführt hat, an Johnsons Schilderung des Kriegsendes in Ostdeutschland heran. Hier liegen im übrigen auch die Grenzen dessen, was eine Verfilmung leisten könnte. Uwe Johnsons Rekonstruktionen, Beobachtungen, Mitteilungen von »Verhältnissen« und Erinnerungen in den *Jahrestagen* werden jedenfalls auch für Historiker noch lange eine Überlieferung von höchstem Rang sein.

Anmerkungen

1 Uwe Johnson, Begleitumstände. Frankfurter Vorlesungen, Frankfurt/M. 1986/1992. S. 426.
2 Zit. nach Michael Bengel (Hg.), Johnsons Jahrestage, Frankfurt/M. 1985, S. 317.
3 Beatrice Schulz, Versuch über Marie. Erste Schritte zu einem poetischen Prinzip der »Jahrestage«, in: Carsten Gansel/Nicolai Riedel (Hg.), Uwe Johnson zwischen Vormoderne und Postmoderne. Internationales Uwe Johnson Symposium 1994, Berlin/New York 1995, S. 221.
4 Vgl. Sara Lennox, History in Uwe Johnon's Jahrestage, in: Internationales Uwe-Johnson-Forum, herausgegeben von Nicolai Riedel, Band 1 (1989), S. 86 ff.
5 Zit. nach Eberhard Fahlke, Ich überlege mir die Geschichte ... Uwe Johnson im Gespräch, Frankfurt/M. 1988, S. 306.
6 Gespräch mit Uwe Johnson, in: Internationales Uwe-Johnson-Forum, herausgegeben von Nicolai Riedel, Band 1 (1989), S. 144.
7 Jahrestage Band 2, S. 672 ff.
8 Jahrestage Band 4, S. 1877.
9 Gespräch mit Uwe Johnson, in: Internationales Uwe-Johnson-Forum, herausgegeben von Nicolai Riedel, Band 1 (1989), S. 159.
10 Zit. nach Michael Bengel (Hg.), Johnsons Jahrestage, Frankfurt/M. 1985, S. 110.
11 Vgl. Alfons Kaiser, Für die Geschichte. Medien in Uwe Johnsons Romanen, St. Ingbert 1995, S. 199 f.
12 Jahrestage Band 2; S. 491-494 (21./22. 12. 1967).
13 Jahrestage Band 2, S. 938-941.

Wolfgang Tumler

Gesine wohnt hier nicht mehr

Was man als Filmproduzent mit Uwe Johnson erleben kann

1.

Manchmal, Mitte der sechziger Jahre, ich ging noch zur Schule, nahm mich einer meiner Väter abends mit. Er ging dann mit mir in die »Locanda« in der Westberliner Uhlandstraße. Die »Locanda« war ein Zwischending von Bar und Pizzeria, wo mein Vater mit anderen Schriftstellern trank – meist jüngeren, die etwas von ihm hielten. Einmal im Monat lasen sie sich außerdem gegenseitig etwas vor. K. P. Herbach, später Pressechef der Akademie der Künste, hatte dazu an einer Friedenauer Häuserecke im preiswerten Souterrain den Buchhändlerkeller eingerichtet. Dort sollten sich Händler und Hersteller von Literatur mit Leserinnen und Lesern vereinigen. Gelegentlich gelang dies auch, und der Keller wurde Kult. Hier begegnete mir zum ersten Mal Uwe Johnson. Er las aus dem unveröffentlichten *Dritten Buch über Achim*, und ich glaube, ich fand es anstrengend. Johnson mit seiner Gestalt und seinem Wesen, soweit er es preisgab, machte die Sache nicht einfacher. Er war groß, dick und hinter einer Tabakspfeife verschanzt. Weiteren Abstand verschaffte ihm eine riesige, schwarz glänzende Lederjacke, die er nicht auszog. Seine ruhige, tiefe Stimme wirkte mächtig, sie schüchterte ein mit ihren rollenden, vorwärtsdrängenden Lauten. Was er mit diesem Organ ausdrückte, war schwer zu widerlegen, obwohl Johnson Widerspruch suchte, um sich an ihm zu wetzen.

Ich habe mich jedenfalls nicht getraut, zumal in jener Zeit der Buchhändlerkeller als Überlebenstraining für Berliner Literaten vor ihren Reisen zur Gruppe 47 galt. Für mich hatte Johnson die Erotik eines gefährlich hohen Anspruchs, an dem ich schnuppern durfte, der an mich selbst aber niemals gestellt wurde. Dazu war ich zu klein. *Mutmassungen über Jakob* schon gelesen zu haben war mehr als genug. Allein die unbewiesene Behauptung adelte ungemein. Dieses Schicksal blieb Uwe Johnson und seinen Büchern übrigens treu. In einer Bierschwemme am Bundesplatz, die ein harter Kern regelmäßig nach den Wortschlachten im Buchhändlerkeller aufsuchte, sah ich Johnson dann noch ein paarmal, bis er aus Friedenau verschwand – Richtung New York.

2.

Mitte der neunziger Jahre, inzwischen war ich Produzent geworden, kam mir eher zufällig ein Buch in die Hände: *»Wo ich her bin ...« Uwe Johnson in der DDR*.

Das Schwarzweißfoto auf dem Umschlag zeigt in harten Kontrasten den Dichter, wie er im 90-Grad-Winkel, Kopf und Schultern voraus, vom rechten Bildrand in eine Seelandschaft hineinragt. Seine Nase, sein Blick und seine Tabakspfeife weisen senkrecht aufs Wasser. So kannte ich ihn, und die Erinnerung hatte mich eingeholt. Aus dem Kurzzeitgedächtnis schwappte die häßliche Szene hoch, wie Tilman Jens nach Johnsons Tod für eine Illustrierte in das englische Haus eingebrochen war, um irgendwelche geilen Hinweise auf das rätselhafte Ableben oder auf vermeintliche Skandale zu suchen.

Die Lektüre des Buches selbst machte mir dann bewußt, wie weit Johnson sein eigenes Leben und dessen Begleiter in die Fiktion seiner Prosa eingelassen hatte. Die vielen Stimmen, die sich in diesem Buch der Erinnerungen an Uwe Johnson bemerkbar machen, wurden meine assoziative Brücke zu den *Jahrestagen*.

Wie viele Käufer von klugen Büchern hatte auch ich die vier

Teile und 2000 Seiten des Romans nie ganz gelesen, wußte aber von der Erzählform des vielstimmigen Chores darin.

Nun war alles beisammen. Als Schwärmer konnte ich einem Idol meiner Jugend späte Reverenz erweisen, mich vielleicht wie in der Schulzeit noch einmal mit der Nähe zu ihm schmükken – und als Produzent war ich auf der Suche nach einem großen Stoff fündig geworden.

Der erste, mit dem ich darüber sprach, war Martin Wiebel, damals Redakteur im Fernsehspiel des WDR in Köln. Da war ich gleich an den Richtigen geraten. Wiebel erzählte mir von einem früheren Anlauf zur Verfilmung der *Jahrestage*, den Johnsons Verleger Siegfried Unseld sofort nach der Wende 1990 angeregt hatte. Wiebel hätte damals schon gerne gewollt, aber der Westdeutsche Rundfunk und die ganze ARD mußten sich noch ein wenig von den Lasten einer anderen großen, anspruchsvollen Produktion erholen.

Nun, fünf Jahre später, kam Wiebel meine Initiative gerade recht. Die ARD hatte sich erholt und wollte neue große Projekte mit Niveau auflegen. Bald waren die ersten Entscheidungen für die Verfilmung der *Jahrestage* gefallen. *Heimat*-Autor Peter Steinbach sollte zusammen mit Christoph Busch die Drehbücher schreiben. Jetzt fehlte nur noch das Geld – dachten wir damals.

3.

Ende der achtziger Jahre, Johnson war noch kein Thema, bereiteten wir den Fernsehfilm *Ende der Unschuld* vor – schon damals mit Martin Wiebel als Redakteur für den WDR. Die Versuche deutscher Wissenschaftler in Vorbereitung auf den Bau einer Atombombe während der Nazizeit hatte Wolfgang Menge in ein spannendes und informatives Drehbuch verarbeitet. Frank Beyer, Aushängeschild der DDR-Filmkunst mit Verfolgung und Privilegien in seiner Biographie, war unser

Regisseur. Er durfte damals in beiden deutschen Staaten arbeiten. Dann fiel die Mauer. Mehr denn je mußte Beyer nun diese Geschichte als Fabel über die Gewissensnot von Wissenschaftlern lesen, die im Angesicht oder sogar in Diensten der Diktatur gearbeitet hatten. Daß in diesen Konflikt auch Künstler geraten waren – im Dritten Reich wie in der DDR – wurde zu einem spannenden Aspekt der Zusammenarbeit. Die ging dann sehr gut, und nicht zuletzt deshalb war Frank Beyer später erste Wahl als Regisseur für die *Jahrestage*. Wir waren überzeugt, daß er mit seiner Sorgfalt im historischen Detail und mit den politisch verursachten Brüchen in seiner Biographie ganz nah an den Arbeitsmitteln und an der Erfahrung von Johnson war. Das stellte sich dann als Kopfgeburt heraus und mußte scheitern. Fünf Jahre nach der Wende war Beyers Blick zurück nämlich wieder flimmerfrei fixiert. In den Anfängen der DDR war danach die kommunistische Welt noch in Ordnung. Die kritikwürdigen Fehler wurden später gemacht. Mit Johnsons Blick auf Konflikte zwischen der evangelischen »Jungen Gemeinde« und der kommunistischen Parteijugend FDJ in den ersten Jahren der DDR konnte Beyer plötzlich gar nichts mehr anfangen. Er wird zur fraglichen Zeit gerade idealistischer Jungkommunist gewesen sein und Johnson schon störrisch. Beyers Änderungswünsche wurden für die Drehbuchautoren zur Zumutung und für die Bearbeitung von Johnson-Texten grenzwertig. Schließlich sollte Ulrich Plenzdorf als kompetenter Inquisitor das Geschichtsbild von Uwe Johnson »korrigieren«. Dieses konnten wir noch verhindern, aber etwas Kostbares war zerbrochen. Bei dem Versuch, andere ernste Probleme der Produktion gemeinsam zu lösen, zeigte sich, daß die Vorräte an Vertrauen und Kompromißbereitschaft abhanden gekommen waren. Der Produzent mußte Entscheidungen treffen und Risiken eingehen, die nur noch mit klaren Weisungen zu beherrschen waren. Frank Beyer war nicht bereit, so zu arbeiten, und gab die Regie wenige Wochen vor Drehbeginn im August 1998 auf.

4.

In den ersten Tagen des Jahres 2000, die Computerprogramme der Fluglinien hatten gehalten, und wir waren sicher in New York gelandet, beklagte sich Margarethe von Trotta über mangelnden Zuspruch von seiten der Produzenten. Es waren nur noch wenige Szenen zu drehen, und wir hatten – so unsere Verteidigung – der Regisseurin mehrmals im Laufe der vergangenen Monate unsere Komplimente mal herzlich, dann wieder geradezu formvollendet dargebracht. Wir mußten weit reisen, um zu hören, was richtig gewesen wäre: einmal pro Woche. Wir haben verstanden. Margarethe von Trotta hatte zu unserem Glück ein Jahr zuvor die Regie für *Jahrestage* übernommen, als die Klageweiber der ARD sich schon zum Trauergesang über das totgesagte Projekt beugten und zum Leichenschmaus an seinem freiwerdenden Etat Platz nehmen wollten.

Fast hätte allerdings Volker Schlöndorff seiner Exfrau Margarethe die Partie noch verdorben. Eine unrühmliche Pressekampagne gegen die Produzenten der *Jahrestage* einschließlich des WDR brachte zwar ihn mal wieder in die Zeitung. Frau von Trotta jedoch, wie Schlöndorff und Frank Beyer Mitglied der Berliner Akademie der Künste, fühlte sich davon dermaßen unter Druck gesetzt als Verräterin eines alten, verdienten Kollegen, daß sie nahe daran war, uns abzusagen.

Sie blieb dann doch. Anders als der vom ostdeutschen Monopol verwöhnte Frank Beyer war eine im Stahlbad des Jungen Deutschen Films gehärtete Frau von Trotta pragmatisch geworden. Bereit, nach den Richtlinien der mitfinanzierenden Förderanstalten in allen möglichen Bundesländern zu produzieren und – so eine Polemik – die Mecklenburgische Seenplatte auch in nordrhein-westfälischen Baggerlöchern zu drehen. Und das war nicht alles. Im Baltikum geboren, in München berühmt und in Paris seßhaft geworden, brachte sie auch das Kosmopolitische in die Arbeit am Film ein. Daß Lieben und Heiraten nicht eins sind, hat sie erfahren. Sie wurde von ihrer Mutter aufgezogen und war selbst alleinerziehende Mutter. Margarethe von Trotta kennt sich gut aus bei Gesine Cresspahl.

Sie hat sich entschieden und hat dieser großen Fantasie von Uwe Johnson vier fantastische Gesichter gegeben, die man nun sehen kann.

Das ist das Schöne und das Schreckliche an einem Film nach Literatur. Wenn ich jetzt beim Lesen die Augen schließe, sehe ich niemanden. Gesine wohnt hier nicht mehr.

Michael Schmid-Ospach

Lust und Frust mit der »Literaturverfilmung«

Während mehrerer Jahrzehnte war das Stichwort »Literaturverfilmung im Fernsehen« nicht nur dissertations- und habilitationsfähig, sondern auch ein Signal für besondere Werte – für eine Aufgabe, die Pflicht und Kür auf das schönste miteinander verbinden konnte. Literaturverfilmung als Stichwort zur Jahrtausendwende, in Sitzungssälen debattiert 1998/1999, hatte nicht mehr diesen Charakter, sondern ließ sich eher assoziieren mit dem Bild von der Liebe in den Zeiten der Cholera. Der Druck des kommerziellen Fernsehens und die Bedrohung, der sich das öffentlich-rechtliche Fernsehen ausgesetzt sieht, haben bei manchen zu dem Schluß geführt, daß Literatur im Fernsehen nichts zu suchen habe, es sei denn als großkalibriger Film, der seine Weihen im Kino mit Hilfe großer Stars sich schon einmal verdient hat. Christa Wolf oder Günter Grass als TV-Movie, eine kaum denkbare Vorstellung. Solange nicht nur Literatur draufsteht, sondern auch Literatur drin ist, stellt sich die allseits beliebte Quote in ihrer ganzen Schönheit nicht ein.

Trotz dieses kritischen Befundes ließe sich eine ganze Liste von Filmen und Fernsehspielen und – neudeutsch – Fernsehfilmen nennen, die sich Literatur als Vorlage genommen haben und mit einer gewissen redlichen Intensität noch das im Blick haben, was der Schriftsteller wohl vorgehabt haben mag. Von den Schnäppchenjägern, von Hera Lind bis Konsalik, nicht zu sprechen.

Solchen Listen zum Trotz wird wohl niemand so recht die Aussage bestreiten, daß die breite Front von Literaturverfilmungen mit Akribie und Fantasie der Vergangenheit angehört, weil der eigentliche Impetus, einen wichtigen Roman in das andere Medium umzusetzen, so nicht mehr vorhanden ist – und viele sagen, gut so.

Sind die Literaturverfilmungen also abzuschaffen und jener Zeit gutzuschreiben, in der Bildungsfernsehen noch kein Schimpfwort war, und sollte man diesem Tatbestand mit gelegentlichen nostalgischen Bemerkungen Rechnung tragen? Wer anderes tut, ist ein »Mann von gestern«, wie Wolfgang Menge seinen Helden, Werner Höfer, nannte. Nun ist jeder Mann von heute morgen einer von gestern, man darf sich also nicht so schnell abdrängen lassen. Fernsehen nur als Dienst an der Literatur, eine grauenhafte Vorstellung für den, der von einer eigenen Souveränität des Fernsehens überzeugt ist.

Die Angst der Programmplaner vor Mehrteilern oder gar Serien entspringt ausschließlich der Sorge, zu scheitern. Schließlich sind der Mehrteiler und die Serie das genuine Mittel des Fernsehens, um sich beim Publikum erfolgreich einzugraben, ja sogar für ein paar Wochen oder auch auf lange Zeit zum Lebensrhythmus von Millionen zu gehören. Dies war schon zu frühen Zeiten des Fernsehens in Deutschland auffällig. Mit einer Serie wie *Bonanza* etwa konnte das ZDF rgelmäßig den Sonntag um 17:00 Uhr zu einem besonderen Fixpunkt im Leben der Zuschauer machen. Was für die Erfolgsrhythmen der leichten Ware gilt, die dann meist als Serie daherkommt, gilt auch für die Mehrteiler im anspruchsvolleren Bereich. Ob es *Berlin Alexanderplatz* von Rainer Werner Faßbinder war oder die *Heimat* von Edgar Reitz, das *Boot* nach Buchheims Roman oder Hans W. Geissendörfers Brentano-Verfilmung *Theodor Schindler*, die Mehrteiligkeit fand jedesmal Anklang – bei den Multiplikatoren, vom Buchhandel bis zur Presse, ebenso wie als automatischer Merkposten im Fernsehverhalten des Zuschauers. Daß sich große Stoffe manchmal gar nicht als ein Film auf den Fernsehschirm bringen lassen, steht auf einem anderen Blatt. Die nämlichen Gründe, die für Mehrteiler sprechen, kehren sich natürlich um – nahezu ins Gegenteil –, wenn, wie dies im neuen Jargon der TV-Eigentlichkeit so heißt, das Produkt nicht stimmt. Über die unendlich vielen Gründe, aus denen heraus eine noch so gut gemeinte Literaturverfilmung auch den interessierten Zuschauer nicht erreicht, will ich hier nicht spekulieren. Festhalten sollte man nur, daß es sich manchmal auch respektierte Regisseure und Dramaturgen und Redakteure auf trostlose Weise leichtmachen, wenn sie von vorneherein große Gruppen eines möglichen Publikums ausschließen. Natürlich sind nicht alle Millionen Zuschauer, die sich an einem *Tatort* oder an Ulla Kock am Brink vergnügen, für eine Verfilmung von Strittmater oder Johnson zu haben. Und dennoch weiß jeder Anfänger, daß sich die mögliche Reichweite schon in den Details der Besetzung, schon in den ersten Minuten entscheiden kann.

Ein so anspruchsvolles und auch mit einigem Geld ausgestattetes Projekt wie die *Jahrestage* hat seinen eigenen Rang und seine eigenen Turbulenzen. Über die Diskussion um die Bestellung des Regisseurs wurde in den Zeitungen berichtet.

Weniger öffentlich knirschte es bei der Finanzierung. Als der sonst so pionierverliebte Kultursender arte einen kleinen Schritt auf Distanz ging, wurde im WDR der von manchen als biederer angesehene Kulturkanal 3Sat ins Spiel gebracht. Hilfe kam auch aus Bayern und – auf die kleinen ist eben doch manchmal viel Verlass – durch eine rasche Entscheidung des ORB-Intendanten Rosenbauer. Kein großes Projekt ohne Geburtswehen! Die Finanzierungsturbulenzen ließen sich – vor dem Hintergrund einer klaren, positiven Haltung von WDR-Intendant Fritz Pleitgen – ebenso lösen wie der Kampf um den Platz im Gemeinschaftsprogramm der ARD.

Es bestand die große Angst, achtbar, aber drastisch zu scheitern und die Zuschauer über einen Zeitraum von vier Tagen zu verlieren. Die vermeintliche oder tatsächliche Sprödigkeit des Romans war ebenso in der Debatte wie die Frage, ob es denn vier Teile sein müssten. Bei einer außerordentlich stimmungsvollen Sitzung der Fernsehdirektoren in Baden-Baden rief dann, zur allgemeinen Entspannung, ein prominenter Kopf dieser Runde aus, wenn Uwe Johnson gewußt hätte, daß der WDR daraus vier Teile machen wolle, hätte er den Roman erst gar nicht geschrieben – die Hoffnung war, der WDR möge es bei zwei Teilen belassen. Gelegentlich hilft auch Sturheit und das Vertrauen darauf, daß die Dramaturgen den richtigen Weg schon eingeschlagen haben.

Nun hatten es die Mehrteiler ja nie sonderlich leicht im ARD-Programm. Aus ganz anderen Gründen war *Holocaust* nur in den dritten Programmen gestartet worden. Auch die legendäre *Heimat* war keineswegs ein solcher Publikumserfolg, wie wir damals immer gern getan haben. Der gemischte Erfolg der Serie *Klemperer*, vom früheren SWF-Direktor Rittig betreut, war in letzter Zeit für die Skeptiker natürlich wieder ein bißchen Wasser auf deren Mühle. Spätestens beim Angebot, der WDR werde dann eben zwei Teile ins Erste einbringen und die beiden anderen in seinem Dritten spielen, wenn die Gemeinschaft ihn denn überstimme, war dann deutlich, daß die Kölner Leidenschaft zu Kompromissen ihre Grenze hatte.

In der Auseinandersetzung darum, was kommerzielle von durch Gesetze und die Gebühren der Zuschauer legitimierte Programme voneinander unterscheidet, werden Projekte wie *Jahrestage* immer auch den Rang einer Zustandsanzeige haben.

Natürlich müssen ARD und ZDF – in Mainz fährt ja Hans Janke da einen eleganten Kurs – darauf achten, ihr Gesamtprogramm nicht durch Überfrachtung zu gefährden. Mit dem richtigen Einwand, daß die wichtigste Botschaft, wenn sie ohne Zuhörer und Zuschauer bleibt, auch beschädigt wird, darf kein Freibrief für alles ausgestellt werden, was die Zuschauer wollen und sollen (wie es Adorno bei seinem Philosophieren über das Amt des Programmdirektors vor einigen Jahrzehnten formuliert hat).

Fernsehen als reine Bedarfsbefriedigung, da wären die Verantwortlichen ihr Geld nicht mehr wert. Auch der Hinweis, für Kultur habe man ja zwei Kulturkanäle, ist entweder ein geschickter Offenbarungseid oder ein zynischer Kunstgriff. Mag sein, daß notorischer Optimismus manche Gefahr übersehen läßt – er bringt allerdings eher etwas zustande als Wehleidigkeit und Klage. Mit den *Manns*, in der Verfilmung durch Heinrich Breloer und den *Jahrestagen* in der Regie Margarete von Trottas steht allein der WDR im ersten Jahr des dritten Jahrtausends nicht schlecht da. Automatisch allerdings geht nichts voran. Ohne Dramaturgen und Hierarchen, Produzenten und Regisseure, ohne Verleger und Lektoren mit Mut und Phantasie wird nichts gelingen. Wie es theoretisch zu gehen hat, wurde in ihrer Habilitation von Irmela Schneider formuliert, übrigens 1981: »Literaturverfilmung im Fernsehprogramm wird seit einigen Jahren in ihrer Funktion gesehen, Erzähltraditionen produktiv aufzugreifen und als eine ›Textsorte‹ des Fernsehprogramms zu entwickeln. Literaturverfilmung kann damit zu einer Textsorte werden, in der sich ›kulturelles Erbe‹ mit Ausdrucksformen der Gegenwart produktiv verbindet. Sie wird damit potentiell zu einem Produktionsprozeß von Sinn, der in der Dialektik von literarischer Tradition und gestalterischer Innovation steht. Allgemeinste Voraussetzung einer solchen Funktionsbestimmung von Literaturverfilmung ist, daß sie nicht ab ovo als Ausdruck eines Defizits und als Relikt eines bildungsbürgerlichen Kulturverständnisses klassifiziert wird. Die Zahl der Literaturverfilmungen, die in diesen Funktionszusammenhang gestellt werden können, ist gering.«

Hier also ist für alle noch etwas zu tun.

Gregor Dotzauer

»Jahrestage«

Aus dem Leben von Gesine Cresspahl

Teil I

New York

Gesine wird von de Rosny, ihrem Chef, umworben – Marie wird ihre Gedanken an den Vietnamkrieg nicht los – D. E. sucht mehr Nähe zu Gesine, als sie ihm erlauben will – Marie drängt Gesine dazu, die Familiengeschichte zu erzählen

Manhattan, August 1967. Gesine Cresspahl lebt mit ihrer elfjährigen Tochter Marie in einem Apartment am Riverside Drive und arbeitet als schlecht bezahlte Fremdsprachenkorrespondentin in einer Bank. Jeden Morgen, auf dem Weg zur Arbeit, kauft sie sich ihre geliebte *New York Times*. Das macht ihren Chef, Vice-President de Rosny, auf sie aufmerksam, und der nutzt die Gelegenheit gern, sie anzusprechen.

Doch zu Männern hält Gesine Distanz. Auch ihr wohlhabender Verehrer Dietrich Erichson, genannt D. E., der im Auftrag der NATO ständig unterwegs ist, kommt nicht richtig an sie heran.

Seitdem Jakob Abs, ihre große Liebe und Vater ihrer Tochter, zehn Jahre zuvor von einem Zug überfahren worden ist, verliert Gesine sich gerne in Erinnerungen: Sie will nicht noch einmal den Schmerz des Verlassenwerdens spüren – und als wäre er noch am Leben, führt sie mit Jakob immer wieder imaginäre Gespräche.

Marie besucht zusammen mit ihrer jüdischen Freundin Rebecca Ferwalter eine Klosterschule, in der die Klassenlehrerin Sister Magdalena ein strenges Regiment führt. Ganz besonders paßt der Lehrerin nicht, daß Marie Zeitungsausschnitte mit Fotos aus dem Vietnamkrieg sammelt und ihre Mitschülerinnen mit Erzählungen von Greueltaten agitiert. Sie sorgt sich ernsthaft um Maries schwierigen Gemütszustand, so vaterlos, wie sie aufwächst – und abgeschnitten von einer Geschichte, die Gesine für sich behält.

Als Gesine von einer Sprechstunde in der Schule heimkehrt, findet sie alte Familienfotos auf dem Fußboden ausgebreitet. Marie will alles wissen über ihren Vater und die Vergangenheit, sie will sich nicht länger hinhalten lassen. So beginnt Gesine – in einer Vielzahl von Rückblenden – die Familiengeschichte der Cresspahls zu erzählen. Das Erzählen fällt ihr schwer, und so manch schmerzhafte Erinnerung lassen sie am Ende matt und fiebernd im Bett liegen.

Mecklenburg

Heinrich Cresspahl heiratet Lisbeth Papenbrock – Der Nationalsozialismus hält Einzug in Jerichow – Gesine Cresspahl wird geboren – Cresspahl müht sich, seine Familie durchzubringen – Die Judenfeindlichkeit vertreibt Gesines jüdischen Patenonkel Arthur Semig – Lisbeth geht in den Tod Strandgasthof Rande, 1931. Der 43jährige Heinrich Cresspahl, Tischler von Beruf, kommt aus England, wohin er ausgewandert ist, noch einmal für einige Tage in seine mecklenburgische Heimat. Im Gasthof begegnet er der 25jährigen Lisbeth Papenbrock in Begleitung ihrer Eltern Louise und Albert. Ein intensiver Blick genügt, und er ist verzaubert. Er folgt Lisbeth in ihre Heimatstadt Jerichow, hält um ihre Hand an und erklärt den erschrockenen Eltern, daß er mit seiner Frau nach England zurückgehen will.

Jerichow, März 1933. Hakenkreuzfahnen sind aufgezogen, die neue Macht regiert. Lisbeth ist zur Geburt ihrer ersten und einzigen Tochter Gesine in die mecklenburgische Heimat zurückgekehrt. Cresspahl folgt ihr nach und bleibt Lisbeth zuliebe in Jerichow. Er versucht sich zu arrangieren, auch wenn die Zeiten ihn in seinen Befürchtungen bestätigen.

Auf der Tauffeier hält Albert Papenbrock eine Rede, in der er seinem Sohn Horst dessen »Hitlerei« verzeihen will – eine Versöhnungsgeste, in der noch die Hoffnung steckt, daß alles vielleicht nicht ganz so schlimm kommt. Doch als er unter Horsts Feiertagsanzug die SA-Stiefel entdeckt, kommt es zum Eklat. Horst bricht mit seinem Vater und verläßt mit einem strammen »Heil Hitler« den Saal.

Scharfmacher wie er bestimmen das Leben in Jerichow. Die Besonnenen haben nichts zu sagen und sind schon wegen ihres Mangels an Euphorie verdächtig. So macht sich auch Mißtrauen gegen Cresspahl breit. Vor allem Bürgermeister Jansen beargwöhnt den unabhängigen Kopf – bis dieser unvermutet bei Friseur Semmelweis auftaucht und einen Bürgen für die Aufnahme in die Partei sucht. Niemand weiß, daß Cresspahl mit dem Antrag eines Gesellen herumwedelt.

Cresspahl bringt seine Familie mit Mühe und Not durch. Er bekommt kleine Tischleraufträge für den in der Nähe entstehenden Flughafen. Doch es reicht nicht einmal für das tägliche Brot. Lisbeth sieht der Entwicklung hilflos zu. Trotzdem müht sie sich, Haltung zu bewahren. Vor dem Bekleidungsgeschäft des jüdischen Ehepaares Oskar und Frieda Tannebaum beobachtet sie einen Nazi-Aufmarsch. Bürgermeister Jansen und ihr Bruder Horst Papenbrock halten antisemitische Hetzreden, die sich auch gegen Gesines Patenonkel, den Tierarzt Arthur Semig, richten. Schließlich baut sich die Meute vor Semigs Haus auf und deklamiert: »Kein Mecklenburger Rasseschwein will zum Juden Semig rein.« Aus den Parolen wird Wirklichkeit: Arthur Semig wird tagelang im Gefängnis schikaniert, und so entschließt er sich schweren Herzens, mit seiner Frau Dora auszuwandern.

Allmählich hält Lisbeth diesen Belastungen nicht mehr stand. Sie verkriecht sich in die Kirche zum Beten und fragt sich, wie ein Kind mit der Situation leben soll, wenn es schon einem Erwachsenen kaum gelingt. Zur Sühne versagt sie sich und der kleinen Gesine das Essen, doch ihre Tochter ist so hungrig, daß sie der Katze die Milch wegtrinkt. Als Gesine dann kopfüber in die Regentonne fällt und zu ertrinken droht, sieht Lisbeth apathisch zu. Erst Cresspahl rettet seine Tochter.

1938 erreichen die antisemitischen Aktionen ihren vorläufigen Höhepunkt. Die Nazis haben Tannebaums Laden in Brand gesteckt. Hitlerjugend hat sich davor versammelt. Frieda Tannebaum kommt mit ihrer achtjährigen Tochter auf dem Arm aus den Flammen und geht auf Bürgermeister Jansen zu. Mit der Pistole in der Hand befiehlt er ihr, stehenzubleiben, doch Frieda denkt nicht daran, ihm zu gehorchen. Jansen drückt ab und erschießt das Kind. Lisbeth tritt auf Jansen zu und verpaßt ihm eine Ohrfeige.

Dieser Vorfall zerstört Lisbeths Lebenswillen endgültig. Während Heinrich mit Gesine verreist ist, schließt sie sich in der Werkstatt ein, vergießt Petroleum, fesselt sich an Händen und Füßen, stößt die Petroleumlampe um und überlässt sich den Flammen.

Heinrich Cresspahl zimmert ihr eigenhändig einen Sarg. Obwohl Lisbeth ihr Leben von eigener Hand beendet hat, ist Pastor Brüshaver bereit, sie kirchlich zu bestatten. Vor der Trauergemeinde erklärt er, daß Lisbeth ihr Leid in sich hineingefressen habe und fordert dazu auf: »Schweiget nicht länger, denn Schweigen ist der Tod.« Die Botschaft kommt an: Zwei Gestapo-Männer führen ihn ab.

Teil II

New York

D. E. wirbt um Gesine – de Rosny läßt Gesine einem Lügendetektortest unterziehen und lädt sie in sein Landhaus ein – Anita kommt zu Besuch – Gesine quält sich mit de Rosnys Prag-Offerte

Oktober 1967. Das Erzählen der Familiengeschichte hat Gesine Cresspahl so schwer mitgenommen, daß sie nun mit hohem Fieber im Bett liegt. D. E. kümmert sich liebevoll um sie. Bald ist sie zu einem kleinen Ausflug fähig, auf dem D. E. Gesine und Marie ins Landhaus seiner Mutter mitnimmt. Auch die Erichsons stammen aus Mecklenburg, und es ist ganz offensichtlich, daß Mutter Erichson Gesine gerne als Schwiegertochter hätte. So fern scheint die Möglichkeit nicht einmal zu sein: Gesine, sagt D. E., soll ihn im Fieber gebeten haben, sie zu heiraten.

Doch als Gesine sich für die Bank einem Lügendetektortest unterzieht, antwortet sie auch auf einige sehr private Fragen. Ob sie die Ehe ablehne? Ja. Ob sie heiraten werde? Nein. Ob sie Schuld gegen verstorbene Personen empfinde? Ja. Ob sie sich als stabile Person bezeichnen würde? Ja. Als unstabile Person? Ja.

Zumindest de Rosny ist von den Ergebnissen begeistert. Er fühlt sich in seinem Vertrauen bestätigt und lädt Gesine zusammen mit Marie für das Wochenende zum Brunch ein: »for personal reasons«.

Schon die Ankunft hat Stil. Gesine und Marie werden vom Chauffeur in einem großen Lincoln bei de Rosny vogefahren. Marie ist das alles nicht geheuer. Sie sieht vor allem, wie de Rosnys Avancen Gesines Beziehung zu D. E. gefährden, der ihr schon fast zu einem Vater geworden ist. Gesine kann sie nur damit beruhigen, daß es de Rosny wohl in erster Linie ums Geschäft gehe. Dieser versucht sie davon zu überzeugen, nach Prag zu gehen, um im Auftrag der Bank über einen Dollarkredit für die Regierung von Alexander Dubček zu verhandeln. Doch Gesine quält sich mit der Frage, ob sie auf de Rosnys Angebot eingehen soll: Wohin dann mit Marie? Und was soll mit D.E. geschehen? Selbst ihre beste Freundin Anita, die aus Berlin zu Besuch kommt, ist keine wirkliche Ablenkung und kann ihr bei der Entscheidung nicht helfen.

Mecklenburg

Heinrich Cresspahl spioniert für England – Die Briten ernennen ihn nach Kriegsende zum Bürgermeister von Jerichow – Die Rote Armee übernimmt die Macht – Heinrich wird von den Sowjets verhaftet – Gesine verliebt sich in Jakob – Anne-Dörte flieht in den Westen

Jerichow, Herbst 1943. Heinrich Cresspahl arbeitet als Tischler auf dem Militärflughafen. Gesine, nun elf Jahre alt, kommt nach der Schule regelmäßig zu ihm und macht ihre Hausaufgaben. Cresspahl, der England als Spion die Treue hält, diktiert ihr heimlich Informationen über den Flughafen – immer in der Gefahr, entdeckt zu werden.

Die letzten Kriegstage lassen nicht mehr lange auf sich warten. Auf der Landstraße begegnen Cresspahl und Gesine in einem der Flüchtlingstrecks Mutter Abs und deren 17jährigem Sohn Jakob. In Jerichow hängen überall weiße Betttücher aus den Fenstern. Englische Soldaten hissen den Union Jack. Die Beflissenheit gegenüber der neuen Macht ist nicht geringer als diejenige gegenüber der alten: Bürgermeister Jansen präsentiert den Rathausschlüssel und übergibt den Briten die Stadt. Diese wollen Cresspahl zum Bürgermeister von Jerichow ernennen, doch er reagiert verhalten, fügt sich dann aber in die Aufgabe und beginnt, die Flüchtlinge den einzelnen Familien zuzuteilen. Jakob und Mutter Abs nimmt er mit in sein Haus.

Die Herrschaft der Engländer ist nur von kurzer Dauer. Die Rote Armee zieht ein. Gegenüber von Cresspahls Anwesen wird die Kommandantur errichtet. Dort holt sich Bürgermeister Cresspahl nun die Befehle ab. Mit dem russischen Major Pontij trinkt er um die Wette und um die Bedingungen. Obwohl es zwischen den Bewohnern und den Rotarmisten Verständigungsschwierigkeiten gibt, verlaufen auch brenzlig wirkende Situationen zunächst friedlich.

Die deutsch-sowjetische Freundschaft macht Fortschritte, und nicht einmal Major Pontijs Forderung nach einem sowjetischen Ehrenmal auf dem Marktplatz von Jerichow erscheint als völliges Hirngespinst. Cresspahl will es Pontij wie bei den Nazis zugestehen – unter der Bedingung, daß er dafür Albert und Louise Papenbrock in Ruhe läßt, die für die Kriegsverbrechen ihres Sohnes Horst zur Verantwortung gezogen werden sollen.

Mit der Vergesellschaftung privaten Eigentums – ganz nach russischem Vorbild – steht ein weiterer Umbruch bevor. Das Land der Gutsbesitzer soll aufgeteilt werden.

Auf dem Marktplatz steht jetzt der sowjetische Obelisk, der wie eine höhnische Drohung wirkt: Eine Flüchtlingsfrau ist vergewaltigt worden. Dieser neuen Ordnung gegenüber verhält sich Cresspahl mit offenen Vorwürfen und wird von den Russen verhaftet.

Gesine hat noch andere Sorgen. Sie sitzt im Baum vor dem Haus und ritzt ein großes J (wie Jakob) und ein großes G (wie Gesine) in die Rinde. Es ist eher Beschwörung als Wirklichkeit. Denn unter dem Baum trifft sich Jakob mit dem Flüchtlingsmädchen Anne-Dörte und küßt sie.

An Weihnachten treffen sich Gesine, Jakob, Anne-Dörte und Mutter Abs, die Gesines Ziehmutter geworden ist, zum Essen. Die Stimmung ist schlecht, besonders weil es keine Nachricht von Cresspahl gibt, und der neue Bürgermeister Schenk bemüht sich, ihnen die Laune endgültig zu verderben: Er platzt in die Feier hinein und ordnet eine Hausdurchsuchung an. Es ist verständlich, daß da der Gedanke an Flucht aufkommt. Vor allem Anne-Dörte hat von diesem unruhigen Leben genug. Sie flieht mit einem Fischkutter über die Ostsee in den Westen – nicht ohne die Hoffnung, daß Jakob nachkommt. Doch der will nicht: »Bei *uns* wird die Welt verändert«, sagt er zu Gesine.

Der Weg zum Mann ihrer Träume scheint nun frei zu sein.

Teil III

New York

D. E. gewinnt Gesine für sich und verliert sie wieder – Gesine ist unentschlossen wegen der Prag-Mission – Marie bekommt eine schwarze Banknachbarin – De Rosny befördert Gesine – Martin Luther King wird ermordet

Weihnachten 1967. Nach langem Zögern hat sich Gesine Cresspahl endlich für D. E. entschieden. Zur Bescherung rückt er mit einem neuen Eisschrank an. Marie kennt im Gegenzug nur ein größeres Geschenk: »Wir heiraten dich!«

Gesines Einschränkung folgt auf dem Fuße: Vor der Hochzeit will sie de Rosnys Geschäfte in Prag abwickeln: für die Bank und für einen gerechten Sozialismus. D. E. wirft ihr Egoismus vor und ist so verärgert, daß er türenknallend verschwindet. Prag oder ich : Etwas anderes gibt es für ihn nicht.

Gesine gerät nun doch ins Wanken. Sie erklärt de Rosny, daß sie lieber nicht nach Prag gehen möchte. Doch das bringt weder D. E. zurück, noch beruhigt es Marie, die in der Schule verstärkt Probleme mit Sister Magdalena bekommt. Zu allem Überfluß wird ihr eine neue Banknachbarin zugewiesen: die schwarze Francine aus Harlem. Dafür muß ihre jüdische Freundin Rebecca Ferwalter umziehen. Marie macht ihrer Unzufriedenheit mit lautstarken Vorurteilen über Neger Luft.

Die Absage an de Rosny hat Gesine offensichtlich nicht geschadet. Im Büro erfährt sie, daß sie buchstäblich die Treppe hochgefallen ist. Ihr neues Büro liegt im 16. Stock, unmittelbar neben dem von de Rosny. Aufgeben ist seine Sache nicht. Aber auch Marie, die an D. E. wie an einem Vater hängt, läßt nicht locker. Auf Coney Island arrangiert sie ein wie zufällig wirkendes Treffen zwischen Gesine und D. E. Der Coup glückt, und die Versöhnung ist perfekt.

Wenig später wird im Fernsehen die Ermordung von Martin Luther King bekanntgegeben. Marie, die gerade noch über ihre neue Banknachbarin gelästert hatte, bekommt Gewissensbisse und beginnt, sich für die Schwarzen zu interessieren.

Mecklenburg

Jakob verläßt Jerichow – Gesine genießt ihre Jugend in der DDR – Der Sozialismus fordert auch in der Schule Anpassung – Heinrich kehrt aus der Haft zurück – Die Staatssicherheit versucht, Gesine als Spitzel zu gewinnen – Gesine schließt Freundschaft mit Anita

Jerichow, Frühjahr 1946. Anne-Dörtes Flucht in den Westen hat Gesine Jakob nicht nähergebracht. Traurig und zornig sieht sie zu, wie er den Koffer packt, um sich in Dresden zum Lokführer ausbilden zu lassen.

Fünf Jahre später ist sie eine junge Frau und genießt ihre Jugend, wovon sie sich auch durch den sozialistischen Drill nicht abhalten lassen will. Sie besucht die zwölfte Klasse des Gymnasiums in Gneez. Ihre Mitschüler – alles FDJ-Mitglieder – bestehen aus strammen Parteigängern, stummen Mitläufern und mehr oder weniger heimlichen Rebellen. Manche hören RIAS und träumen von Westprodukten. Andere, wie Liese Wollenweber, repetieren brav die sozialistische Rhetorik über die Aufteilung der Welt in Gut und Böse. Wieder andere, wie Manfras, haben es sich zur Aufgabe gemacht, mit der Jungen Gemeinde aufzuräumen. Ihre überkorrekte Lehrerin Frau Riepenschläger sorgt dafür, daß alle Konflikte im sozialistischen Sinn geregelt werden und hat dabei auch Gesine auf dem Kieker.

Es ist die Zeit des Stockholmer Appells gegen Krieg und Aufrüstung, den Manfras sofort als Werk des Klassenfeindes denunziert. Mit ihm gerät die der Jungen Gemeinde angehörende Regine Weidling aneinander, die im Streit ihr FDJ-Mitgliedsbuch wütend auf den Boden wirft. Lockenvitz muß sie erst überreden, es wieder an sich zu nehmen. Das trägt ihm wiederum Schuldirektor Kramitz nach, der ihn zwingen will, zur Bewährung eine dreißigminütige Rede zu halten, in der er sich gegen die Junge Gemeinde ausspricht.

Es ist aber auch eine Zeit der ausgelassenen Landpartien, der Flirts – Gesine trifft sich vor allem mit ihren Verehrern Lockenvitz und Pius – und der kleinen Ereignisse. Bis Pastor Brüshaver mit einer unerwarteten Nachricht in die Tanzstunde hineinplatzt. Im Garten hinter Wulffs Kneipe sitzt, grauhaarig und von den Jahren der Haft schwer mitgenommen, Heinrich Cresspahl in einer dampfenden Badewanne.

Gneez, 1951. Um Lockenvitz' Bewährungsrede zu hören, haben sich alle Schüler in der Aula versammelt. Die Provokation ist da, als Lockenvitz verkündet, lieber über Nietenhosen als über die Junge Gemeinde reden zu wollen. Er plädiert für die Freiheit des Denkens und Meinens. »In dieser Zeit führen alle Wege zum Kommunismus«, zitiert er Direktor Kramitz. Zur Strafe fliegen Lockenvitz und Regine von der Schule.

Womit sich rächen? Pius zeigt Gesine und Lockenvitz ein Foto, auf dem man sieht, wie Frau Riepenschläger sich zu einem Kinobesuch nach Westberlin abgesetzt hat. Doch Lokkenvitz glaubt nicht, mit einer Aktion gegen einzelne etwas ausrichten zu können. Nachts pinselt eine Gruppe unter seiner Leitung die Worte »Bei uns führen alle Wege ins Zuchthau...« an die Wand im Haupteingang der Schule, eine Aktion, die er später selbst mit 15 Jahren Haft bezahlt. Bevor sie den letzten Buchstaben schreiben können, werden sie aufgeschreckt.

Die Suche nach den Schuldigen beginnt. Gesine wird von Rohlfs, einem Mann der Staatssicherheit, verhört. Danach hat sie ein blaues Auge. Auch ihre Mitschülerin Anita kehrt mit einem blauen Auge von ihrem Verhör zurück. Die Mädchen müssen lachen und sind von da an die besten Freundinnen.

Teil IV

New York

Marie nimmt Francine mit zu sich nach Hause – Gesine will D. E. endlich heiraten – Robert Kennedy wird erschossen – D. E. reist im Auftrag der NATO nach Finnland – Gesine reist mit Marie nach Prag

1968, ein Hospital in Harlem. Francines Mutter wird nach einer Messerstecherei schwer verletzt eingeliefert. Wohin nun mit Francine? Marie nimmt sie kurzerhand mit zu sich nach Hause – nicht ohne Angst vor dem fremden Gast zu haben. Das distanzierte Verhältnis zwischen den Mädchen verwandelt sich rasch in eine Freundschaft, und der rassistische Druck von außen schweißt die beiden endgültig zusammen. Deshalb ist Marie auch zutiefst verzweifelt, als ein Sozialarbeiter der Stadt Francine zu ihrer Mutter zurückbringen will.

Auf einem Dach hoch über Manhattan feiert Marie ihren Geburtstag. D. E. bittet Gesine, ihn zu heiraten, und tatsächlich stimmt sie zu. Doch vor der Hochzeit muß er noch für die NATO nach Finnland, und sie will ihre Prag-Mission erfüllen. Am Tag von Gesines Abreise, kurz nach der Ermordung Robert Kennedys, bittet D. E.s Anwalt Josephberg sie zu sich und teilt ihr mit, daß D. E. bei einem Flugzeugabsturz ums Leben gekommen sei.

Die Situation in der Tschechoslowakei spitzt sich schon zu, als Gesine und Marie, die noch nichts von D. E.s Tod weiß, endlich im Flugzeug nach Prag sitzen. In der Luft ereilt sie ein Funkspruch. De Rosny bittet sie, bei der Zwischenlandung in Kopenhagen von Bord zu gehen. Am Flughafen wartet Anita, die sich als de Rosny ausgegeben hat, und Gesine erfährt aus einer Zeitungsschlagzeile den Grund für das Handeln ihrer Freundin: In Prag sind Truppen des Warschauer Pakts einmarschiert.

Gesine ist am Boden zerstört. Am Strand von Kopenhagen

erklärt sie Anita, daß sie sich nicht noch einmal auf einen Menschen habe einlassen wollen. Der Schmerz nach dem Verlust von Jakob habe sie genug mitgenommen. Aber dafür ist es nun zu spät. Von den Dünen aus betrachten – als ob die Vergangenheit lebendig geworden wäre – die alten Papenbrocks und Lisbeth mit Cresspahl die Szene. Auch Jakob und D. E. stehen dabei. Gesine sagt: »Als Kinder, bei Gewitter in einer Kornhocke haben wir gedacht: Uns sieht keiner. Wir werden alle gesehen.«

Mecklenburg

Jakob kehrt zurück nach Jerichow – Anita und Gesine fliehen in den Westen – Gesine findet Arbeit bei der NATO – Rohlfs verfolgt Gesine – Der Stasi-Druck auf Mutter Abs und Heinrich Cresspahl wächst – Gesines und Jakobs Liebe bekommt eine kurze Chance – Jakob will nicht in den Westen, Gesine nicht mehr in den Osten – Beim Überqueren der Gleise wird Jakob von einem Zug getötet

Jerichow, 1951. Abiturball im Strandgasthof Rande. Anita überredet Gesine zur Flucht aus der DDR. Rohlfs, der Mann von der Staatssicherheit, tanzt mit Gesine und malt ihr die Zukunft in den schönsten Farben aus. Sie könne zum Beispiel problemlos Englisch studieren – wenn sie sich entsprechend verhalte: »Wir rechnen fest mit dir.« In diesem Augenblick taucht Jakob auf. Auch er tanzt mit Gesine, und die Liebe zwischen den beiden flammt auf. Doch am nächsten Morgen nehmen Gesine und Anita den Zug in den Westen.

Düsseldorf, Herbst 1956. Gesine hat Arbeit bei der NATO gefunden. Vor ihrer Haustür begegnet sie unvermutet Rohlfs, der sie in seiner impertinenten Art daran erinnert, ein Verhörprotokoll unterzeichnet zu haben, in dem sie sich die Zusammenarbeit mit der Stasi durch den Kopf gehen lassen wolle. Er erpreßt sie, indem er droht, der NATO über die Vereinbarung Bericht zu erstatten, und er erklärt, daß er auch Cresspahl, Mutter Abs und Jakob Schwierigkeiten machen werde. Das stürzt Gesine in tiefe Sorge, und als sie mit ihrem Vater in Jerichow telefoniert, deutet Cresspahl an, daß ihre Briefe von der Stasi fleißig gelesen würden und Mutter Abs bereits unangenehmen Besuch bekommen habe. Nun gibt es für Gesine kein Halten mehr. Sie beschließt, nach dem Rechten zu sehen – auch um Jakob wieder zu treffen, mit dem sie seit der Abiturnacht keinen Kontakt mehr hatte.

Jakob arbeitet inzwischen als Dispatcher im Magdeburger Bahnhof. Rohlfs sucht Jakob dort auf und bedrängt ihn in der Bahnhofsgaststätte, im sozialistischen Interesse auf Gesine einzuwirken. Beide ahnen nicht, daß sie sich bereits im gleichen Raum befindet.

In der Morgendämmerung kommen Jakob und Gesine mit dem Bus in Jerichow an. Die Liebe zwischen ihnen, die nie recht beginnen konnte, nimmt ihren Lauf. Im Cresspahlschen Haus treffen sie nur Heinrich an: Mutter Abs ist genau in die andere Richtung aufgebrochen und wohnt vorübergehend bei Anita in Westberlin.

Rohlfs hat das junge Paar verfolgt. Er nimmt es auf eine Spazierfahrt nach Rande mit und tut sehr generös: Gesine solle ruhig wieder nach Düsseldorf gehen und irgendwann mit Mutter Abs zurückkommen. Das sozialistische Deutschland werde sie mit offenen Armen empfangen. Natürlich denkt Gesine nicht im Traum daran, sich mit Leuten wie Rohlfs zu arrangieren.

Jakob kommt zwar besuchsweise mit nach Düsseldorf, wo er mit Gesine schläft. Doch bleiben will er nicht, und so bittet er Gesine, mit ihm nach Hause zu kommen. Umgekehrt bittet Gesine ihn, zu bleiben. Er aber will seine Arbeit nicht aufgeben. Die Situation ist verfahren, und das Schicksal entscheidet anstelle der beiden: Zurück in Magdeburg, wird Jakob nach Dienstschluß beim Überqueren der Gleise von einem Zug erfaßt und getötet.

Stab- und Besetzungsliste

Drehbuch	Christoph Busch und Peter Steinbach
Produzent	Wolfgang Tumler
Producer	Wolfgang Hantke
Dramaturgie	Martin Wiebel
Regie	Margarethe von Trotta
Regie-Assistenz	Peter Altmann
Produktionsleitung	Angela Gillner
1. Aufnahmeleitung	Rolf G. Viehrig
Motiv-Aufnahmeleitung	Julia Küster
2. Aufnahmeleitung (bis 19.08.99)	Eberhard Schunck
Set-Aufnahmeleitungs-assistenz	Katrin Goetter
Set-Aufnahmeleitungshilfe	Nadine Möllers
Produktions-Assistenz	Alexandra Herden
Filmgeschäftsführung/Kasse	Sybille Landskron
Kamera	Franz Rath
Kamera-Assistenz	Jan Betke
Material-Assistenz	Frederik Walker
Script/Continuity	Till Müller-Edenborn
Ton	Michael Busch
Ton-Assistenz	Jürgen Göpfert
Szenenbild	Heike Bauersfeld
Szenenbild-Assistenz	Nicole Kritzler
Außenrequisite I	Gernot Thöndel
Außenrequisite II	Peter Liebich
Innenrequiste	Claudia Crumbiegel
Baubühne (Drehbetreuung)	Holger Tappendorf
Requisitenhilfe	Adam Both
Kostümbild	Ursula Eggert

Kostümbild-Assistenz	Marlies Kosan
Garderobe	Elena Wegner
Garderobe	Heidrun Kaiser
Maske	Irina Tübbecke-Bechem
Maske	Horst Allert
Maske	Gabriele Hahn-Laue
Schnitt	Corina Dietz
Schnitt-Assistenz	Mathias Meyer
Standfotos	Jan Betke
Komponist	Enjott Schneider
Oberbeleuchter	Wolf-Dieter Kozian
Beleuchter	Mathias Stiehler
Beleuchter	Horst Krumpholz
Kamerabühne	Alex Bohaker
Betreuung Technik/ Post Production	Takis Vayannis
Produktionsfahrer	Stojan Angelovski
Kinderbetreuung	Nina Kawalun
Produktionspraktikantin	Anna Isabel Mohrhenn
Regiepraktikantin	Saskia Walker

GESINE	Suzanne von Borsody
MARIE HENRIETTE	Marie Helen Dehorn
MRS. FERWALTER	Carola Regnier
REBECCA FERWALTER	Laura Henseler
MARCIA CARPENTER	Claudia Mochert
FRANCINE	Fabienne Kramp
DIETRICH ERICHSON	Axel Milberg
DE ROSNY	Hanns Zischler
ANITA GANTLIK	Nina Hoger
SISTER MAGDALENA	Karin Neuhäuser
DR. BREWSTER	Felix Moeller
BANKPSYCHOLOGE	Jörg Pose
MR. FELDMANN	Guido Hammesfahr

JAKOB ABS	Kai Scheve
GESINE (4-5)	Maura Kolbe
GESINE (10-12)	Stefanie Charlotta Kötz
HEINRICH CRESSPAHL	Matthias Habich
LISBETH PAPENBROCK	Susanna Simon
ALBERT PAPENBROCK	Peter Roggisch
LOUISE PAPENBROCK	Karin Gregorek
HORST PAPENBROCK	Heinrich Schmieder
BERGIE QUADE	Beate Abraham
ETE HELMS	Erwin Grosche
WILLY BÖTTCHER	Dieter Einar Junck
OTTJE STOFFREGEN	Peter Silbereisen
PETER WULFF	Thomas Goritzki
META WULFF	Therese Hämer
FRIEDRICH JANSEN	Armin Dillenberger
DR. ARTHUR SEMIG	August Zirner
DORA SEMIG	Katalin Zsigmondy
DR. BERLING	Georg von Manikowsky
WILHELM BRÜSHAVER	Hans Kremer
AGGIE BRÜSHAVER	Patricia Fitzgerald
FIETE SEMMELWEIS	Dirk Fehrecke
ELEKTRIKER SCHMID	Michael Trischan
FRIEDA KLÜTZ	Eva-Maria Kurz
MARIE ABS	Jutta Wachowiak
ANNE-DÖRTE	Aline Hochscheid
MAJOR PONTIJ	Herbert Olschok
WASSERGAHN	Dmitri Alexandrow
KOMMISSAR VICK	Thomas Gimbel
SCHENK	Pierre Siegenthaler
OSKAR TANNEBAUM	Udo Jolly
FRIEDA TANNEBAUM	Sarah Nemitz
NACHBARIN	Dorothea Waida
GESINE (17-23)	Anna von Berg
ANITA GANTLIK (17-23)	Katrin Bühring
VOLKSBILDUNGSSACHBEARBEITER	Sven Fechner

AMERIKANISCHER OFFIZIER	Pierre Shrady
MAJOR JENUDKIDSE	Gennadi Vengarov
DEUTSCHER ADJUTANT	Frank Erlebach
ELEGANTER MANN: FRITZ	Henrik Helge
1. ENGL. OFFIZIER	Stephen Hudson
2. ENGL. OFFIZIER	Carsten Freisberg
ROHLFS	Edgar Selge
HANNA, FLÜCHTLINGSKIND	Cosima Viola
ÄLTERE FLÜCHTLINGSFRAU	Leonore Franckenstein
ELEGANTER SSD-MANN	Frank Albrecht
BIEDERER SSD-MANN	Thomas Huber
EBERHART GROTE	Clemens Giebel
REKTOR KRAMITZ	Udo Schenk
TANZLEHRER KNAAK	Gerd Lohmeyer
DIETER LOCKENVITZ	Felix Knopp
PIUS PAGENKOPF	Martin Weiß
GABRIEL MANFRAS	Jens Woggon
REGINE WEIDLING	Anna-Luise Kish
LIESE WOLLENWEBER	Stefanie Schimanski
BETTINA RIEPSCHLÄGER	Tatjana Wehmeier
JAKOB ABS (17 JAHRE)	Kai Ivo Baulitz
MARIE SARA TANNEBAUM	Hanna Königs

Zu den Autoren

Heike Bauersfeld, 1937 in München geboren, lebt in Potsdam-Babelsberg. Seit 1968 Filmarchitekt und Szenenbildner für das DEFA-Studio für Spielfilme. Zu den bekanntesten Ausstattungen gehören u.a. »Spur der Steine« (Regie: Frank Beyer), »Professor Mamlok« (Regie: Konrad Wolf), »Abschied« (Regie: Egon Günther). Seit 1990 zahlreiche Fernsehfilme und Serien.

Christoph Busch, 1946 in Brilon geboren, lebt in Hamburg. Schreibt Drehbücher für die Serien »Sperling«, »Heisse Spur« und »Alphateam«. Nach der gemeinsamen Drehbucharbeit an »Jahrestage« plant er mit Steinbach eine VW-Saga aus doppelter Perspektive.

Peter Haubold, 1960 in Remscheid geboren, aufgewachsen in Ingolstadt und Wolfsburg. Drehbuchlektor, Dramaturg und redaktioneller Mitarbeiter bei SFB und EIKON-Film. Lebt seit 1999 als freier Autor in Boston, Massachusetts.

Brigitte Martens-Stüwe lebt in Norddeutschland und ist eine Schulkameradin von Uwe Johnson.

Felix Moeller, 1965 geboren, lebt in München. Historiker und Publizist, freier Mitarbeiter am Filmmuseum Berlin – Deutsche Kinemathek.

Michael Schmid-Ospach, 1945 in Heidelberg geboren, lebt in Bonn. Seit 1977 beim WDR, zunächst als Leiter der Pressestelle, dann stellvertretender Fernsehdirektor, ARTE-Beauftragter und Programmbereichsleiter Kultur und Wissenschaft im WDR-Fernsehen. Moderator des »Kulturweltspiegel«.

Peter Steinbach, 1938 in Leipzig geboren, wuchs in Sachsen auf, übersiedelte 1954 in die Bundesrepublik und lebt heute in Dänemark. Zu den bekanntesten Drehbüchern gehören: »Stunde Null« 1977, »Kalte Heimat« 1981 »Heimat« 1984,»Klemperer – Ein Leben in Deutschland« 1999.

Margarethe von Trotta, 1942 in Berlin geboren, lebt in Paris. Regisseurin zahlreicher Filme. Zu den bekanntesten gehören: »Das zweite Erwachen der Christa Klages« 1977, »Schwestern oder Die Balance des Glücks« 1979, »Heller Wahn« 1983, »Die bleierne Zeit« 1981, »Rosa Luxemburg« 1985. Nach Kinofilmen in Italien entstand 1995 »Das Versprechen« und 1999 »Dunkle Tage«.

Wolfgang Tumler, 1947 in Tragwein/Österreich geboren, lebt in Berlin. Nach dem Studium an der Deutschen Film- und Fernsehakademie Berlin arbeitet er als freier Autor und Regisseur von Dokumentar- und Spielfilmen. Zu den bekanntesten gehört »Der rote Strumpf« 1980. Seit 1993 Geschäftsführer der EIKON GmbH Potsdam-Babelsberg.

Martin Wiebel, 1943 in Berlin geboren, wo er seit 1998 wieder lebt. Von 1970 bis 1998 beim WDR, zunächst als Redakteur für medienkritische Sendungen, schließlich als Dramaturg, ab 1989 als stellvertretender Leiter der Programmgruppe Fernsehspiel. Als Dramaturg/Producer verantwortet er zahlreiche Fernseh- und Kinofilme. Seit 1998 Professor an der Filmakademie Ludwigsburg und TV-Film-Consultant in Berlin.